SW설계도를 자동으로 조립·분해하는 법

새틀(SETL)을 이용한 시각화

SW 설계 자동화 방법론

유홍준 지음

SQT Soft QT | (주)소프트웨어품질기술원

목 차

‖‖‖

제 1 장 쏙(SOC)의 첫걸음

제 2 장 설계 방법의 세대별 분석

제 3 장   SW 부품 만들기

제 4 장   K-Method의 탄생 배경

제 5 장   문제 해결의 기본 원리

제 6 장   K-Method의 기본

제 7 장   K-Method에 의한 구조화 표현법

제 8 장   정상계 제어 구조 부품의 조립 예

제 9 장   비정상계 제어 구조 부품의 조립 예

제 10 장　C언어에 맞는 설계 부품 조립 예

부록

머리말

이 책은 소프트웨어 설계(software design)를 시각화(visualization) 기반으로 자동화하는 방법론에 대해 집중적으로 다루고 있습니다. 즉 프로그램의 개발 및 유지 보수를 설계와 코딩을 융합하여 마치 하드웨어 칩(hardware chip)을 조립·분해하는 것처럼 소프트웨어 칩(software chip)을 자동적으로 조립·분해하는 획기적인 방법론에 대해 다루고 있습니다.

어떻게 그것이 가능한 것일까요? 그것은 설계도(design diagram)의 변천사를 생각하면 쉽게 이해하실 수 있습니다.

최초의 프로그램 설계도인 순서도(flow chart)의 작도 방법은 처리(process), 판단(decision), 초기화(initialization) 등과 같은 기능별로 약속한 도형을 선으로 연결하는 방식이었습니다.

이처럼 순서도(flow chart)는 약속한 도형 속에 써넣는 문자 수에 따라 임의로 크기를 맞춰 비규격적으로 그린 기능 도형들을 비정형화한 선으로 연결해야 하기 때문에 설계도 제어 구조의 파악이 어려운 문제점이 있었습니다. 이러한 순서도의 문제점을 해결하기 위해 고안해 낸 것이 NS chart, PAD, YAC, SPD, HCP 등과 같은 종래의 구조화도(structured diagram)들입니다.

종래의 구조화도들은 순차(順次 : sequence), 선택(選擇 : selection), 반복(反復 : iteration) 등과 같은 제어 구조별로 약속이 이루어진 설계 도형들을 선으로 연결하거나 설계 도형들을 같이 접착시켜 구현함으로써, 설계도 제어 구조 파악의 문제점을 해결할 수 있었습니다. 하지만, 비정상적인 상황에 대한 표현이 용이하지 않았으며, 한 번 그린 설계도의 부분적인 변경, 확장 등의 유지 보수 능력(maintainability)의 향상에는 효과적으로 대처할 수 없었습니다.

상기의 종래 기술의 문제점을 해결하기 위해 필자는 그동안 꾸준히 펴내던 책의 집필을 잠정적으로 중단하고 모든 사회 활동을 최소화한 상태에서 각고의 노력을 하였습니다.

그 결과, 드디어 패턴 부품(pattern component) 중심의 새로운 설계와 코딩을 융합한 구조화 객체 부품(構造化客體部品)인 쏙(SOC : Structured Object Component)을 창안해내는데 성공하였습니다.

쏙을 세울 수 있는 환경으로 K-Method를 정립하였습니다. 또한, K-Method의 환경 속에서 쏙이라는 자원을 마음대로 이용하는 방법도 연구하였습니다. 이를 통해 소프트웨어(software)라는 실체를 손쉽게 개발하거나 유지 보수할 수 있는 행위 주체로서의 자동화 도구인 새틀(SETL : Structured Efficiency TooL)을 개발해냈습니다. 자동화 조립 방법으로 설계 및 코딩을 융합하는데 성공하였습니다.

필자가 이제까지의 연구과정에서 만들어낸 것을 정리하면 크게 다음의 3가지입니다.

(1) K-Method(Key Method)

(2) 구조화 객체 부품(SOC : Structured Object Component)

(3) 새틀(SETL : Structured Efficiency TooL)

이들 3가지의 관계를 설명하자면, K-Method는 핵심(key)이 되는 3가지 환경(정상계, 비상계, 이상계)을 중심으로 로직(logic)을 문제 해결 원리에 입각하여 프레임워크 기반으로 패턴 인식 처리를 하기 위한 방법론입니다. 쏙(SOC)은 K-Method를 기반으로 소프트웨어라는 건물을 짓거나 유지 보수하는데 사용하는 일종의 건축 자재에 해당합니다. 새틀(SETL)은 K-Method 기반으로 쏙(SOC)이라는 소프트웨어 건축 자재를 가지고 실제로 소프트웨어라는 건물을 짓거나 유지 보수하는 소프트웨어 공장 자동화 도구(software factory automation tool)입니다.

즉 이들 3가지는 서로 유기적인 관련을 맺어가면서 어떠한 복잡한 소프트웨어 시스템(complex software system)이라도 융합하는 형태로 구축할 수 있습니다. 아울러 컴퓨팅 사고(computational thinking) 증진도 지원합니다.

이 책은 이들 3가지 중 구조화 객체 부품(構造化客體部品)인 쏙(SOC : Structured Object Component)과 K-Method의 2가지에 대해 상세하게 다루고 있습니다. 도구로서는 시각화 도구인 새틀(SETL)을 이용하고 있습니다.

이 책을 통하여 많은 분들이 마치 기적과도 같은 프로그램의 개발 생산성 및 유지 보수성의 향상을 직접 체험하실 것입니다.

돌이켜 보건대, 그간 프로그래머들을 도와주는 꿈의 자동화 방법론과 도구를 반드시 개발해 내겠다는 마음 하나로 밤낮을 지새우던 나날이 엊그제 같은데, 이제 정식으로 발표하는 시점에 이르고 보니 감회가 새롭기만 합니다.

언제나 책을 펴내면서 느끼는 감정이지만, 이번에도 어김없이 독자님들의 반응에 대한 한없는 두려움이 생기는 것은 어쩔 수 없습니다.

하지만, 순수한 열정과 노력을 통해 완성한 저의 혼과 땀이 스며든 방법론과 도구가 여러분들께 반드시 도움이 되리라는 확신을 가지고 감히 책을 내놓고자 합니다.

이 책을 통해, 제가 그 동안 연구해 온 결과를 여러분과 함께 나누고 싶습니다.

2015년 10월 01일

지은이 유 홍준
(주)소프트웨어품질기술원

이 책을 읽으시기 전에

이 책은 소프트웨어(software)를 개발하거나 유지 보수함에 있어서 인간의 힘이 들어가는 수작업을 최소화 하고 대부분의 작업을 인간을 가장 편하게 하는 방법으로 자동화시키는 방법론에 대해 본격적으로 다루고 있습니다. 구체적으로는 실무에 즉각 적용할 수 있는 기본적인 방법론에 비중을 두고 있습니다. 가장 기본적인 원리를 중심으로 다루기 때문에 '추상화 사다리(ladder of abstraction)' 등과 같은 독자님의 전공에 따라 어느 면에서는 생소하게 들릴 수 있는 용어(用語)들을 사용하는 경우도 있을 것입니다.

이런 새로운 용어(用語)는 사실 자동화 방법론의 이론적인 배경을 설명하기 위한 것이기 때문에 '자동화'를 실천적으로 도모함에 있어서는 그다지 중요한 것이 아닐 수도 있습니다. 그렇더라도 새로운 용어(用語) 중에 잘 이해하기 어려운 것이 나올 때는 책의 전체적인 내용을 매끄럽게 이해해 나가는데 장애 요소로 작용할 수 있기때문에 개념을 정확하게 이해하시는 것이 아주 중요합니다. 그렇기때문에, 본서에서는 책의 내용을 전개해나가다가 일반적으로 접하기 어려운 새로운 전문적 용어가 나올 때에는 최대한 용어의 설명을 추가하여 바로 이해할 수 있도록 배려하였습니다. 본서에서 제 1장과 제 2장은 큰 흐름을 파악하는 식으로 부담 없이 읽어나가시고, 제 3장부터가 자동화 방법론의 핵심이므로 제 3장부터 차근차근 정성 들여 읽어나가신다면 이 책에서 뜻하는 바를 쉽게 터득하실 수 있을 것입니다. 또한, 이 책에서는 컴퓨팅 사고(computational thinking)를 조립·분해식으로 증진시키는 방법에 대해서도 집중적으로 다루고 있습니다. 이를 통해 단순히 소프트웨어 설계뿐만이 아니라, 컴퓨팅 사고 능력을 보다 입체적으로 배양할 수 있을 것입니다.

그럼 이제부터 독자님과 함께 소프트웨어 공장 자동화(software factory automation)의 멋진 세계로 첫걸음을 내딛겠습니다.

쏙(SOC)의 첫걸음

1.1 소프트웨어 위기의 정체

우리는 요즈음 자동화의 시대에 살고 있습니다. 크게는 선박, 비행기로부터 작게는 세탁기, 전기 밥솥에 이르기까지 자동화를 빼놓고는 우리의 생활을 생각할 수 없는 시대입니다.

자동화(自動化, automation)의 핵심은 무엇일까요?

바로 소프트웨어(software)입니다. 하드웨어(hardware)에 들어있는 똑똑한 소프트웨어 (intelligent software)야말로 자동화에 가장 중요한 역할을 하고 있는 것입니다.

이처럼, 하드웨어(hardware)의 발전과 더불어 이를 제어하는 소프트웨어의 중요성이 나날이 부상함에 따라 실제로 소프트웨어의 기술도 엄청나게 발전해 왔습니다.

그럼에도 아직까지 소프트웨어 위기(software crisis)를 경고하는 전문가들의 목소리가 있는 이유는 무엇일까요?

초창기의 소프트웨어 위기(software crisis)란 「고품질의 소프트웨어를 원하는 수요는 매년 빠른 속도로 증가하고 있는데, 그에 대한 공급이 느림보 걸음을 하고 있어서 개발 적체 (backlog) 등의 부작용이 심화되는 상황」이었습니다.

최근에는 컴퓨팅 환경이 모바일(mobile)화, 임베디드(embedded)화, 사물인터넷(IoT: Internet of Things)화 등을 중심으로 하는 융합 환경으로 급속히 변화하고 있지만 아직도 소프트웨어 위기는 미해결 상태라는 진단이 내려지고 있습니다.

사용자는 개발이 이루어진 소프트웨어의 품질과 기능에 만족하지 못하고, 계속적인 변경 요구와 대폭적인 추가기능 탑재 요구 등을 함으로써, 개발자의 입장에서는 유지 보수 (maintenance)에 인력과 비용, 시간이 묶이는 문제점이 발생합니다. 이로 인해 개발 적체 (backlog)와 품질 향상에 한계를 초래하고 있습니다. 이것이 악순환의 고리를 형성하여 결국 소프트웨어 위기로 이어지고 있는 실정입니다.

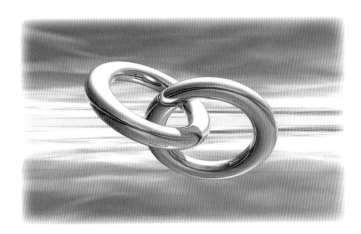

이와 같은 상황을 바탕으로 생각해 볼 때, 오늘날의 소프트웨어 위기를 해결하기 위해서는 유지 보수(maintenance) 기술을 획기적으로 보강하는 것이 필수불가결하며, 유지 보수 능력(maintainability)의 증진이 바로 개발 적체 해소와 품질 향상의 지름길이 됩니다.

하지만, 그간의 위기 해결을 위한 접근 방법은 어떠했을까요?

1960년대 중반부터 일관성 있게 나타난 소프트웨어 위기에 대한 원인 진단은 "기술과 경험이 부족한 컴퓨터 전문 기술자들이 소프트웨어 개발을 함에 있어서 노동집약적 속성(가내수공업적인 인력 투입 중심)으로 작업을 하는 것"이라는 인식이 지배적이었습니다.

그 이유는 간단합니다. 지금까지의 방법론은 주로 소프트웨어가 비가시적(invisible)이라는 인식으로부터 시작하여 가시성(可視性)을 확보하기 위해 형상 통제 등을 해나가는 식의 접근법이었습니다. 소프트웨어가 애당초 눈에 보이지 않는 비가시성(非可視性)을 가지고 있다는 시각으로는 소프트웨어 위기를 근본적으로 해소하기 어렵습니다. 따라서, 본서에서는 소프트웨어가 기본적으로 다른 물체처럼 가시적(visible)이라는 인식으로 접근합니다.

소프트웨어가 비가시적이었는데, 어떻게 갑자기 시각화(visualization)를 도모할 수 있느냐고 반문하는 분이 계실지 모르겠습니다. "안되면 되게 하라"라는 말도 있지 않습니까? 소프트웨어가 이제까지 비가시적이었다면, 가시적인 것이 되도록 시각화(視覺化, visualization)하면 간단히 해결할 수 있는 것입니다.

필자는 이제부터 소프트웨어의 개발 생산성과 유지 보수성을 획기적으로 증대시켜줄 수 있는 새로운 K-Method와 이를 기반으로 하는 쏙(SOC : Structured Object Component)을 소개하고자 합니다. 또한, 이러한 개념을 가능하게 구현해주는 새틀(SETL : Structured Efficiency Tool)에 대해서도 소개하고자 합니다. 이것은 바로 소프트웨어 공장 자동화(SFA : Software Factory Automation)를 구현하기 위한 새로운 시도입니다. 아울러, 일상 생활에서의 창의적 문제 해결을 위한 컴퓨팅 사고(computational thinking)를 획기적으로 증진시켜줄 수 있는 현실적인 접근입니다.

1.2　조립·분해 기술의 중요성

　소프트웨어의 개발에 투입하는 인력을 10%, 유지 보수에 투입하는 인력을 90%라고 보았을 때, 소프트웨어 개발 생산성을 2배로 향상시킨다면 전체적으로는 불과 5%정도의 인력 절감의 효과를 얻을 뿐입니다.　하지만 유지 보수성을 2배로 향상시킨다면, 전체적으로는 무려 45%의 인력 절감의 효과를 얻을 수 있습니다.　이로 인해 남는 인원을 신규 개발에 투입할 수 있기 때문에 엄청난 효율 증대를 가져올 수 있음은 물론, 이것이 곧바로 회사의 경비절감과 대외적인 경쟁력 강화로 이어집니다.

　그렇다면, 소프트웨어의 유지 보수성을 획기적으로 향상시켜 인력을 절감할 수 있는 방법은 무엇일까요?

　그것은 간단합니다. 인력을 적게 투입하면서도 효율을 크게 올리기 위해 수동으로 작업하던 것을 자동화시켜 주는 것입니다.

　하지만, 자동화를 위해 먼저 해결해야 할 사항이 있습니다.　부품의 표준화·규격화가 바로 그것입니다.　소프트웨어 부품의 조립·분해 과정을 자동화하여 유지 보수성을 획기적으로 향상시켜주기 위해서는 부품을 표준화·규격화시켜 주어야만 자동화 도구의 사용이 쉬워지는 것입니다.

　이처럼, 소프트웨어의 공장 자동화 기술에 표준화·규격화한 소프트웨어 부품의 조립·분해·추상화 기술이 얼마나 중요한 비중을 차지하는가를 알 수 있습니다.

　예를 들어 알고리즘을 일종의 빌딩이라고 본다면, 부르즈 할리파(Burj Khalifa)라는 알고리즘(algorithm) 빌딩을 짓고 유지 보수함에 있어서 원시 시대의 건축 방법과 자재의 사용을 고집하여 통나무를 이어가며 구현하려고 처절하게 노력한다면, 과연 우리는 그러한 노력에 박수를 보낼 수 있을까요?

이런 건축법의 결과는 어떨까요?

수단　　　　　　　　　　　　　　　　　　　　　　　목표

현대시대 고층 건물의 건축과 유지 보수는 아무리 굵은 통나무를 건조시키고 가공하여도 가능한 것이 아니며, 철재 빔과 같은 새로운 재질과 조립·분해가 자유로운 과학적인 공법을 채택해야만 안전을 도모할 수 있습니다.

그렇듯 프로그램의 개발자는 쏙(SOC : Structured Object Component)과 같은 조립·분해·추상화가 자유로운 객체 부품을 가지고 설계를 행함으로써 소프트웨어 개발 및 유지 보수의 전 공정에 있어서 획기적인 효율화를 꾀할 수 있는 것입니다.

그렇다면, 쏙(SOC)이라는 것은 도대체 어떠한 것일까요?

쏙(SOC)의 특징

'쏙(SOC)'은 'Structured Object Component'의 약자로서 구조화 객체 부품(構造化客體部品)을 뜻합니다.

'쏙'은 영문 약자로 'SOC'이라고 기술(記述)해도 무리가 없으며, '쏙'이라고 발음합니다.

'쏙'의 정식명칭인 '구조화 객체 부품(構造化客體部品, Structured Object Component)'이란 '구조화한 객체 형태로 결합·분해 및 추상화 등의 설계 처리 자동화를 도모할 수 있도록 만든 부품'이라는 뜻입니다.

쏙(SOC)은 그 발음 자체에서 느껴지듯이 쉽게 밀어넣거나 뽑아내는 모양이라는 의미를 가진 '쏙'에서 나왔습니다.

프로그램을 개발하거나 유지 보수할 때, 조립해넣고자 하는 소프트웨어 부품을 쏙 집어넣고, 필요 없어진 부품을 쏙 빼내어 분해 제거할 수 있다면 얼마나 좋을까요?

또 작성한 소프트웨어 설계 도면을 보기만 하면, 머리에 쏙쏙 그 내용 전체를 파악할 수 있도록 하면 얼마나 좋을까요?

바로 구조화 객체 부품 쏙(SOC)이야말로 그러한 목적에 맞도록 만든 것입니다.

그럼 먼저 쏙의 특징에 대해서 살펴보겠습니다.

- 개념적 특징
  (1) 객체지향 개념(OOC : Object-Oriented Concept)을 지원한다.
  (2) 목적(목표)과 수단 계열의 개념을 지원한다.
  (3) 패턴 부품(pattern components) 중심이다.
  (4) 다차원적인 표현 사상을 가진 K-Method하에서 통상적인 인간의 사고(思考) 방식에 가장 근접하게 순응하는 형태로 조립·분해·추상화 등이 가능하다.
  (5) 오류(error)의 처리와 같은 이상 환경(異常環境)에 대한 지원까지 포함한다.

- 표현적 특징
  (1) 완벽한 문서화(documentation)가 가능하다.
  (2) 기술 밀도가 높아서 한 쪽(page)에 표현 가능한 내용이 기존의 설계도보다 30% 이상 늘어난다.
  (3) 잔디 구조(lawn structure) 형태의 프레임워크를 형성하여, 추상화와 구체화를 계열적으로 표현함과 동시에 주 처리(main process)와 부 처리(sub process)를 계층적으로 손쉽게 표현할 수 있다.
  (4) 완벽한 구조적 설계와 객체지향 설계의 표현이 가능한 방식이다.
  (5) 멀티미디어 방식, 병렬 처리 방식 등을 지원하는 설계 처리도 간단하게 표현해낼 수 있다.

● 구현적 특징

(1) 별도의 자(ruler)가 필요 없이 직선형 자만 가지고도 충분히 그릴 수 있다.

(2) 조립식 패턴 부품을 사용함으로써 설계 구현이 매우 쉽다.

(3) 추상화 사다리(ladder of abstraction) 지원으로 개요(槪要)와 상세(詳細)를 한꺼번에 표현할 수 있다.

(4) 전용의 자동화 도구인 새틀(SETL : Structured Efficiency TooL)의 지원을 통해 조립·분해 등을 자동화하고, 프로그램 코드로 자동 변환할 수 있다.

(5) 프로그램 소스 코드를 이미 작성한 경우에도 새틀은 별도의 노력을 요하지 않도록 소스 코드를 읽어서 설계도를 역공학으로 자동 재생해낸다.

추상화 사다리(ladder of abstraction)란?

    인간이 문제를 파악할 때 추상화 수준의 상위 또는 하위의 어느 위치로도 마치 사다리를 타고 오르내리는 것처럼 오르락내리락 하면서 파악하는 개념을 의미합니다.

    이것은 전투를 할 때 전체적으로 짜여진 대진법(추상화 수준이 높은 상태)과 병사 개개인의 전투 능력(추상화 수준이 낮은 상태)을 마치 사다리를 타듯이 오르내리면서 파악하여 최적의 해법을 찾아서 대응하는 쪽이 승리할 확률을 크게 하는 것과 마찬가지입니다. 일상생활에서 문제를 해결할 때에도 추상화사다리의 개념의 적절한 적용이 아주 중요합니다.

● 인식적 특징

(1) 규격화 부품으로 <u>지각 체제화(perceptual organization)</u>하여 손쉬운 파악이 가능하다.

(2) 도면상에 깔끔한 구조 형태로 표현하여 알고리즘(algorithm)을 마치 소설책을 읽듯 쉽게 이해할 수 있다.

(3) 용어를 일관성 있게 체계화하여 이해가 쉽다.

(4) 조립식 패턴 부품을 사용함으로써 설계 구현이 대단히 쉽다.

지각 체제화(perceptual organization)란?

> 인간이 사물을 지각할 때 하나로 응집하는 형태로 체제화하여 인식하는 성질을 의미합니다. 우리는 시선이 향하는 범위에 어떤 패턴들이 흩어져 존재한다고 할 때, 서로 가까이에 있는 패턴들을 집단화하고(근접성의 원리), 비슷한 형태들을 함께 집단화하며(유사성의 원리), 파악하기 쉬운 인상적인 패쇄적 패턴으로 집단화하여(폐쇄성의 원리) 지각합니다. 이러한 것들을 통합적인 시각에서 지각 체제화라고 합니다.

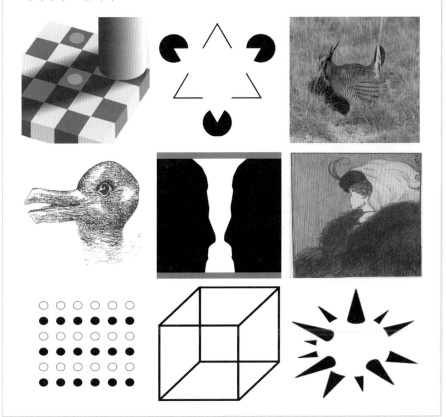

쏙(SOC)을 포함한 현존하는 설계 방법을 표현 구조에 초점을 맞춰서 파악해보면 크게 선 구조(line structure), 트리 구조(tree structure), 잔디 구조(lawn structure)의 3가지 유형으로 분류할 수 있습니다.

● 선 구조(line structure)

선 구조(line structure)라 함은 실같은 선을 따라서 논리의 흐름을 전개하는 형태의 1차원적인 선 흐름 기반의 구조를 의미합니다. 여기에 해당하는 설계 방법으로는 순서도(flow chart), Activity Diagram, DRAKON, LCP(Logical Conception of Program) 등의 4가지 설계 방법이 대표적입니다. 선 구조 자체는 구조화의 관점에서 보면 비구조에 해당하며 구조화를 위해서는 별도의 규칙이 필요합니다.

● 트리 구조(tree structure)

트리 구조(tree structure)라 함은 목 구조라는 용어로 부르기도 하며, 나무의 가지가 뻗어나가는듯한 모양의 구조를 의미합니다. 트리 구조는 2차원 형태의 구조를 형성하며, 수직형 트리 구조(vertical typed tree structure)와 수평형 트리 구조(horizontal typed tree structure)로 세분화할 수 있습니다.

수직형 트리 구조는 나무를 거꾸로 세운 모양의 전통적인 트리 구조를 의미합니다. NS(Nassi-Shneiderman, 공식 명칭은 PSD(Program Structure Diagram)), Chapin Chart, DSD(Design Structure Diagram), YAC(Yet Another Chart), SPD(Structured Programming Diagram), HCP(Hierarchical ComPact description chart) 등의 6가지 설계 방법이 대표적입니다.

수평형 트리 구조는 나무 가지가 옆으로 뻗어나가는 듯한 모양의 목 파생 기반의 트리 구조를 의미합니다. 기본적인 성질은 수직형 트리 구조와 동일하지만 시각적인 특성상 나무 가지가 옆으로 뻗는듯한 모양을 하고 있는 특징이 다소 다릅니다. 수평형 트리 구조에 해당하는 설계 방법으로는 PAD(Problem Analysis Diagram), Ferstl Chart, Action Diagram 등의 3가지 설계 방법이 대표적입니다.

● 잔디 구조(lawn structure)

　잔디 구조(lawn structure)라 함은 마치 잔디가 위로는 잔디 풀이 돋고, 밑으로 잔디 뿌리가 뻗으며, 옆으로 잔디가 퍼져나가는 것처럼 순서화, 계열화, 계층화를 기반으로 하는 3차원 구조에 정상, 비상, 이상의 시간적 개념을 포함시킨 4차원 문제 해결 구조를 의미합니다. 잔디 구조에 해당하는 설계 방법으로는 쏙(SOC : Structured Object Component)을 들 수 있습니다.

　특히 쏙(SOC)은 잔디 구조(lawn structure)의 지원을 받음으로써 인간의 사고(思考) 유형에 접근한 문제 해결을 도모할 수 있습니다.

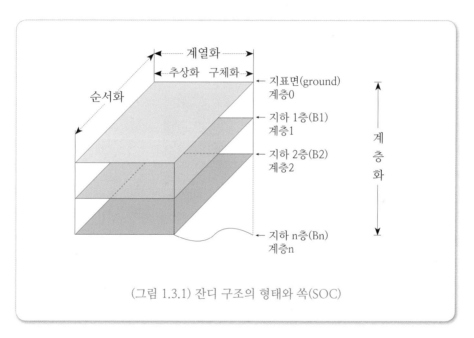

(그림 1.3.1) 잔디 구조의 형태와 쏙(SOC)

　구체적으로 잔디 구조(lawn structure)라 함은 일반 구조화도(structured chart)가 지향하는 트리 구조(tree structure)의 계층 개념(階層概念)을 수용함은 물론, 목적(목표)과 수단의 계열 개념(系列概念)을 추가한 새로운 개념의 구조입니다.

　쏙(SOC)에서 지향하는 구조는 이처럼 마치 잔디가 위로 잔디풀이 돋으면서 지표면을 퍼져나가고(계열화(추상화-구체화)), 땅속으로 뿌리를 뻗어나가는 것(계층화)과 같은 3차원적인 공간 개념에 시간 개념을 추가한 4차원 잔디 구조입니다.

계열화(ownership)는 목적·수단 계열에 따른 추상화 사다리(ladder of abstraction)의 위쪽에 해당하는 소유자(所有者, owner, class)로서의 추상화(abstraction)와 추상화 사다리의 아래쪽에 해당하는 참여자(參與者, member)로서의 구체화(specialization)의 관계를 표현할 수 있습니다.

계층화(hierarchy)는 하청을 주는 측인 상위 계층의 고객(client)과 하청을 받는 측인 하위 계층의 봉사자(server)의 관계를 표현할 수 있습니다.

순서화(flow decomposition)는 문제의 해결 과정의 흐름을 시간적인 단계에 따라 분해하여 파악할 수 있도록 표현할 수 있습니다.

이처럼, 4차원의 구조를 3차원의 눈으로 보는데 무리함이 없도록 만든 잔디 구조(lawn structure)를 통해 설계 처리의 생산성(productivity) 및 유지 보수성(maintainability)을 획기적으로 증진시킬 수 있습니다.

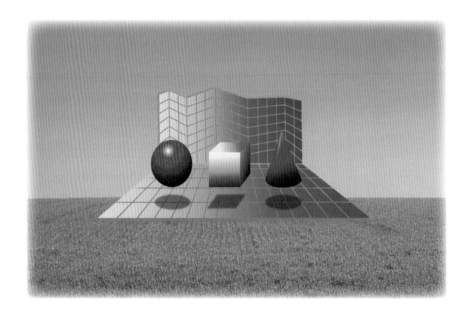

쑥의 개발 배경은?

　최초의 소프트웨어 설계도였던 순서도(flow chart)의 설계 처리는 처리·판단·초기화 등과 같은 약속이 이루어진 기능별 도형을 그 속에 써넣는 문자 수에 따라 크기를 임의로 정하여 비규격적으로 그리고, 비정형화한 형태의 화살표로 연결해가는 방법입니다. 따라서 설계 처리 장치로 자동화한 소프트웨어 설계를 구현하기 위한 프로그램의 제어 구조 인식이 어려웠습니다.

　그 순서도식 설계 처리 장치와 방법에서의 문제점을 해결하기 위해 등장한 종래의 구조화도(structured diagram)들을 이용한 설계 처리 장치 및 방법은 순차(順次, sequence), 선택(選擇, selection), 반복(反復, iteration) 등과 같은 제어 구조별로 약속이 이루어진 도형들을 접착 또는 선으로 연결하여 구현해가는 방법입니다.

　따라서 설계 처리 장치에 의한 소프트웨어 설계를 위한 프로그램의 제어 구조의 인식의 문제점을 해결할 수가 있었습니다.

　그러한 장점으로 인해 세계 각국에서 구조화 편집기(構造化編輯機, structured editor)라고 불리는 다수의 구조화도 처리 소프트웨어 장치 및 이를 지원하는 방법이 출현하여 소프트웨어 개발 생산성(software development productivity)을 향상시킬 수 있었습니다.

　1980년대만 하더라도 이정도의 소프트웨어 도구(software tools)와 방법론(methodologies)만 가지고도 사용자의 요구에 어느 정도는 부응할 수 있었던 것이 사실입니다.

　그러나 1990년대를 거쳐 2010년대 중반에 이르기까지 모바일, IoT(Internet of Things), 소프트웨어, 하드웨어, 네트워크 등의 융합 환경으로의 진화에 따라, 일반 사용자도 컴퓨터(computer)에 관하여 풍부한 지식을 가지도록 발전합니다.

　이로 인해, 개발이 이루어지는 소프트웨어에 대한 사용자의 만족도 수준도 더욱 높아져, 개발자에 대한 요구사항이 보다 급속히 복잡하고 다양하게 증가합니다.

　이 때문에 소프트웨어 개발의 비중보다 소프트웨어 유지 보수의 비중이 급격히 높아집니다. 하지만 프로그램 제어 구조 중심의 종래의 구조화도의 설계 처리 장치 및 방법들은 개발 생산성 향상에 중점이 두어져 있었습니다. 그렇기때문에 한 번 그린 소프트웨어 설계도 구조의 추상화, 구체화 및 부분적인 변경·확장·보수 등 유지 보수성(maintainability)의 향상에는 대처가 어려웠습니다.

　또한, 순서도와 종래의 구조화도의 대부분은 제어 구조별 목적의 기술이 불가능하여 추상화 전략(abstraction strategy)에 있어서 커다란 문제점을 근원적으로 안고 있었습니다.

　인생을 살아감에 있어서, 삶의 목적을 분명하게 가지고 구현해가는 사람과 일단은 무조건 아무렇게나 구현해 보고 임종할 때가 되어서야 비로소 살아온 목적이 무엇인가를 생각해 보는 사람 중 어떤 사람이 더 인생을 충실하게 살 수 있을까요?

　물어보나마나 한 질문일 것입니다.

　종래의 순서도와 구조화도의 문제점을 기술하면 다음과 같습니다.

구조화도의 경우에는 NS Chart(Nassi-Shneiderman chart)를 예로 들어보겠습니다.

- 순서도(flow chart)의 문제점
  - (1) 알고리즘(algorithm)의 구현 과정을 추적해나가는 방식이기 때문에 표현상에 있어서 기준이 명확하지 않다. 따라서 똑같은 제어 구조도 그리는 사람에 따라 달라져 결과적으로 구조의 파악이 어렵다.
  - (2) 갈래(선택) 구조(selection structure)에서의 분기용 판단 기호와 되풀이 구조(loop structure)에서의 되풀이처리 도중에 반복을 끝낼지 여부를 판단하기 위한 기호가 같다. 따라서 다른 구조를 같은 구조로 착각하기 쉽다.
  - (3) 컴퓨터(computer)의 초창기에 고안한 것이다. 따라서 현재의 프로그램 사양을 만족하게 표현해주지 못하고 있다.
  - (4) 화살표를 마음대로 남발할 수 있으므로 눈의 운동을 복잡하게 한다. 따라서 시각적인 피로감을 느끼게 함은 물론, 제어 구조 파악을 혼란스럽게 한다.
  - (5) 일정한 크기와 모양의 기호 속에 흐름의 설명을 써넣는 방식이므로 상세한 설명을 쓰는 것이 곤란하다. 따라서 극단적인 경우에 자신이 그린 순서도를 얼마 후에 다시 보았을 때, 프로그램 작성자 자신조차 이해할 수 없어서 쩔쩔매는 경우도 생긴다.
  - (6) 원래 구조적 설계를 염두에 두고 만들어진 것이 아니다. 따라서 구조화 알고리즘 (algorithm)을 표현하는데 많은 무리와 복잡성이 따르게 된다.
  - (7) '목적(what)'에 대한 언급이 전혀 없이 '구현 과정(how)'을 중심으로 그려나가는 방식이다. 따라서 순서도를 보면서 한참 흐름을 파악하고 나서야 그것이 무엇을 위한 알고리즘인가의 윤곽을 간신히 파악할 수 있다.
  - (8) 일단 그리고 나서 약간의 수정 사항이라도 생기면 처음부터 다시 그려야 하는 쓰라린 고통을 감당할 각오를 가져야만 한다. 그리고 그것은 아무런 대가도 없는 불필요한 고통이라는 데에 문제가 있다.

- 구조화도(NS chart)의 문제점
  - (1) 제어 구조별 목적 표현이 불가능하여, 상세 표현에는 적합하나 총체적인 구조 표현에는 적합하지 않다.
  - (2) 처리의 기술에 있어서 모듈(module)간의 계층화의 기술은 가능하지만, 모듈 내에서의 계층화의 기술은 불가능하다.
  - (3) 처리 방식의 기술이 어렵다.
  - (4) 내포(nesting)가 많아지면 상자가 작아져서 기입이 어려워지고, 가독성도 저하한다.
  - (5) 정상계 중심의 표현만 가능하며 비정상적인 상황에 대한 표현은 불가능하다.
  - (6) 객체지향 설계(OOD : Object-Oriented Design), 멀티미디어 및 병렬 처리 등의 설계가 불가능하다.

(7) 순서도와 마찬가지로 일단 그리고 나서 약간의 수정사항이라도 생기면 처음부터 다시
　　그려야 하는 쓰라린 고통을 감당할 각오를 가져야만 한다.

　　상기(上記)의 종래 기술의 문제점을 해결하기 위해 등장한 쏙(SOC : Structured Object
Component)은 조립식 소프트웨어 설계 처리 장치에 의한 소프트웨어 설계 처리작업에 있어
서, 종래의 순서도나 구조화도와 같이 설계도형을 단순히 연결시켜 그리는 방식을 사용하는
것과는 근본적으로 다릅니다.

　　쏙(SOC)은 사전에 소프트웨어 설계의 용도별로 기본 부품, 블록 부품, 구조 부품 등의 3종
류의 패턴 부품으로 나눠서 조립식 소프트웨어 설계 처리 장치의 내부에 있는 별도의 기억수
단인 설계 부품 기억부에 저장시켜두는 방법을 사용합니다.

　　규격화 및 표준화한 조립식 소프트웨어 패턴 부품을 마치 공장에서 산업용 로봇이 하드웨어
(hardware) 칩을 자동화한 공정으로 조립 또는 분해하는 것과 똑같이 필요에 따라서 언제라
도 간단히 조립해 넣을 수 있습니다.

　　불필요해진 소프트웨어 패턴 부품은 기존의 설계 도면에 손상을 가하지 않고 언제라도 깨끗
하게 불필요한 부분만 간단하게 분해하여 제거할 수 있습니다.

　　그뿐 아니라, 구현한 설계 도면 중에서 가독성이나 처리 기능의 구분 등 필요에 따라 인접한
기본 부품이나 블록 부품, 구조 부품 등과 같은 패턴 부품들을 묶어서 추상화시키는 것도 아주
쉽게 할 수 있습니다.

　　그러면 다음 장에서는 쏙이 나오기까지의 설계도는 어떻게 발전해 왔으며, 쏙은 기존의 설계
도구와 비교해볼 때 구체적으로 어떠한 특징을 가지고 있는지 알아보겠습니다.

● 응용 과제

● 과제 1.1 소프트웨어의 특징을 세부적으로 조사해 보세요.

● 과제 1.2 개발 적체(backlog)로 인해 발생할 수 있는 부작용에 대해 세부적으로 조사하고 해결 방안을 생각해 보세요.

● 과제 1.3 정보시스템을 발주한 주관기관이 개발도중에 요구사항을 자주 바꾸는 경우를 조사하고, 해결 방안을 생각해 보세요.

● 과제 1.4 임베디드 소프트웨어(embedded software)를 포함하는 IoT(Internet of Things) 환경에서 소프트웨어 위기가 발생하는 요인을 조사하고 해결 방안을 생각해 보세요.

● 과제 1.5 쑥(SOC : Software Object Component)을 지원하는 잔디 구조(lawn structure)와 같은 문제 해결을 위한 다차원 개념의 프레임워크(framework)가 필요한 이유를 조사해 보세요.

설계 방법의 세대별 분석

2.1 제 1세대 설계 방법

2.1.1 순서도의 개요

설계 방법의 제 1세대는 구조화 프로그래밍이 시도되기 이전에 만들어진 순서도를 이용한 설계 방법입니다. 순서도(flow chart)는 처리의 순서를 논리적(論理的)으로 표현하는 도표(圖表)입니다.

순서도(順序圖)는 일의 흐름을 나타내기 때문에 '흐름도'라고도 하며, 영어로는 'flow chart'라고 불립니다.

쉘리(Gary B. Shelly)와 케쉬맨(Thomas J. Cashman)은 순서도를 다음과 같이 정의하였습니다.

flow chart

> a series of symbols which graphically represents the solution to a problem

즉 '어떤 문제에 대한 해결 과정을 도형(圖形)으로 나타내는 연속적인 상징도(象徵圖)'라는 의미로 풀이하였습니다. 다시 말해서 일반인들이 싫어하는 복잡한 수식 등으로 문제에 대한 해답을 마련하는 것이 아니라, 누구라도 이해하기 쉬운 간단한 상징적인 도형(圖形)을 이용하여 그림으로 나타냄으로써, 문제에 대한 해답에 쉽게 접근할 수 있도록 하는 것이 바로 순서도인 것입니다.

순서도는 역사적으로 볼 때, 1940년대 후반에 세계적인 물리학자였던 폰 노이만(Johann Ludwig von Neumann, 1903~1957)과 세계 최초의 진공관식 컴퓨터(computer)였던 에니악(ENIAC)의 개발팀의 일원으로 있었던 골드스타인(Herman H. Goldstine) 두 사람이 고안하고, 논문(Planning and Coding of Problems for an Electronic Computing Instrument: Report on the Mathematical and Logical Aspects of an Electronic Computing Instrument [Princeton, NJ: Institute for Advanced Study], 1947-1948 [but Part II is 1951])으로 발표한 것입니다.

컴퓨터(computer)의 발아기(發芽期)였던 당시만 해도, 컴퓨터 프로그래밍을 함에 있어서 설계(design)라는 개념조차 모호했던 시절이었습니다. 따라서 프로그램의 작성자들은 자신의 개인적인 능력에 따라 그때그때 나름대로의 방식으로 프로그램의 작성에 임하고 있었습니다.

처음에는 컴퓨터를 단순한 계산 정도에만 이용하였고, 프로그램의 작성자가 당시로서는 엘리트들이었기 때문에 그다지 문제가 없었습니다.

그러는 가운데 컴퓨터를 이용한 응용 분야에 대한 개척이 속속 이루어지고 다양하고 복잡하게 진화합니다. 그럼에 따라, 체계적인 설계 없이 프로그램을 작성하는 데에는 한계가 생깁니다. 어느 사이엔가 자기가 작성한 프로그램을 보고도 자기가 이해할 수 없는 기이한 현상의 늪에 빠져 헤매는 현상이 나타난 것입니다. '필요는 발명의 어머니'라는 옛 말도 있듯이 바로 그러한 상황 속에서 어쩌면 순서도의 탄생은 지극히 당연한 결과일 것입니다.

순서도가 등장함으로써 이제 프로그램 작성자(programmer)는 과거에 머릿속에서만 행하던 여러 가지 문제 해결에 대한 설계를 체계적으로 행할 수 있는 가장 초보적인 설계 도구를 가지는 단계에 이릅니다.

순서도(順序圖, flow chart)는 1965년 일본 동경(東京)에서 열린 ISO(국제표준화기구 : International Organization for Standardization)의 SC7 총회에서 30가지의 기호 추천 규격 안의 결의를 통해 세계적인 표준화가 이루어져 오늘에 이릅니다.

2.1.2 순서도의 장단점

순서도는 간단한 상징도(象徵圖)를 이용하여 어떠한 문제 해결의 수순(手順)을 그려나가는 것이기 때문에 단순히 프로그래밍 언어(programming language)로 코딩(coding)한 내용만 보는 것보다는 이해의 면에서 유리합니다.

하지만 구조화 프로그래밍이 본격적으로 자리잡기 전에 등장한 것이기 때문에 구조화의 면에 있어서 결정적으로 불리합니다.

순서도의 장단점을 파악해서 정리하면 다음과 같습니다.

● 순서도(flow chart)의 장점
　(1) 기호를 외우기 쉽다.
　(2) 순수한 알고리즘(algorithm) 표현이 가능하다.
　(3) 표현상의 제약이 거의 없다.
　(4) 프로그래밍 언어(programming language)에 구애받지 않는 알고리즘의 기술이 가능하다.
　(5) 알고리즘(algorithm)의 이해와 추적이 쉽다.
　(6) 간결한 도식화가 가능하다.
　(7) 알고리즘의 직접 파악이 가능하다.

● 순서도(flow chart)의 단점

(1) 프로그램 제어 구조의 식별이 어렵다.

(2) 갈래(선택) 구조와 되풀이(반복) 구조의 구분이 어렵다.

(3) 프로그램 기능 사양의 표현에 한계가 있다.

(4) 화살표를 과다하게 사용하여 혼란 가중의 원인으로 작용한다.

(5) 상세한 설명을 쓰기 어렵다.

(6) 각 언어에 맞춘 구현이 어렵다.

(7) 문제 해결 과정의 상태 추이 관찰이 어렵다.

(8) 문제 해결 과정을 평면적으로만 표현하고 있다.

(9) 목적(목표)과 수단의 관계를 알기 어렵다.

(10) 구조화 프로그래밍의 표현이 어렵다.

(11) 사용의 불편함으로 인해 완성도 있는 순서도는 설계 단계보다는 코딩(coding) 완료
    후에 그리는 경우가 대부분이다.

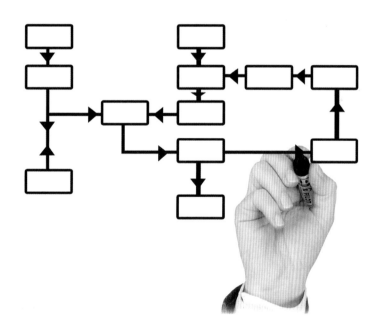

제 2세대 설계 방법

2.2.1 구조화 프로그래밍 기법의 대두

구조화 프로그래밍(structured programming)의 발전은 1966년~1974년 사이에 일어났다고 볼 수 있습니다. 가장 중요한 디딤돌로 작용한 것은 1966년 보헴(Böhm)과 야코피니(Giuseppe Jacopini)의 수학적 이론(The mathematical theory), 1968년 네덜란드 아인트호벤 기술 대학(Eindhoven Technology University)의 다익스트라(Dijkstra) 교수의 편지(Letters to the Editor of Communications of the ACM), 1974년 미국 스탠포드 대학(Stanford University)의 커누스(Knuth) 교수에 의한 주장(Structured Programming with go to Statements)입니다.

구조화의 디딤돌

> • 1966 ~ 1974년 사이에 가장 주목받은 일
> ① 1966년의 보헴(Böhm)과 야코피니(Giuseppe Jacopini)의 수학적 이론
> ② 1968년의 다익스트라(Dijkstra)의 편지
> ③ 1974년의 커누스(Knuth)의 주장

우선 이들의 내용이 무엇인지 개략적인 사항을 언급해 보겠습니다.

• 보헴(Böhm)과 야코피니(Giuseppe Jacopini)의 수학적 이론
1966년에 이탈리아의 로마에 위치한 IAC-CNR 응용 수학 연구소의 평생 연구원인 보헴(Böhm)과 제자인 야코피니(Giuseppe Jacopini)라는 이름을 가진 두 사람의 컴퓨터 과학자들(computer scientists)을 주목할 필요가 있습니다. 그들은 순서도로 표현 가능한 어떠한 소프트웨어도 이른바 이음(concatenation, 순차), 갈래(selection, 선택), 되풀이(iteration, 반복)라고 불리는 3가지 기본 제어 구조(基本制御構造)만 가지고 다시 쓰일 수 있다고 보았습니다. 그러한 주장을 논문(Flow diagrams, Turing machines and languages with only two formation rules, Comm. ACM (9) 5 (1966) 366-371)으로 발표하였습니다.

● 다익스트라(Dijkstra)의 편지

　1968년에 네덜란드의 대학교수로 재직하고 있던 다익스트라(Dijkstra)는 the Communications of the ACM지의 편집자에게 '유해하게 여겨지는 goto문(Go To Statement Considered Harmful)'이라는 제목의 편지를 보냅니다. 이 편지에서 goto문은 가독성(readability)을 떨어뜨림으로서 유지 보수성(maintainability)을 저하시키고, 절차의 유효성을 감소시키기 때문에 모든 프로그램 언어에서 사라져야 한다고 주장하였습니다. 그 후 1972년에 호어(C.A.R Hoare)와 공동으로 저술한 '구조화 프로그래밍(Structured Programming)'이라는 제목의 책 제 1부에서 열거(列擧, enumeration), 수학적귀납법(數學的歸納法), 추상(抽象, abstraction) 등 3가지 지성의 도구를 이용하여 3가지 기본 제어 구조의 타당성을 수학적으로 증명하였습니다.

● 커누스(Knuth)의 주장

　1974년 12월에 미국 스탠포드(Standford) 대학에서 정년 보장 교수로 있던 커누스(Knuth)는 'Structured Programming with goto Statements'라는 제하의 40쪽짜리 논문을 Computing Surveys지를 통해 발표하였습니다.

　그 논문에서 커누스(Knuth)는 구조화 프로그래밍이란 goto 없는 프로그래밍이 아니라, 상품을 보다 가독성이 좋도록 만드는 기법이며, 몇몇의 경우에 모듈(module)은 goto문을 포함하는 쪽이 goto문을 사용하지 않는 쪽보다 더 이해하기 쉽다고 주장하였습니다.

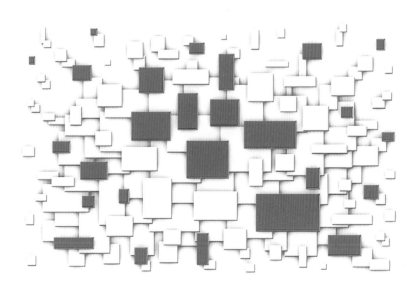

물론 앞의 3가지 주장 이외에도 여러 가지 주장이 있었지만, 1973년에 케이프타운 대학교(University of Cape Town)에서 응용 수학 분야 박사 학위를 받고 그 후 'Software Engineering' 서적을 저술한 밴더빌트 대학(Vanderbilt University)의 샤악(Stephen R.Schach) 같은 이는 위의 3가지 주장을 구조화 프로그래밍의 역사에 있어서 가장 주목받을만한 중요한 일로 꼽고 있으며, 그것은 그만의 주장이 아닌 일반적인 전문가들의 견해입니다.

그들 중에서 보헴(Böhm)이나 다익스트라(Dijkstra) 등의 일관성 있는 생각은 '기본적인 제어 구조를 짜 맞추는 것만으로 어떠한 프로그램의 제어 구조도 구축할 수 있다'는 것입니다.

즉 '적정(適正) 프로그램을 이용하면 어떠한 논리라도 표현할 수 있다'는 것입니다.

그럼 도대체 적정 프로그램이란 어떠한 것일까요?

적정 프로그램

> 1개의 입구와 1개의 출구를 갖는 프로그램

즉 '프로그램을 1개의 입구와 1개의 출구를 갖는 적정 프로그램으로 설계하였다면, 기본적인 3가지의 제어 구조의 조합을 통해 어떠한 논리도 기술할 수 있다'는 것을 수학적 증명을 통해서 주장하였던 것입니다.

이음(순차)   갈래(선택)   되풀이(반복)

이처럼 '기본 제어 구조를 조합하여 프로그램을 구축하는 사상, 즉 논리의 구조화에 관한 정리'를 '구조 정리(構造定理)'라고 합니다.

여기서 3가지의 프로그램 기본 제어 구조(基本制御構造)의 단위로 이음(순차, 順次, SEQUENCE), 갈래(선택, IFTHENELSE), 되풀이(반복, WHILEDO)를 제안합니다.
기본 제어 구조를 나타내면 다음과 같습니다.

(1) 이음(순차) 구조(SEQUENCE, simple sequence of functions)
　　⇨ 2개 이상의 명령을 연속하여 처리하는 구조입니다.

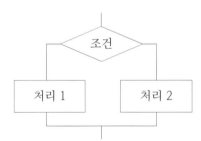

(2) 갈래(선택) 구조(IFTHENELSE, if~then~else)
　　⇨ 2개의 조건 중 하나의 갈래로 분기하는 구조입니다.

(3) 되풀이(반복) 구조(WHILEDO, loop control)
　　⇨ 조건이 진실인 동안은 되풀이(loop) 명령을 반복하여 실행하는 구조입니다.

또한 기본 제어 구조를 응용한 조합 구조로서 다음과 같은 구조를 생각할 수 있습니다.

(1) DOUNTIL (do~until)
　　⇨ 탈출 조건이 진실임을 확인시까지 되풀이(반복) 구조를 맴도는 구조입니다.

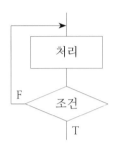

(2) CASE (optional selection of junctions)
　　⇨ 조건을 검사한 후 많은 명령중의 하나를 선택하는 구조입니다.

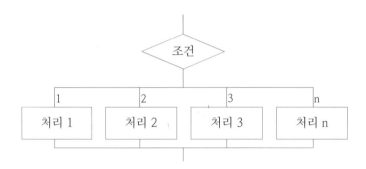

　　사실 보헴(Böhm)이나 다익스트라(Dijkstra) 양자 모두 문제에 접근하는 방법에 있어서는 차이가 있었지만 저변에 흐르는 개념을 살펴보면, 기본적인 순서도에서 우리가 마음대로 화살표를 그어대는 것을 경계한 것이라고 볼 수 있습니다.

　　또한 그에 대한 해결책으로, 기본 제어 구조의 확립 및 goto문에 의한 임의의 분기를 억제함으로써, 보다 쉬운 프로그램의 개발과 유지 보수를 구현하려고 하였던 것입니다.

　　구조화가 안된 프로그램 설계의 문제점이 날이 갈수록 심각해짐에 따라, 보다 효율적(效率的)인 프로그램의 개발을 위해 구조화 프로그래밍(structed programming) 기법이 등장합니다.

　　아울러, 문서화(文書化)의 중요성에 대한 인식에 따라, 구조화 프로그래밍을 뒷받침해 줌은 물론 문서화에도 기여할 수 있는 설계도의 필요성이 더욱 절실해집니다.

구조화 프로그래밍의 구현이 가능한 설계도의 필요 조건은 다음과 같습니다.

● 구조화 설계도의 필요 조건
　(1) 구조적 프로그램 설계 기법에 대응한 기술이 가능할 것.
　(2) 구조화 프로그래밍의 원리에 의거한 제어 구조를 구조적으로 표현 가능할 것.
　(3) 특정한 알고리즘에 대해 누가 그리더라도 동일한 모양으로 표현할 수 있을 것.
　(4) 설계도 기호의 종류를 가능하면 적게 하여 기술 습득을 쉽게 할 것.
　(5) 간결하게 정리한 표현으로 보기 쉽고, 이해가 쉬울 것.
　(6) 수정 및 변경 작업이 용이할 것.
　(7) 프로그램 언어로의 변환이 쉬울 것.

이러한 요건을 충족시키기 위해 세계 각국에서 여러 종류의 구조화도(structured chart)를
비롯한 분석·설계 도구들이 등장합니다.

2.2.2 세계 각국의 제 2세대 분석·설계 도구

세계 각국에서 1970년대와 1980년대를 거쳐서 지금에 이르기까지 NS chart, HIPO, Warnier-Orr Diagram, Jackson Diagram, LCP chart, DRAKON, Action Diagram, DSD, PAD, HCP, SPD, YAC, TS chart, DFD, Decision Table, Lindsey chart, Chapin chart, Ferstl chart, Allan chart, 의사코드(PDL), FI Chart, Weiderman chart, Witty chart 등 제 2세대의 분석·설계 방법을 지원하기 위한 시각적 표현 도구로 개발이 이루어진 것 중에서 대표적인 것을 간단하게 설명하면 다음과 같습니다.

● NS chart

‘Nassi-Shneiderman’ chart의 약자로, IBM 네덜란드 지사의 나시(Nassi)와 슈나이더 만(Shneiderman)이 1973년에 고안하였으며, 네덜란드와 독일 그리고 미국에서 IBM사를 중심으로 보급하여 오다가 단점이 많아 최근에는 실무에서 거의 사용하지 않고 있습니다. 이 구조화도는 프로그램의 제어 구조를 명확하게 하여 goto문의 사용을 배제함은 물론, 거의 구조화 프로그래밍의 구조이며, 개발 공정의 상세 설계 부분으로부터 코딩에 가까운 부분을 지원하는 체계입니다. NS chart의 공식 명칭은 PSD(Program Structure Diagrams)이며, 네덜란드 NEN-1422, 독일 DIN-66261, 일본 JIS-X-0128-1988, 한국 KS-C-5846-1990 등으로 표준화가 이루어져 현재에 이르고 있습니다.

● HIPO

‘Hierarchy plus Input/Process/Output’의 약자로, ‘계층 및 입력/처리/출력’의 의미 에서도 알 수 있듯이, IBM사에 의해서 효과적인 컴퓨터시스템의 개발 기법을 체계화한 IPT(Improved Programming Technologies)의 한 부분인 내림식(top-down) 개발기법 으로 1972년에 개발이 이루어진 것입니다.
　시스템의 입력, 처리, 출력의 관계를 계층적으로 상세화해 가는 기법입니다.

● Warnier-Orr Diagram

1971년 워니어(Jean-Dominique Warnier)가 고안하고, 오어(Ken Orr)에 의해서 시스 템 설계에 적용되기 시작하였습니다. HIPO와 비슷한 체계이며, 이음(순차), 갈래(선택), 되풀이(반복)의 3가지 기본 구조를 중심으로 계층적인 구현을 할 수 있습니다.
　특히, 자료 구조(data structure)를 기술할 수 있으며, 하나의 자료 구조로부터 다른 자 료 구조를 처리하는 프로그램을 작성할 수 있는 기법입니다.

● Jackson Diagram

워니어 오어 다이어그램(Warnier-Orr Diagram)과 비슷한 체계입니다.

이음(순차) 구조, 갈래(선택) 구조, 되풀이(반복) 구조, 겹구조의 4개의 기본 구조를 사용하고 있지만, 그것은 구조화 프로그래밍의 기본 구조에 따르는 것입니다.

이 체계도 자료 구조와 프로그램의 관계를 중시하고 있습니다.

- **Action Diagram**

  제임스 마틴(James Martin)이 CASE(Computer Aided Software Engineering)의 상세 설계 도구의 하나로서 소개한 것으로, 워니어 오어 다이어그램(Warnier-Orr Diagram)과 비슷한 체계입니다. 구조화도라기 보다는 오히려 코딩한 내용에 가까운 초보적인 체계입니다.

- **DFD**

  'Data Flow Diagram'의 약자로, 요돈(Yourdon)이 소개한 것이며 구조적 기법의 분석 단계에서 그리는 것입니다. 이것은 자료의 흐름에 관한 표현에는 효과적인 면이 있으나, 설계에는 적합하지 않습니다.

- **TS chart**

  'Thought Structuring' chart의 약자로, 1979년에 일본 도우카이대학(東海大學)의 교수인 오오하라시게유키(大原茂之)를 비롯한 연구팀에서 개발해낸 것입니다.

  사고의 표현을 구조적으로 하기 위해서 고안한 것이며, 1990년에 보완이 이루어졌습니다. 논리의 구조화는 물론, 비결정적인 구조까지 표현할 수 있다고 주장하고 있습니다.

- **FI chart**

  'Function Information' chart의 약자로 '기능 정보 관련도(機能情報關聯圖)'라고도 불리며, 일본의 산노우대학(産能大)에서 고안해낸 것입니다.

  DFD와 마찬가지로 분석 단계에서 그리는 것이며, 자료의 흐름에 관한 표현에는 효과적인 면이 있으나, 설계에는 역시 적합하지 않습니다.

- **LCP chart**

  'Logical Conception of Program' chart의 약자로, 순서도에서 판단 기호를 작게 하여 조건을 판단 기호의 밖에 기술할 수 있도록 한 점이 가장 큰 특징입니다. 이처럼, 순서도의 단점을 약간 보강한 것이 특징이나, 순서도의 한계를 근본적으로 벗어나지는 못한 것입니다.

  5개의 기본 제어 구조를 가지고 있으며, 그것은 이음(순차) 구조, 갈래(선택) 구조, 앞끝되풀이 구조, 뒤끝되풀이 구조, 여러갈래 구조 등입니다. LCP chart는 프랑스 AFNOR-Z67-102, 일본 JIS-X-0201-1988, ISO/IEC 8631, 한국 KS X 2210 등으로 표준화가 이루어져 있습니다.

- Weiderman chart

  TS chart와 유사한 형태의 트리 구조(tree structure) chart로 위더맨(Weiderman)이 1975년에 발표한 것입니다. 기호는 기존 순서도의 것을 많이 도입했으나, 획기적으로 보완한 것은 아닙니다.

- Ferstl chart

  퍼스틀(Ferstl)이 1978년에 발표한 것으로, 트리 형태이나 트리가 수평으로 누운듯한 모양의 목 파생(木派生) 형태의 면에 있어서는 PAD와 유사한 점이 있습니다.

  이것도 기호는 기존 순서도의 것을 많이 참고한 흔적이 보이고 많은 부분에서 순서도의 단점을 계승하고 있습니다.

- Witty chart

  위티(Robert,W. Witty)가 1977년에 발표한 것으로, 일명 차원도(次元圖, dimensional flow chart)라고도 불립니다. 계층화가 가능한 것이 특징이지만, 작도의 형태상 완벽한 것이라기 보다는 과도기적인 구조화도라고 보는 것이 타당합니다.

- HCP

  'Hierarchical and ComPact' description의 약자로서, 일본 NTT(日本電信電話公社)의 요코스카 전기통신연구소에서 1975년 개발한 것으로 구조화 프로그래밍의 제어 구조, 계층 구조에 부가하여 입출력도 표현할 수 있도록 하고 있습니다.

  요코스카 전기통신연구소의 하나타(花田收悅)를 비롯한 연구원들은 기존의 설계도(순서도)의 개량에는 한계가 있다는 것을 절감하고, 1972년부터 수년간에 걸쳐서 새로운 설계도에 관한 연구를 한 끝에 1975년에 CP(ComPact chart)라는 이름으로 개발에 성공한 것을 모태로 한 것입니다.

  이것은 1978년 ISO/TC97/SC7(설계와 문서화)에 일본이 국제표준안 후보의 하나로 제안하여 1982년도에 ISO의 SC7국제회의에서 국제표준안의 하나로 정식으로 가결(可決)하였으며, 이름도 HCP로 바뀝니다.

  HCP는 일본 JIS-X-0201-1988, 한국 KS X 2210 등으로 표준화하여 현재에 이르고 있습니다.

- DSD

  DSD는 'Design Structured Diagram' 또는 'Design Structure Diagram'의 약자입니다. 계층적 표현이 가능한 것이 특징이나, 작도 상에 있어서의 불편한 점은 기존 순서도와 크게 다를 바 없습니다. DSD는 영국 BS6224, 일본 JIS-X-0201-1988, 한국 KS X 2210 등으로 표준화하여 현재에 이르고 있습니다.

- Chapin chart

  채핀(Ned Chapin)이 1974년에 발표한 것입니다. NS chart와 마찬가지로 제어 선을 철폐한 것이 특징이나, 기술성(記述性)에 있어서 근본적인 문제점을 가지고 있습니다.

- DRAKON

  러시아 연방우주국과 러시아 과학 아카데미가 참여하여 1986년부터 1996년까지 개발한 알고리즘 언어를 지향하여 개발한 챠트입니다. ISO 5807-85와 러시아 ≪Гост 19.701-90≫로 표준화가 이루어졌습니다. 실시간 자동화를 통한 프로그램이 가능한 차트를 지향하였지만, 근본적인 형태는 순서도와 큰 차이가 없는 것이 특징입니다.

- PAD

  'Problem Analysis Diagram'의 약자로서, 일본의 히타치제작소(日立製作所)에서 고안하여 1979년 봄에 처음 제안한 것으로 일본과 중국 등지에서 사용하고 있습니다. 구조화 프로그래밍의 제어 구조를 중심으로, 처리의 계층을 연속적으로 코딩 수준에까지 대응하여 표현할 수 있도록 하고 있습니다.

  PAD는 일본 JIS-X-0201-1988, 한국 KS X 2210 등으로 표준화하여 현재에 이르고 있습니다.

- YAC

  'Yet Another Control' chart의 약자로서, 일본의 후지츠(富士通)에서 개발한 것으로 구조화 프로그래밍의 제어 구조의 표현 도형을 단순화 하고 대신에 구조의 구분을 약자로 한 것이 특징입니다.

- SPD

  'Structured Programming Diagram'의 약자로서, 일본의 니혼덴키(日本電氣)에서 개발한 것으로 구조화 프로그래밍의 제어 구조의 표현 체계를 단순화 하고, 대신에 구조의 구분을 형상으로 표현한 것이 특징입니다. SPD는 일본 JIS-X-0201-1988, 한국 KS X 2210 등으로 표준화하여 현재에 이르고 있습니다.

  분석 및 설계를 위한 시각적 표현 도구 중에서 특히 구조화 설계를 위해 개발이 이루어진 것을 제 2세대 설계도인 구조화도(構造化圖, Structured chart)라고 합니다.

  그럼 이제부터, 제 2세대 설계도인 구조화도 중에서 한국의 KS X 2210(프로그램 구성 요소 및 표기법 : INFORMATION TECHNOLOGY - PROGRAM CONSTRUCTS AND CONVENTIONS FOR THEIR REPRESENTATION)으로 표준화가 이루어져 있는 것들을 중심으로 기본적인 제어 구조의 작도 방법과 장단점을 분석해보겠습니다.

2.2.3 NS chart(PSD)의 분석

(1) 기본적인 제어 구조의 작도 방법
- 이음(순차) 구조(SEQUENCE)

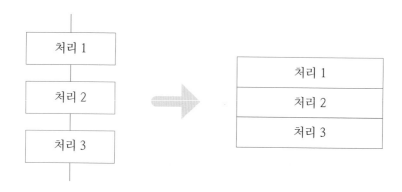

- 두갈래(이중 선택) 구조(IFTHENELSE)

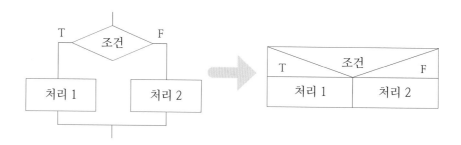

- 앞끝되풀이(전판정 반복) 구조(WHILEDO)

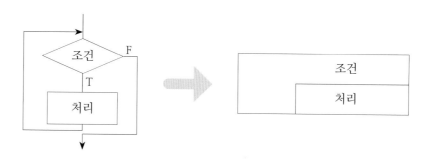

● 뒤끝되풀이(후판정 반복) 구조(DOUNTIL)

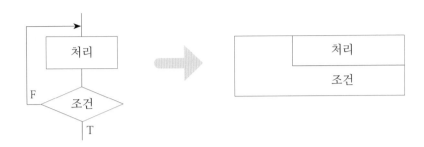

● 여러갈래(다중 선택) 구조(CASE)

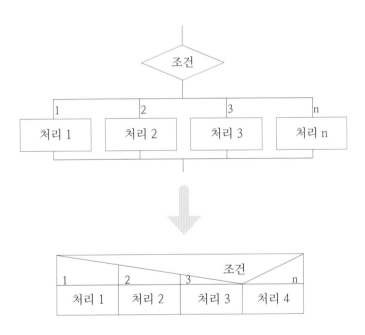

(2) NS chart(PDS)의 장단점 분석
  ● 장점
      ① goto 사용의 문제를 일으켰던 화살표를 전혀 사용하지 않는다.
      ② 적정 프로그램(입구1/출구1)의 조건을 완벽하게 충족시킨다.

③ IFTHENELSE와 같은 선택(selection)과 WHILEDO, DOUNTIL등의 반복
(iteration)의 상태를 시각적으로 명확하게 구분하여 표현할 수 있다.

④ 기술 밀도가 높아서 한가지의 사상을 1쪽에 쓸 수 있다. 즉 쪽연결(page connection)
이 불필요하다.

⑤ 재귀 형식(recursion)을 명확하게 나타낼 수 있다.

⑥ goto문의 사용을 불가능하게 하므로 프로그래밍을 구조적으로 해야만 NS chart에
의한 표현이 가능하다. (구조화 프로그래밍을 강제화한다.)

● 단점

① NS chart는 상세 설계에는 적합하나, 총체적인 구조 표현에는 적합하지 않다.

② 처리의 기술에 있어서 모듈(module)간의 계층화의 기술은 가능하지만, 모듈 내에서
의 계층화의 기술은 불가능하다.

③ 처리 방식의 기술이 어렵다.

④ 내포(內包, nesting)가 많아지면 상자가 작아져서 기입이 어려워지고, 가독성
(readability)도 저하한다.

⑤ 정상적인 상황만 표현이 가능하며 비정상적인 상황의 표현은 불가능하다.

2.2.4 LCP chart의 분석

(1) 기본적인 제어 구조의 작도 방법
● 이음(순차) 구조(SEQUENCE)

● 두갈래(이중 선택) 구조(IFTHENELSE)

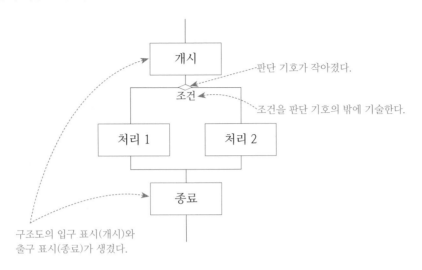

> 판단 기호가 작아졌다.

> 조건을 판단 기호의 밖에 기술한다.

> 구조도의 입구 표시(개시)와
> 출구 표시(종료)가 생겼다.

● 앞끝되풀이(전판정 반복) 구조(WHILEDO)

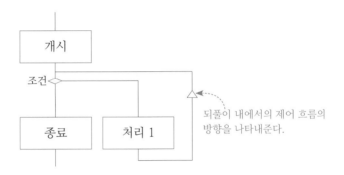

> 되풀이 내에서의 제어 흐름의
> 방향을 나타내준다.

● 뒤끝되풀이(후판정 반복) 구조(DOUNTIL)

● 여러갈래(다중 선택) 구조(CASE)

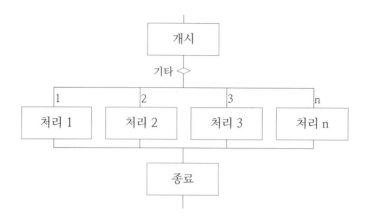

(2) LCP chart의 장단점 분석
● 장점
　① 판단에 따른 조건의 기입이 용이하다.

● 단점
　① 작도(作圖)가 불편하다.
　② 기술 밀도(記述密度)가 희박(稀薄)하다.
　③ 전반적으로 제 1세대 설계도인 순서도의 단점을 그대로 계승하고 있다.

2.2.5 DSD의 분석

(1) 기본적인 제어 구조의 작도 방법
● 이음(순차) 구조(SEQUENCE)

● 두갈래(이중 선택) 구조(IFTHENELSE)

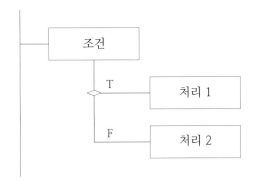

● 앞끝되풀이(전판정 반복) 구조(WHILEDO)

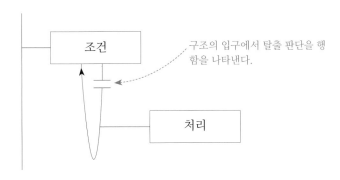

구조의 입구에서 탈출 판단을 행함을 나타낸다.

● 뒤끝되풀이(후판정 반복) 구조(DOUNTIL)

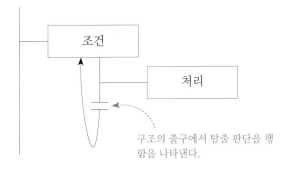

구조의 출구에서 탈출 판단을 행함을 나타낸다.

● 여러갈래(다중 선택) 구조(CASE)

(2) DSD의 장단점 분석
● 장점
  ① 구조의 계층화 도입으로 추상화와 구체화의 관계를 표현할 수 있다.

● 단점
  ① 작도(作圖)가 불편하다.
  ② 기술 밀도(記述密度)가 희박(稀薄)하다.
  ③ 전반적으로 제 1세대 설계도인 순서도의 단점을 그대로 계승하고 있다.

2.2.6 Action Diagram의 분석

(1) 기본적인 제어 구조의 작도 방법
● 이음(순차) 구조(SEQUENCE)

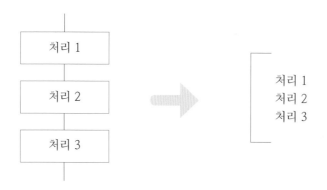

● 두갈래(이중 선택) 구조(IFTHENELSE)

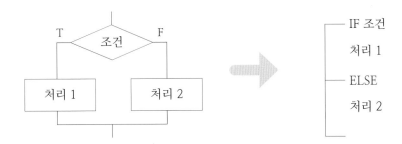

● 앞끝되풀이(전판정 반복) 구조(WHILEDO)

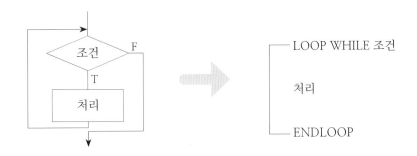

● 뒤끝되풀이(후판정 반복) 구조(DOUNTIL)

- 여러갈래(다중 선택) 구조(CASE)

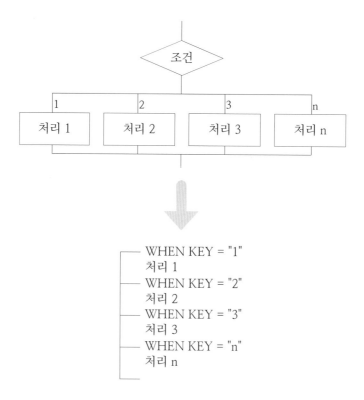

(2) Action Diagram의 장단점 분석
- 장점
  ① 총체적 설계에서 코딩 단계로까지 극한 분해 적용이 가능하다.
  ② 쉽게 배울 수 있다.
  ③ 4세대 언어에의 적용이 가능하다.

- 단점
  ① goto에 의한 건너뛰기가 발생시 알고리즘의 파악이 복잡해진다.
  ② 그린 내용이 코딩한 내용과 거의 유사하여 가독성이 저하된다.
  ③ 구조간의 구별이 모호하여 구조 파악시에 오류의 확률이 높다.
  ④ 하나의 처리에 2줄 이상의 기술이 필요요할 때 심각한 혼동이 발생한다.
  ⑤ 초보적인 제어 구조조차 표현이 부족하다.

2.2.7 PAD의 분석

(1) 기본적인 제어 구조의 작도 방법
- 이음(순차) 구조(SEQUENCE)

- 두갈래(이중 선택) 구조(IFTHENELSE)

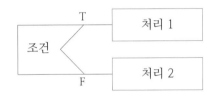

- 앞끝되풀이(전판정 반복) 구조(WHILEDO)

구조의 입구에서 탈출 판단을 행함을 나타낸다.

- 뒤끝되풀이(후판정 반복) 구조(DOUNTIL)

구조의 출구에서 탈출 판단을 행함을 나타낸다.

● 여러갈래(다중 선택) 구조(CASE)

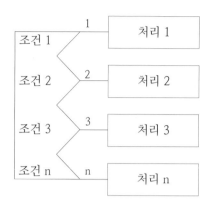

(2) PAD의 장단점 분석

● 장점

① 프로그램에 부여된 기능사양에 대해서 누구라도 동일한 PAD를 그릴 수 있다. 따라서 누구라도 동일한 알고리즘에 대해 쉽게 이해할 수 있다.

② 시계열적인 표현에 의한 기술이 가능하다.

③ 단계적 상세화의 접근법을 도입할 수 있어, 프로그램의 설계가 용이하다.

④ 프로그램의 설계 공정뿐만이 아니라 검사 공정에도 적용할 수 있다.

⑤ PAD의 도식(圖式)은 수정 및 변경을 행하는 유지 보수 공정에도 효과적이다.

⑥ PAM(Problem Analysis Method), 즉 '문제분석법'을 적용하여 당면 문제에 대한 '분할 정복(divide and conquer)'이 가능하다.

● 단점

① 처리의 기술에 있어서 모듈(module)내의 계층화 기술이 불가능하다.

② 처리 방식의 기술이 불가능하다.

③ 기술 밀도의 면에 있어서 HCP, YAC, SPD 보다 불리하다.

④ 처리의 목적을 알기 어렵다.

⑤ 폐쇄적 표현 방식이라 설계 사상의 자유로운 표현에 한계가 있다.

2.2.8 HCP의 분석

(1) 기본적인 제어 구조의 작도 방법
- 이음(순차) 구조(SEQUENCE)

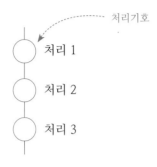

- 두갈래(이중 선택) 구조(IFTHENELSE)

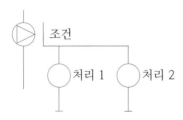

- 앞끝되풀이(전판정 반복) 구조(WHILEDO)

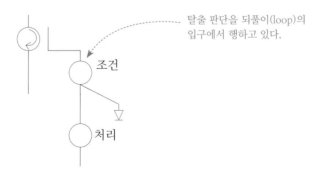

● 뒤끝되풀이(후판정 반복) 구조(DOUNTIL)

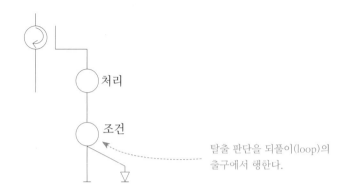

처리

조건

탈출 판단을 되풀이(loop)의
출구에서 행한다.

● 여러갈래(다중 선택) 구조(CASE)

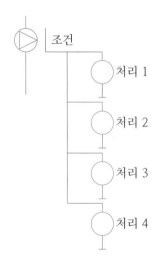

조건

처리 1

처리 2

처리 3

처리 4

(2) HCP의 장단점 분석

● 장점

　① 계층적으로 표현할 수 있다.

　② 추상화와 구체화의 관계를 일관성 있게 표현할 수 있다.

　③ 기술 밀도가 높다.

　④ 별도의 도구가 없이도 펜만 가지고 자유자재로 쉽게 그릴 수 있다.

　⑤ 기존 순서도와는 달리 열린(개방된) 형식이므로 문서화가 유리하다.

- 단점
  ① 계층 간의 건너뛰기에 있어서 가독성이 떨어진다.
  ② 기계화의 면에 있어서 불리하다.
  ③ 각 계층 간의 흐름 단절로 흐름의 파악시에 거부 반응이 생긴다.
  ④ 조건 부여를 복잡하게 하여, 작도 시에 파생 문제점이 발생한다.
  ⑤ 건너뛰기에 있어서 일관성이 없어, goto문을 남발하기 쉽다.

2.2.9 SPD의 분석

(1) 기본적인 제어 구조의 작도 방법
- 이음(순차) 구조(SEQUENCE)

- 두갈래(이중 선택) 구조(IFTHENELSE)

- 앞끝되풀이(전판정 반복) 구조(WHILEDO)

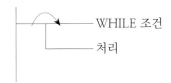

- 뒤끝되풀이(후판정 반복) 구조(DOUNTIL)

- 여러갈래(다중 선택) 구조(CASE)

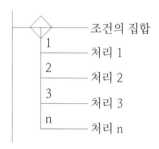

(2) SPD의 장단점 분석

- 장점

　① 단계적 상세화(stepwise refinement)를 왼쪽에서 오른쪽으로 차근차근 도모할 수 있다.
　② 별도의 순서도 자를 필요로 하지 않는다.
　③ 기술 밀도가 높다.
　④ 공간의 이용 효율이 높아서 문서화할 경우 이해가 쉽다.
　⑤ 일상어, 설계언어, 프로그램 언어 등 어느 쪽으로도 기술할 수 있다.
　⑥ 특별한 기호를 사용하지 않기 때문에 배우기가 쉽다.

- 단점

　① 목적과 수단과의 관계를 명확하게 표현하기 어렵다.
　② 언어에 따른 구체적인 기술에는 부적당하다.
　③ goto문에 의한 건너뛰기의 기술이 불가능하다.
　④ 되풀이(반복) 구조 등에서의 구조 파악시에 혼란을 초래하기 쉽다.

2.2.10 YAC의 분석

(1) 기본적인 제어 구조의 작도 방법
- 이음(순차) 구조(SEQUENCE)

- 두갈래(이중 선택) 구조(IFTHENELSE)

- 앞끝되풀이(전판정 반복) 구조(WHILEDO)

- 뒤끝되풀이(후판정 반복) 구조(DOUNTIL)

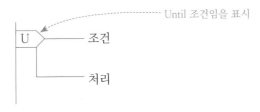

● 여러갈래(다중 선택) 구조(CASE)

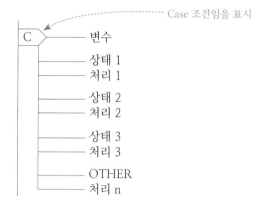

(2) YAC의 장단점 분석

● 장점

① 취급이 쉽다.

② 별도의 순서도 자를 필요로 하지 않는다.

③ 기술 밀도가 높다.

④ 공간의 이용 효율이 높아서 문서화할 경우 이해가 쉽다.

⑤ 일상어, 설계언어, 프로그램 언어 등 어느 쪽으로도 기술할 수 있다.

⑥ 특별한 기호를 사용하지 않기 때문에 배우기가 쉽다.

● 단점

① 프로그램 및 각 구조의 목적을 알 수가 없다.

② 각 구조를 영문약자로만 표현함으로써 구조를 한 눈에 파악하기 어렵다.

③ 갈래(선택)처리가 복잡해져서 가독성이 떨어진다.

④ 추상화와 구체화의 관계를 명확하게 알기 어렵다.

⑤ goto문에 의한 건너뛰기의 기술이 어렵다.

제 3세대 설계 방법

2.3.1 객체지향 프로그래밍 기법의 대두

'객체지향(客體指向, OO : Object-Oriented)'이라는 개념은 구조화 프로그래밍 방법의 정립이 이루어지던 때와 거의 같은 시기인 1967년에 노르웨이의 다알(Ole-Johan Dahl)과 니갈드(Krysten Nygaard) 두 사람이 개발한 「Simula 67」이라는 언어가 시초입니다.

객체지향(客體指向)의 개념은 탄생초기에는 '절차지향(節次指向, procedure-oriented)'에 중점을 두고 있는 '구조화 프로그래밍'의 강력한 세력에 압도하여 빛을 보지 못했습니다.

당시만 해도 '구조화 프로그래밍'을 소프트웨어 위기(software crisis)를 해결해 줄 수 있는 유일한 대안으로 여기는 사회적인 분위기가 대세로 있었기 때문이었습니다.

하지만, 10년이 넘게 유행처럼 전세계를 휩쓸었던 구조화의 물결이 결국 소프트웨어 위기를 근본적으로 해결하지 못하자, 1980년대 들어 사람들은 새로운 방법론과 개념을 찾기 시작했습니다.

그러다가 1980년대 초반에 제록스(Xerox) 사의 팔로 알토(Palo Alto) 연구소에서 케이, 골드버그, 잉걸스(Alan Kay, Adele Goldberg, Daniel Ingalls) 세 사람이 순수 객체지향 언어이면서 완성도가 대단히 높은 「Smalltalk-80」을 개발해냄으로써 진흙 속에 묻혀 지내던 「객체지향 개념(客體指向概念, OOC : Object-Oriented Concept)」을 비로소 세상에 널리 알리기 시작합니다. 그 이후 소프트웨어 위기를 해결해줄 수 있는 새로운 대안으로, '객체지향'을 선택하는 사람들이 급격히 늘어납니다.

1980년대 중반 이후가 되자 「객체지향」의 물결은 거대한 파도와도 같이 전세계에 영향력을 넓혀갑니다.

특히 1980년대 후반에 미국 ATT사의 스트롭스트룹(Bjarne Stroustrup)이 구조화 프로그래밍(structured programming)의 대세를 장악하고 있던 C언어에 객체지향 개념 지원 기능을 부가한 C++언어를 발표하자 객체지향으로의 급격한 이행이 이루어집니다. C++로 인해 객체지향으로의 흐름은 거역할 수 없는 대세로 자리잡기 시작한 것입니다.

또한 거의 비슷한 시기에 마이어(Bertrand Meyer)가 발표한 「Eiffel」과 부치(Grady Booch)가 발표한 「Ada」도 객체지향으로 물길을 돌리는 데 큰 역할을 합니다. 그로부터 거의 30년 가까운 시간이 지난 2010년대 중반이 넘어가는 현 시점에도 Java, Python, C# 등을 포함하여 객체지향 프로그래밍 언어는 막강한 위력을 발휘하고 있습니다.

객체지향의 개념의 이론적인 체계화의 안정에 따라 구조화 기법(structured technique)에 익숙해 있던 사람들의 사고에도 영향을 미쳐 프로그램을 보는 시각을 근본부터 바꾸는 계기를 마련합니다.

그렇다면 구조화 기법과 객체지향 기법은 구체적으로 어떠한 차이가 있는 것일까요?

2.3.2 객체지향 개념의 기본

　구조화 기법의 특징은 기능 분해(functional decomposition)에 있습니다.

　기능 분해를 이용한 구조화 기법이란 대상이 되는 시스템의 기능에 착안하여 기능과 기능 사이의 자료(data)의 흐름을 명확한 도형으로 나타내는 기법입니다.

　하지만, 구조화 기법에서의 시스템 분석가 및 설계자가 기능 중심의 접근 방법으로 작성하는 엄청난 문서(document)는 표현 방식, 종류, 수량 등에 있어서 사용자(user)의 이해 범위를 훨씬 초월하여 의사 소통에 심각한 장애를 초래합니다.

　또한, 현실 세계의 문제 영역에 있는 내용들을 해결 영역으로 투영(投影, mapping)하여 표현함에 있어서 어의차(語義差, semantic gap)를 일으키는 심각한 요인으로 작용합니다.

　어의차(semantic gap)란?

　문제 영역에 있는 것을 해결 영역으로 투영하여 문제를 해결하고자 할 때 원래 파악하고자 했던 것과 차이가 있어서 파악이 용이하지 않은 것을 의미합니다. 예를 들어, 컴퓨터에게 자동차를 인식하도록 패턴 인식 기능을 부여했다고 할 때, 어떤 특정 자동차의 외부에 안테나를 부착할 때와 부착하지 않을 때는 전체적인 패턴에서 차이가 발생하기 때문에 인식에 오류를 발생시킬 가능성이 증가합니다. 또한, 동일한 자동차라 하더라도 시간의 흐름에 따라 버전이 달라져 출시하는 자동차의 외관에 변화가 발생할 경우도 마찬가지로 어의차가 생긴 것과 같은 개념으로 이해할 수 있습니다. 이와 같은 의미상의 차이로 인해 시스템의 인식에 어려움을 초래하는 요인으로 작용하는 것이 어의차(semantic gap)입니다. 따라서, 어의차가 생기지 않도록 패턴을 정형화하여(쪽에서 사용하는 방식) 어의차를 줄이거나, 어의차로 인한 오차를 파악하여 어의차를 줄여주는 방식을 사용하는 작업이 필요합니다.

객체지향 기법에서는 이러한 구조화 기법에서의 기능 중심적인 사고에서 벗어나 실세계를 오차 없이 표현하기 위해 객체중심적인 사고를 지향하는 것을 특징으로 하고 있습니다.

실제로, 현실 세계에서는 기능을 수행하는 처리 단위(절차)와 자료를 별도로 보기보다는 연관이 있는 처리 단위(절차)와 자료를 한꺼번에 통합하여 객체(object)로 보는 것이 더 자연스럽습니다.

예를 들어, 자동차의 각 부분(data)과 그 부분을 조작해주는 행위(procedure)를 따로 생각하기 보다는 한꺼번에 묶어서「자동차 운전」으로 생각하는 것이 더 바람직한 것과 같은 이치입니다.

객체지향의 기본 개념은 크게「추상화(abstraction)」,「캡슐화(encapsulation)」,「상속성(inheritance),「상태(state)」의 4가지로 생각할 수 있습니다.

● 추상화(abstraction)

대상인「사물(事物)」의 복잡한 속성 중에서, 특징적인 면만을 중심으로 부각시켜 표현하는 것을「추상화(抽象化)」라고 합니다. 우리는 어린이가 조립한 집모양의 레고 블록을 보고 집이라고 인식합니다. 레고 블록(LEGO block)으로 조립한 집은 문과 벽, 지붕을 가지고 있으며, 실제 집의 특징만을 추출한 것이지만, 우리는 그것을 집이라고 인식함에 있어 부족함이 없습니다.

이처럼 추상화는 현실 세계의「사물」을 객체로서 표현할 때 중요한 개념입니다. 컴퓨터를 표현할 때, 모니터(monitor), 메인 보드(main board), 마우스(mouse), 키보드(keyboard) 등 개개의 대상물인 객체(object)들을 멤버(member)로 하여 클래스(class)를 결성합니다. 클래스(class)를 구성하는 객체(object)들은 각각의 인스턴스(instance)에 해당합니다.

즉 추상화(abstraction)란 실세계에 존재하는 사물을 객체(object)로 나타내거나, 비슷한 성질을 가진 객체들을 모아서 클래스(class)로 나타내거나, 어떠한 클래스(class)들을 보다 더 큰 의미의 추상 클래스(abstract class)로 나타내는 것을 뜻합니다.

● 캡슐화(encapsulation)

대상인「사물」에 관한 자료(data)와 자료를 다루는 기능(function)을 한꺼번에 하나의 객체(客體, object) 속에 담는 것을「캡슐화(encapsulation)」라고 합니다. 이것은 캡슐(capsule) 속에 감기약을 담는 것과 같은 이치입니다.

캡슐에는 두 가지 종류가 있습니다. 속이 들여다보이는 투명한 캡슐(transparent capsule)과 속이 들여다보이지 않게 불투명하도록 은폐한 캡슐(intransparent capsule)이 바로 그것입니다.

캡슐화(encapsulation)

캡슐(capsule)에 이처럼 투명한 부분과 은폐한 부분이 있듯이, 캡슐화(encapsulation)라는 것은 자료는 외부에 대해 은폐(隱蔽)시키고, 자료를 다루는 기능(function)은 투명하게 공개함으로써, 외부에서 객체내의 자료에 접근하고자 할 때에는 외부에 대해 공개한 기능을 통해서 행하도록 하는 개념입니다.

외부에 대해서 비공개한 부분(private area)을 우리는 외부에 대해 정보은폐(情報隱蔽, information hiding)하였다고 합니다.

또한, 각 객체(客體, object)간에 공개한 매개체(public interface)를 통해서 주고받는 전달물을 메시지(message)라고 합니다.

동사무소에 주민등록등본을 발급받으러 갔을 때, 당사자의 정보를 담은 캐비닛에 대한 접근은 외부인에 대해 정보은폐(情報隱蔽, information hiding) 상태이고, 자료에 접근 권한을 가진 동사무소의 직원이라는 기능(function)을 통해야 가능한 것과 같은 이치입니다.

만일, 동사무소에서 주민에 관한 정보를 담은 캐비닛에의 접근을 외부의 어느 누구에게나 허용한다면, 자료의 손상, 누실 등 심각한 문제가 발생할 것이며, 그에 대한 해결이 어려워질 것입니다.

이처럼, 객체지향에서는 특정한 자료에의 접근권을 객체내의 권한 있는 기능(function)에 한정함으로써 문제 해결을 국소화(局所化, localize)할 수 있습니다.

● 상속성(inheritance)

대상인 「사물」이 다른 「사물」의 어떤 속성(attribute)을 승계받는 성질을 「상속성(相續性, inheritance)」이라고 합니다.

현실 세계에서 컴퓨터(computer)가 「인간을 대신하여 논리적·산술적인 계산을 해주는

틀」이라고 볼 때, 초창기의 ENIAC으로부터 현재의 노트북 컴퓨터(notebook computer)
나 스마트 폰이 가진 컴퓨터 기능에 이르기까지 모든 기종들이 기능은 복잡해졌지만, 컴
퓨터(computer)로서의 성질은 계속하여 상속받고 있습니다.

　사람의 경우에도 자식은 부모의 성질을 유전 인자를 통해 상속받습니다.

　상속성은 계층 구조에 따라 서브 클래스(subclass)가 상위의 계층에 있는 수퍼 클래스
(superclass)의 성질을 이어받는 것입니다.

　이때 서브 클래스(subclass)와 수퍼 클래스(superclass) 간에는 「서브 클래스(subclass)
는 수퍼 클래스(superclass)의 일부이다.(subclass is-a superclass)」 라는 관계가 성립합
니다. (물론, 이것은 개념적일 경우에 그렇습니다.)

● 상태(state)

　각 객체의 상태(state)는 자신이 가진 속성과 바깥으로부터 오는 메시지(message)를 받
은 때에 어떠한 행위(行爲, behavior)를 하는가에 따라 정해집니다.

　컴퓨터(computer)의 전원 스위치 버튼(power switch button)은 전원이 꺼진 상태(off
state)에서 눌려지면 켜진 상태(on state)로 변화하고, 켜진 상태(on state)에서 눌려지면
꺼진 상태(off state)로 변화합니다.

　이 경우에, 컴퓨터에는 「켜진 상태(on state)」와 「꺼진 상태(off state)」의 두 가지 상태
가 존재한다는 사실을 명확하게 알 수 있습니다.

　전원(電源, power)이 켜진 상태에서 키보드 조작(keyboard manipulation)을 하면 컴
퓨터의 상태가 여러모로 변화하지만, 동일한 키보드 조작을 전원이 꺼진 상태에서 하면
컴퓨터의 상태가 전혀 변화하지 않습니다.

　컴퓨터가 꺼진 상태에서 키보드 조작을 행할 때 컴퓨터가 나타내는 반응처럼 객체가 다
른 메시지(message)에 대해 똑같은 행위(behavior)로 반응한다면 그 객체는 동일한 상태
에 있다고 볼 수 있습니다.

　같은 내용의 메시지(message)라 할지라도, 객체에 따라서 다르게 반응합니다. 즉 비행
기 객체와 자동차 객체에게 각각 「운전」이라는 메시지(message)가 명령으로 전달되었을
때, 비행기 객체는 하늘을 나는 운전을 행하는 식으로 반응을 할 것이지만, 자동차 객체
는 도로를 달리는 운전을 행하는 식으로 반응을 할 것입니다.

　동일한 메시지(message)에 대해, 다른 객체에서 다른 반응에 의한 상태 변환이 이루어
지는 것을 「다형성(多形性, polymorphism)」이라고 합니다.

2.3.3 객체지향 분석 · 설계 방법론의 요약

　객체지향 개념의 상세한 내용에 대해서는 필자가 별도의 서적에서 다루고 있으므로, 여기에서는 요약해서 말씀드리겠습니다.

　객체지향(客體指向, OO : Object-Oriented) 기법이 절차지향(節次指向, PO : Procedure-Oriented)의 구조화 기법보다 발전한 것은, 문제 영역(problem domain)에 있는 객체를 인식하는 것부터입니다. 절차지향의 구조화 기법(構造化技法)은 기능 분해(機能分解, functional decomposition)를 하향식(下向式, top-down method)으로 하기 때문에, 분석 단계(分析段階)에서 자료 흐름도(DFD : Data Flow Diagram), 자료 사전(資料辭典, data dictionary), 소단위명세서(小單位明細書, mini- specifications) 등 분산화한 형태로 문서(document)의 양적인 증가와 설계 단계로의 자동적 이행을 위한 거래 분석(去來分析, transaction analysis), 변환 분석(變換分析, transform analysis) 등을 행하는 과정에서 각각의 문서화한 기술 내용(記述內容) 간의 정합성(整合性, matching)의 유지가 어려웠습니다.

　또한, 기능(機能)의 단계적상세화(段階的詳細化, stepwise refinement)에 의한 단계별 기능간의 밀결합(密結合, densed coupling)으로 인해 상위단계에서 기능변경이 어려웠습니다.

　따라서 분석과 설계를 거쳐 구현에 이르기까지 마치 폭포수가 내리는 것처럼 하향식(top-down method)으로 진행하는 것만 용이하며, 상향식(bottom-up method)으로의 진행은 어려운 (그림 2.3.1)과 같은 폭포수형 모델(waterfall model)을 사용할 수밖에 없었습니다.

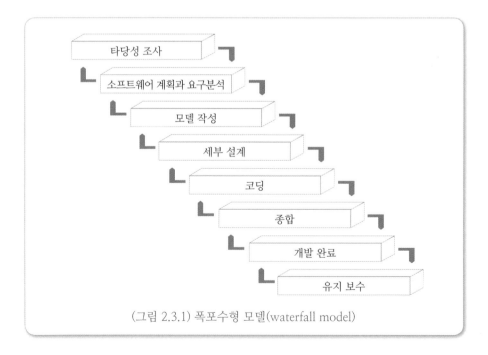

(그림 2.3.1) 폭포수형 모델(waterfall model)

폭포수란 것은 평상시에는 쓸 만하지만 가뭄이 들어서 상류의 물이 마르면 폭포수라는 존재의 의미가 없어지듯이, 비상시에 상위 단계에서의 수정이 하위 단계에 직접적으로 폭 넓게 영향을 미치므로 한계가 있습니다. 객체지향 기법에서는 상위(분석) 단계와 하위(설계, 구현) 단계 사이를 반복하여 프로토타이핑(prototyping)을 해나가면서 조금씩 성숙 도를 높여가는 (그림 2.3.2)와 같은 나선형 모델(spiral model)로부터 반복적이고 점진적 인(iterative and incremental) 이른바 점증적 방법과 기민형(agile) 방법을 거쳐서 병렬형 (parallel) 방법에 이르기까지 다양한 접근 방법을 통해 이러한 문제에 대한 근원적인 해결 을 지향하고 있습니다.

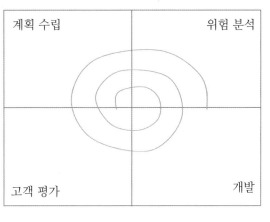

(그림 2.3.2) 나선형 모델(spiral model)

　　방법론의 발전 과정을 공정 수행 절차를 중심으로 정리하여 나타내면 (그림 2.3.3)
과 같습니다.

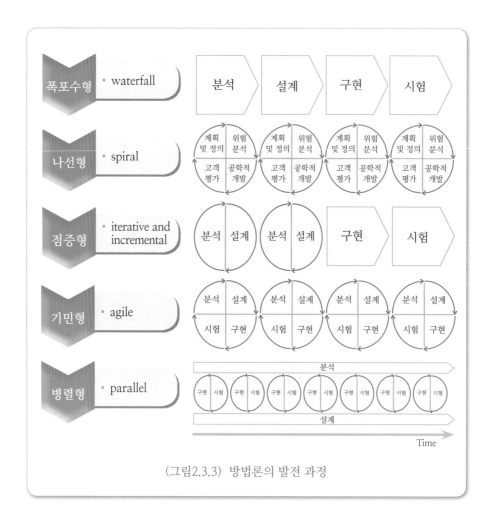

(그림2.3.3) 방법론의 발전 과정

　　객체지향 기법은 제안자에 따라 다소의 차이는 있지만, (그림 2.3.4)와 같이 모델
(model)을 작성할 때 정적 모델(static model), 동적 모델(dynamic model), 기능 모
델(functional model)의 3가지 관점에서 접근합니다. 정적 모델(static model)은 객
체지향에서는 객체 모델(object model)이라고 구체화시켜서 부르기도 합니다.

　　이러한 3차원적인 접근에 의해 실세계(real world)의 문제 영역(problem domain)에
서 '사물'을 해결 영역(solution domain)으로 투영(mapping)함에 있어서 어의차(語義
差, semantic gap)를 없애는 것을 목표로 하고 있습니다.

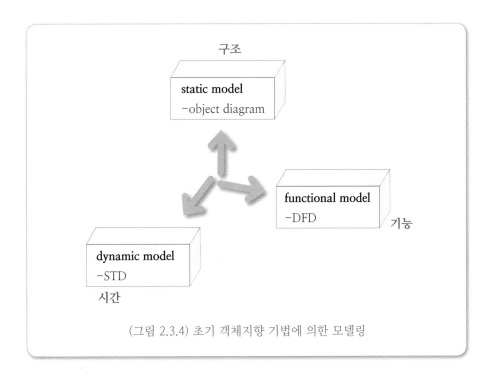

(그림 2.3.4) 초기 객체지향 기법에 의한 모델링

객체지향(OO : Object-Oriented) 기법은 초기에는 Booch법, CCM법, Demeter법, Coad/Yourdon/Nicola법, Fresco법, Fusion법, Graham/SOMA법, IE\O법, MTD(Marketing To Design), Object Behavior Analysis, Objectory법, OGROUP법, OOIE(Object Oriented Information Engineering), OORAM법, OSMOSYS법, OMT법, SE/OT법, Shlaer-Mellor법, SSADM법, Wirfs-Brock법, Z++법 등 엄청난 수의 방법론이 등장하여, 혼돈 속에서 방법론 난립현상(方法論亂立現狀)을 보이다가 UML(Unified Modeling Language)로 통합을 이루어 현재에 이르고 있습니다.

참고로, 제 3세대의 설계도 중에서 제 2세대와 가장 유사한 것은 UML의 액티비티 다이어그램(activity diagram)으로 이것은 제 2세대의 순서도와 거의 비슷한 형태입니다.

2.4 종합 평가 및 쏙(SOC)과의 비교

이제까지 다뤄온 세대별 설계 방법의 지원을 받는 설계도를 K-Method(Key Method, Korea Method)의 지원을 받는 쏙(SOC : Structured Object Component)과 비교한 내역을 나타내면 〈표 2.4.1〉과 같습니다.

〈표 2.4.1〉 기존 설계도와 쏙(SOC)과의 비교

비교내용 ＼ 비교대상	순서도	NS	DSD	PAD	HCP	SPD	YAC	SOC
표현 형식	선 구조	수직 트리 구조	수직 트리 구조	수평 트리 구조	수직 트리 구조	수직 트리 구조	수직 트리 구조	잔디 구조
설계구조 형태	1차원	2차원	2차원	2차원	2차원	2차원	2차원	4차원
작도 형식	폐쇄적	폐쇄적	폐쇄적	폐쇄적	개방적	개방적	개방적	개방적
제어 구조의 식별	어렵다	쉽다	쉽다	쉽다	쉽다	쉽다	쉽다	쉽다
상세한 설명의 기술	어렵다	보통	어렵다	어렵다	쉽다	쉽다	쉽다	쉽다
기호 암기	보통	쉽다	쉽다	쉽다	보통	보통	보통	쉽다
기술 밀도	낮다	높다	낮다	높다	높다	높다	높다	높다
언어에 따른 구현	어렵다	어렵다	어렵다	어렵다	어렵다	어렵다	어렵다	쉽다
비구조적 표현	가능	불가능	불가능	불가능	가능	불가능	불가능	가능
목적과 수단 계열의 표현	불가능	불가능	불가능	불가능	가능	불가능	불가능	가능
계층 흐름의 표현	불가능	불가능	보통	보통	보통	보통	보통	쉽다
알고리즘의 이해와 추적	보통	쉽다	보통	쉽다	보통	보통	보통	쉽다

비교대상 / 비교내용	순서도	NS	DSD	PAD	HCP	SPD	YAC	SOC
구조 표현 상의 기준	없다	있다	있다	있다	있다	있다	있다	**있다**
워크플로우 모델링	가능	불가능	불가능	불가능	불가능	불가능	불가능	불가능
문서화에의 이용도	나쁘다	보통	나쁘다	보통	좋다	좋다	좋다	**좋다**
완벽한 병렬 처리 설계	불가능	불가능	불가능	불가능	불가능	불가능	불가능	**가능**
자동 추상화	불가능	불가능	불가능	불가능	불가능	불가능	불가능	**가능**
조립·분해 자동화	불가능	불가능	불가능	불가능	불가능	불가능	불가능	**가능**

〈표 2.4.1〉의 비교에서 알 수 있는 바와 같은 특징을 가진 쏙(SOC)은 특히 새틀(SETL : Structured Efficiency TooL)이라는 자동화 도구의 지원을 받아 편안하게 설계가 가능하여 많은 시간을 절약할 수 있습니다.

그럼 이제부터 설계자동화를 위한 소프트웨어부품을 만드는 방법에 대해서 알아보겠습니다.

● 응용 과제

● 과제 2.1   순서도를 고안한 폰 노이만과 골드스타인이 초기 컴퓨터 시스템의 정착에 기여한 내용에 대해 조사해 보세요.

● 과제 2.2   보헴(Corrado Böhm)과 야코피니(Giuseppe Jacopini)가 프로그램 설계에 미친 영향에 대해 조사해 보세요.

● 과제 2.3   다익스트라(Dijkstra)의 편지로부터 커누스(Knuth)의 주장에 이르기까지의 goto 논쟁에 대해 조사한 후 적정 프로그램에 대해 정리해 보세요.

● 과제 2.4   소프트웨어 분석 및 설계 방법을 국제표준으로 인정받고자 할 때의 장애요인을 분석하고 극복 전략을 세워보세요.

● 과제 2.5   C언어의 구조체나 C++/C#/Java 언어 등의 클래스처럼 데이터 구조가 함께 나타나는 소스 코드를 가지고 프로그램 설계 모델링을 할 때 혼란이 일어날 수 있습니다. 이를 극복하기 위한 방안에 대해 생각해 보세요.

3장

SW 부품 만들기

3.1 소프트웨어 공장 자동화의 기본 원리

컴퓨터의 하드웨어(hardware)를 다루다 보면 소프트웨어(software)를 다룰 때보다 엄청나게 편리한 점을 발견할 수 있습니다. IC 하나만 보더라도 '최신 C-MOS IC 규격표', '최신 메모리 IC 규격표', '최신 실용 리니어 IC 규격표' 등 어떤 기능을 수행하기 위해 필요로 하는 IC의 성능·규격과 사용법 그리고 원하는 부품이 없을 경우에 대체 사용이 가능한 IC 규격 등에 이르기까지 상세히 표준화한 설명을 포함한 매뉴얼이 있어서, 누구라도 손쉽게 IC부품을 이용하여 개발 및 유지 보수를 할 수 있습니다. 예를 들어 레고(LEGO) 사의 로봇 키트나 공개 플랫폼 기반의 아두이노(arduino)를 보더라도 모든 것이 규격화를 이루고 있습니다.

소프트웨어를 다룸에 있어서도 개발 및 유지 보수를 손쉽게 하기 위해서는 애당초 경량 칸막이나 하드웨어 칩(hardware chip)처럼 조립·분해가 자유롭게 이루어질 수 있도록 하는 방법론을 구사해야만 합니다. 특히, 소프트웨어 공장 자동화를 성공적으로 달성하기 위해서는 그 기본 원리가 간단해야 합니다. 오옴의 법칙(Ohm's law)처럼 간단한 원리를 기반으로 조립·분해를 할 경우에 유지 보수도 쉬워집니다.

오옴의 법칙(Ohm's law)이란?

> E = IR [V] 공식으로 유명한 전자공학의 가장 기초적이면서도 중요한 공식입니다. E는 전압, I는 전류, R은 저항을 의미합니다. 전압의 단위는 [V]로 Volt, 전류의 단위는 [A]로 Ampere, 저항의 단위는 [Ω]으로 Ohm 이며 모두 사람의 이름입니다.

이와 같은 원리를 적용하면 소프트웨어(software)를 마치 단순한 하드웨어 칩(hardware chip)처럼 손쉽게 조립·분해하여 원하는 것을 간단히 만들 수 있는 공장 자동화한 기술의 적용으로 손쉽게 생산 및 유지 보수를 할 수 있는 것입니다. 우리가 소프트웨어를 하드웨어 칩을 조립하는 식으로 제작하려면 어떻게 해야 할까요? 우선 표준화·규격화시켜 제작해 두었던 가장 작은 부품들을 서로 결합시켜 조금씩 큰 부품으로 추상화(abstraction)하는 식으로 조립해나갑니다. 또 유지 보수할 때는 필요한 크기·범위만큼의 블록을 분해하여 필요한 만큼의 크기와 모양의 블록으로 대체하여 재조립해줍니다. 마치 컴퓨터의 슬롯(slot)에 카드(card)를 꽂았다가 뺐다가 하는 것처럼 말입니다. 바로 이러한 원리로 소프트웨어의 공장 자동화를 달성하기 위해, 필자는 소프트웨어의 조립·분해를 위한 부품의 추상화 정도에 따라, 기본 부품, 블록 부품, 구조 부품의 세가지 형태로 나누어서 하드웨어(hardware)의 부품처럼 표준화·규격화하는데 성공하였습니다. 불과 몇 개의 부품만으로 어떠한 구조의 소프트웨어 틀(software frame)도 조립·분해가 가능하며 이것을 자동화하여 개발 생산성 및 유지 보수성의 획기적 증진이라는 두 마리 토끼를 동시에 잡는데 성공하였습니다. 이제부터 이러한 소프트웨어 공장 자동화 방법을 조립식으로 구현하는 방법을 차근차근 설명해나가겠습니다.

(3.2) SW 기본 부품을 만드는 방법

소프트웨어 공장 자동화를 구현하기 위해서는 장난감 블록 모형을 만들기 위해 네모꼴, 세모꼴 등의 기본적인 조각 부품들이 필요하듯이, 소프트웨어 틀(frame)을 구성하는 가장 기본적인 조각을 형성하는 기본 부품을 만들어 두어야 합니다.

조립식 소프트웨어 제작 및 유지 보수를 위한 기본 부품은 어떻게 만들 수 있을까요?

그것은 어렵게 생각할 필요가 없습니다. 우리가 건물을 지을 때 주위에서 흔히 볼 수 있는 모래, 철근, 나무들을 기본 부품으로 사용하는 것과 마찬가지로, 소프트웨어(software)라는 건물을 짓는 데에도 컴퓨터의 세계(computer world)에서 흔히 볼 수 있는 반각 문자(半角文字)와 전각 문자(全角文字) 등을 기본 부품으로 사용해주는 것만으로 충분합니다.

3.2.1 기본 부품 제작의 기본 원리

(그림 3.2.1)과 (그림 3.2.2)는 소프트웨어라는 건물을 짓기 위한 기본 구성 요소가 되는 기본 부품을 각각 반각 문자 기본 부품과 전각 문자 기본 부품으로 나눠서 예를 든 것입니다.

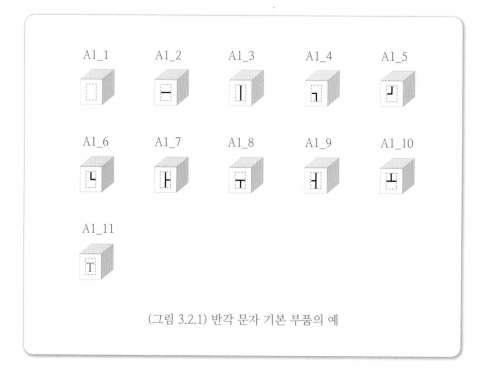

(그림 3.2.1) 반각 문자 기본 부품의 예

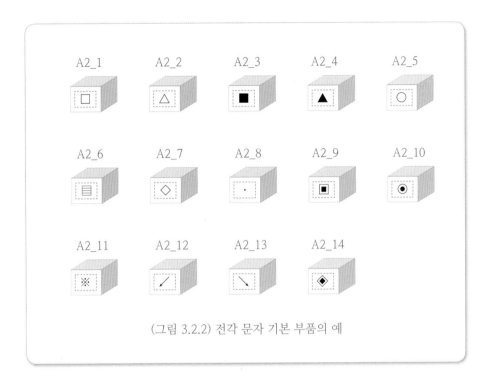

(그림 3.2.2) 전각 문자 기본 부품의 예

물론, 쏙(SOC)의 기본 부품은 (그림 3.2.1) 및 (그림 3.2.2)에서 나타낸 것 이외에도 더 있지만, 여기에서는 원리의 이해에 목적을 둔다는 간편성의 도모 차원에서 일부만 나타낸 것입니다.

(그림 3.2.1)은 화면상에서 영문자 한 개의 크기에 해당하는 반각 문자 기본 부품(半角文字基本部品)의 예를 든 것입니다. (그림 3.2.1)에서는 전체 반각 문자 기본 부품 중 빈칸(space)을 뜻하는 A1_1로부터 A1_11까지의 부품을 만들어 등록하고 있는 상태를 보여주고 있습니다. 등록 예에서 나머지 반각 문자 기본 부품은 A1_12이후의 번호로 만들어 등록하고 있다는 것을 쉽게 알 수 있을 것입니다.

이와 같은 등록 방법을 감안해 볼 때 새로운 부품을 만들 때에는 언제라도 부품 번호를 추가하여 새로운 부품을 계속적으로 등록하여 사용할 수 있다는 것도 이해할 수 있을 것입니다.

(그림 3.2.2)는 화면상(畵面上)에서 한글이나 한자 한 개의 크기에 해당하는 전각 문자 기본 부품(全角文字基本部品)의 예를 든 것입니다. (그림 3.2.2)에서는 전체 전각 문자 기본 부품(全角文字基本部品) 중 순차 처리의 추상화에 사용하는 A2_1부품으로부터 잔디 구조 구현시의 파일 이름 색인(file name index)을 나타내어 주는 A2_14부품에 이르기까지의 부품을 만들어 등록하고 있는 상태를 보여주고 있습니다.

(그림 3.2.2)의 전각 문자 기본 부품도 (그림 3.2.1)의 반각 문자 기본 부품과 마찬가지로 새로운 부품을 만들고자 할 때에는 언제라도 부품번호를 추가하여 새로운 부품을 계속적으로 등록하여 사용할 수 있습니다.

이와 같이, 새로운 개념에 대한 표현 등의 필요에 의해 새로운 부품을 필요로 할 경우에는 언제라도 전각 문자 크기인지 반각 문자 크기인지에 따라 각각 그에 맞는 부품으로 등록할 수 있습니다.

뿐만 아니라, 크기에 있어서 전각 문자 크기나 반각 문자 크기보다 크기가 크거나 작은 부품이 필요한 경우에는, 크기에 따라 별도로 A3, A4 등으로 부품 번호를 확장하여 지속적으로 새로운 크기의 형식화·규격화한 조립식 기본 부품을 등록할 수 있습니다.

이러한 조립식 기본 부품의 등록이 가능하도록 확장성을 고려했다는 것은, 고정적이고 제한적인 형태의 모양만으로 조립식 기본 부품의 등록을 하는 한정적인 개념으로부터 탈피하여, 필요 시에 음성이나 영상 등과 같은 멀티미디어 부품까지도 추가 등록시킬 수 있다는 것을 의미합니다. 부품화의 원리(部品化原理)를 적용하면 이러한 멀티미디어 부품도 정형화·규격화 처리를 통해 가공 조립하여 추상화시키거나 분해하여 구체화시킬 수 있습니다.

3.2.2 기본 부품의 용도

기본 부품은 그것이 반각 문자 기본 부품이든 전각 문자 기본 부품이든 상관없이 각각 나름대로의 쓰임새를 가지고 있습니다.

(그림 3.2.1)의 A1_1의 빈칸을 뜻하는 반각 문자 기본 부품은 소프트웨어를 조립식으로 구성함에 있어서 여백을 메꾸어 소프트웨어 구성의 전체적 균형을 유지해 주기 위한 부품입니다.

즉 건물을 지음에 있어 철근과 철근 사이를 콘크리트로 메꿔주듯이 소프트웨어 조립 블록의 빈칸을 메꿔주기 위한 부품입니다.

A1_2 ~ A1_10의 반각 문자 기본 부품은 일종의 건물을 짓기 위한 철근에 해당하는 부품입니다. 이들 선문자 형태의 반각 문자 기본 부품을 조립하면 소프트웨어의 전반적인 구조의 뼈대(frame)를 만들 수 있습니다.

A1_11은 True(참)을 뜻하는 영어 대문자 'T'에 해당하는 알파벳의 반각 문자 기본 부품으로 고속도로를 가다가 길이 갈라질 때의 팻말과 같은 역할을 합니다. 이것은 분기할 때의 판단에 따라 False(거짓)을 뜻하는 'F', Yes(긍정)을 뜻하는 'Y', No(부정)을 뜻하는 'N'으로도 나타낼 수 있으나, 새틀(SETL)에서는 일관성을 유지해주기 위해 'T'로만 사용해주고 있습니다.

구체적으로는 제어 흐름이 갈라질 때 어떠한 조건을 설정하여 그 조건에 일치(True)할 때, 분기가 발생함을 나타내 주고자 사용하는 부품입니다.

반각 문자 기본 부품은 화면상에서 영문자(英文字) 한 개의 크기에 해당하는 기본 부품으로, 소프트웨어의 설계 시에 제어 구조(control structure) 및 소프트웨어 전개(flow)의 뼈대(frame)를 형성해 주기 위한 기본 부품으로 사용합니다.

이와 같은 뼈대의 구성은 패턴화에 중요한 역할을 합니다.

전각 문자 기본 부품은 화면상에서 한글이나 한자 한 개의 크기에 해당하는 기본 부품으로, 각 부품은 다음과 같은 목적으로 쓰입니다.

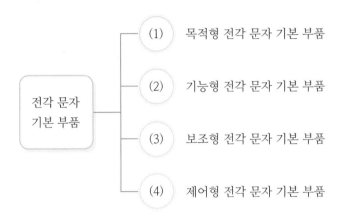

전각 문자 기본 부품을 사용 목적에 따라 구분하여 설명하겠습니다.

(1) 목적형 전각 문자 기본 부품

 : 순차(sequence) 구조 추상화의 목적을 나타냅니다.

 : 선택(selection) 구조 추상화의 목적을 나타냅니다.

 : 반복(iteration) 구조 추상화의 목적을 나타냅니다.

 : 비상(exception) 구조 추상화의 목적을 나타냅니다.

 : 이상(illness) 구조 추상화의 목적을 나타냅니다.

(2) 기능형 전각 문자 기본 부품

 : 처리(process)와 관련한 구체적 기능을 나타냅니다.

 : 입력(input)과 관련한 구체적 기능을 나타냅니다.

 : 출력(output)과 관련한 구체적 기능을 나타냅니다.

 : 내부 하청과 관련한 구체적 기능을 나타냅니다.

 : 외부 하청과 관련한 구체적 기능을 나타냅니다.

 : 주석(comment)을 달기 위한 기능을 나타냅니다.

 : 자료 추상화(data abstraction) 기능을 나타냅니다.

(3) 보조형 전각 문자 기본 부품

 : 갈래(선택) 구조, 되풀이(반복) 구조, 비상 구조 등에서 구조에 종속한 보조 기능을 나타냅니다.

    ① 갈래(선택) 구조의 경우 : 선택 조건을 나타냅니다.
    ② 되풀이(반복) 구조의 경우 : 되풀이 구조 조건을 나타냅니다.
    ③ 비상 구조의 경우 : 비상 선택 조건을 나타냅니다.

(4) 제어형 전각 문자 기본 부품

: 바탕 구조 부품의 이름앞에 두어 문패를 나타냅니다.

네모꼴(□), 세모꼴(△), 동그라미꼴(○) 등의 조각들을 가지고 장난감 블록을 조립할 수 있듯이, 소프트웨어의 패턴(pattern)을 구성하는 기본 부품이 만들어짐으로써, 이것들을 조립하여 추상화·구체화시키는 과정을 통해 고도로 복잡한 로켓을 제어하는 소프트웨어까지 만들 수 있는 소프트웨어 공장 자동화를 구현할 수 있습니다.

3.3 SW 블록 부품을 만드는 방법

(그림 3.2.1)의 기본 부품을 조립하여 블록 부품을 만들 수 있습니다. 이것은 모래알, 시멘트, 물을 결합하여 블록(block)이라는 시멘트 벽돌과 같은 형태의 조립 가능한 블록 부품(block component)을 만들어내는 것과 같은 이치입니다.

블록 부품은 기본 부품을 추상화시킨 형태이기 때문에 이러한 블록 부품을 조립·분해하는 것이 기본 부품을 일일이 조립·분해하는 것보다 작업 면에 있어서 훨씬 쉬워집니다.

기본 부품을 조립하여 블록 부품을 만드는 방법을 나타낸 것은 (그림 3.3.1)~(그림 3.3.7)과 같습니다. 이렇게 함으로써, 소프트웨어 공장 자동화의 행위자인 새틀(SETL : Structured Efficiency TooL)이 블록 부품(block component)을 원하는 곳에 조립해 넣거나 분해할 수 있습니다.

B1_1 :

A1_2 · A1_8 · A1_2 · (A1_1)*7

B1_2 :

A1_2 · A1_10 · A1_2 · (A1_1)*7

B1_3 :

A1_2 · A1_4 · (A1_1)*8

B1_4 :

A1_2 · A1_5 · (A1_1)*8

B1_5 :

A1_1 · A1_3 · (A1_1)*8

B1_6 :

A2_14 · (A1_1)*8

(그림 3.3.1) 바탕 블록 부품

(그림 3.3.2) 목적 블록 부품

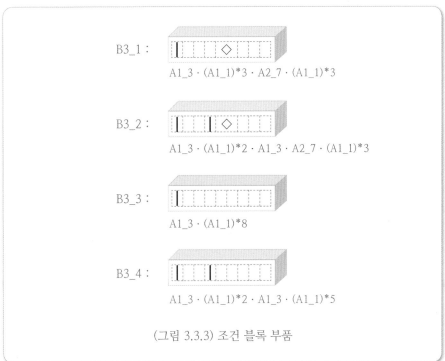

(그림 3.3.3) 조건 블록 부품

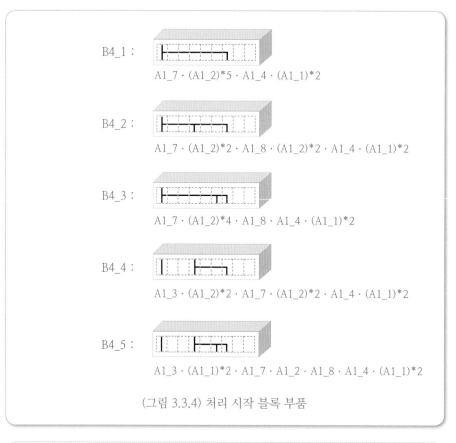

B4_1 :

$A1\_7 \cdot (A1\_2)*5 \cdot A1\_4 \cdot (A1\_1)*2$

B4_2 :

$A1\_7 \cdot (A1\_2)*2 \cdot A1\_8 \cdot (A1\_2)*2 \cdot A1\_4 \cdot (A1\_1)*2$

B4_3 :

$A1\_7 \cdot (A1\_2)*4 \cdot A1\_8 \cdot A1\_4 \cdot (A1\_1)*2$

B4_4 :

$A1\_3 \cdot (A1\_2)*2 \cdot A1\_7 \cdot (A1\_2)*2 \cdot A1\_4 \cdot (A1\_1)*2$

B4_5 :

$A1\_3 \cdot (A1\_1)*2 \cdot A1\_7 \cdot A1\_2 \cdot A1\_8 \cdot A1\_4 \cdot (A1\_1)*2$

(그림 3.3.4) 처리 시작 블록 부품

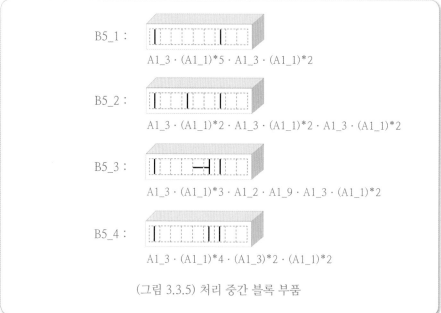

B5_1 :

$A1\_3 \cdot (A1\_1)*5 \cdot A1\_3 \cdot (A1\_1)*2$

B5_2 :

$A1\_3 \cdot (A1\_1)*2 \cdot A1\_3 \cdot (A1\_1)*2 \cdot A1\_3 \cdot (A1\_1)*2$

B5_3 :

$A1\_3 \cdot (A1\_1)*3 \cdot A1\_2 \cdot A1\_9 \cdot A1\_3 \cdot (A1\_1)*2$

B5_4 :

$A1\_3 \cdot (A1\_1)*4 \cdot (A1\_3)*2 \cdot (A1\_1)*2$

(그림 3.3.5) 처리 중간 블록 부품

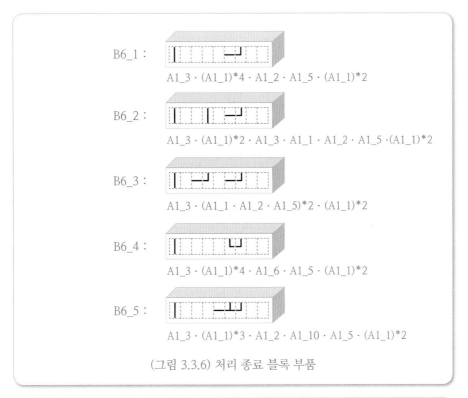

B6_1 :
A1_3 · (A1_1)*4 · A1_2 · A1_5 · (A1_1)*2

B6_2 :
A1_3 · (A1_1)*2 · A1_3 · A1_1 · A1_2 · A1_5 ·(A1_1)*2

B6_3 :
A1_3 · (A1_1 · A1_2 · A1_5)*2 · (A1_1)*2

B6_4 :
A1_3 · (A1_1)*4 · A1_6 · A1_5 · (A1_1)*2

B6_5 :
A1_3 · (A1_1)*3 · A1_2 · A1_10 · A1_5 · (A1_1)*2

(그림 3.3.6) 처리 종료 블록 부품

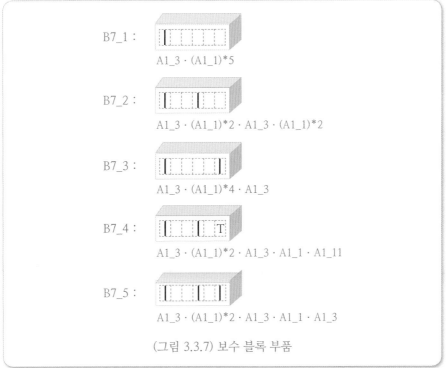

B7_1 :
A1_3 · (A1_1)*5

B7_2 :
A1_3 · (A1_1)*2 · A1_3 · (A1_1)*2

B7_3 :
A1_3 · (A1_1)*4 · A1_3

B7_4 :
A1_3 · (A1_1)*2 · A1_3 · A1_1 · A1_11

B7_5 :
A1_3 · (A1_1)*2 · A1_3 · A1_1 · A1_3

(그림 3.3.7) 보수 블록 부품

블록 부품에 대해 좀 더 구체적으로 설명 드리겠습니다.

(그림 3.3.1)~(그림 3.3.7)는 앞의 설명에서 언급한 바와 같이 모래, 시멘트, 물에 해당하는 기본 부품들을 결합하여 블록(block)으로 추상화시켜 새로운 블록 부품으로 만든 것입니다.

(그림 3.3.1)의 B1_1~B1_6의 블록 부품은 건축물의 기초 공사에 해당하는 것으로, 작성하는 소프트웨어 부품이 주 모듈(main module)인가, 부 모듈(sub module)인가를 나타내어 주는 설계 바탕을 형성해주는데 사용하는 바탕 블록 부품입니다.

(그림 3.3.2)의 B2_1~B2_4의 블록 부품은 소프트웨어를 구성하는 각 구조(structure)의 종류를 표시함과 동시에 구조의 목적을 우측에 기술할 수 있도록 해주는 목적 블록 부품입니다.

(그림 3.3.3)의 B3_1~B3_4의 블록 부품은 소프트웨어의 구조가 어떤 조건에 따라 처리를 행하는 if~then, for~do 등과 같이 조건을 가진 구조일 경우에 이와 같은 조건을 표시해줄 수 있도록 해주는 조건 블록 부품입니다.

(그림 3.3.4)의 B4_1~B4_5의 블록 부품은 소프트웨어의 각 구조의 종류에 따라 구조의 처리 부분의 시작임을 알려주기 위한 도입부에 해당하는 처리 시작 블록 부품입니다.

(그림 3.3.5)의 B5_1~B5_4의 블록 부품은 소프트웨어의 각 구조의 구체적인 처리를 기술할 수 있도록 하는 처리 중간 블록 부품입니다.

(그림 3.3.6)의 B6_1~B6_5의 블록 부품은 소프트웨어의 각 구조의 처리 부분을 마감하여 흐름이 다른 구조로 넘어감을 나타내 주기 위한 각 구조의 종결부를 표현해주는 처리 종료 블록 부품입니다.

(그림 3.3.7)의 B7_1~B7_5의 블록 부품은 건물을 조립식으로 건축하거나 분해할 때 보수하기 위한 자재가 필요하듯이, 소프트웨어의 각 구조 또는 블록 등을 조립하거나 추상화하고, 분해하는 과정에서 각 구조의 종류에 따라 허술해지는 부분을 소프트웨어적으로 보완하여 보수해주기 위한 보수 블록 부품입니다.

블록 부품도 (그림 3.2.1)의 기본 부품과 마찬가지로 필요 시에는 언제라도 부품 번호를 추가하여 새로운 부품을 추가로 등록할 수 있도록 하여, 장래의 확장에 대비할 수 있도록 하고 있습니다.

블록 부품의 조립 예를 설명하자면, (그림 3.3.1)의 B1_1은 (그림 3.2.1)의 A1_2부품 1개, A1_8부품 1개, A1_2부품 1개와 이어서 A1_1부품 7개를 일렬로 조립하여 구성하는데, 이것은 A1_2 • A1_8 • A1_2 • (A1_1)*7 과 같이 표현할 수 있습니다.

여기에서 ' • '기호는 두 기본 부품을 납땜을 하듯이 붙인 것을 뜻하며, '*'기호는 해당 기호를 '*'기호 옆에 쓴 숫자만큼 반복하여 결합한 것을 뜻합니다.

다른 블록 부품도 (그림 3.3.1)의 B1_1 블록 부품과 같은 식으로 (그림 3.2.1)의 기본 부품을 결합하여 구성합니다.

이 블록 부품을 조립하면 원하는 구조 부품을 만들어낼 수 있습니다. 구조 부품에 이르면 이제까지 원자적인 요소를 가졌던 부품들이 분자적인 요소의 성질을 띄며 그 색깔을 분명히 드러냅니다.

3.4   SW 구조 부품을 만드는 방법

(그림 3.3.1)~(그림 3.3.7)의 블록 부품을 위아래로 결합하면 구조 부품(structure component)을 만들어 낼 수 있습니다. 구조 부품은 크게 바탕 구조 부품, 제어 구조 부품, 보수 구조 부품의 3종류로 나뉘며, 이들 각각은 사용 목적에 따라 더욱 세분화할 수 있습니다.

세분화시킨 구조 부품은 다음과 같습니다.

구조 부품의 종류

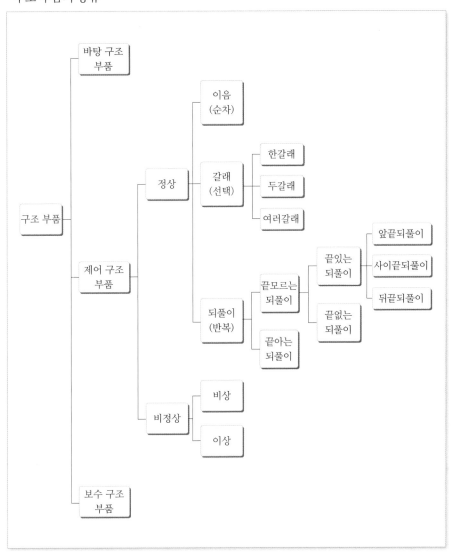

3.4.1 바탕 구조 부품을 만드는 법

'바탕 구조 부품(함수 구조 부품)'이란 건물을 지을 때, 건물터를 마련하는 작업에 해당합니다. 건물이 주건물인가 보조건물인가에 따라 터가 달라지듯이, 프로그래밍하는 모듈이 주 모듈인가 부 모듈인가에 따라서 바탕 구조 부품의 모양이 달라집니다.

기본 부품, 블록 부품, 제어 구조 부품 등을 조립하여 프로그램이라는 건물을 세우기 위해서는 어떠한 경우에도 먼저 주 바탕 구조 부품이나 부 바탕 구조 부품을 조립해 넣은 뒤, 이들 바탕 구조의 몸통 부분(body part)에 커서(cursor)를 가져다 놓고 시작해야 합니다.

바탕 구조 부품의 조립방법을 나타내면 (그림 3.4.1)~(그림 3.4.2)와 같습니다.

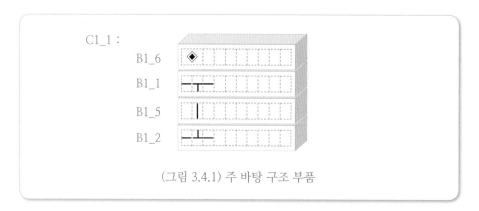

(그림 3.4.1) 주 바탕 구조 부품

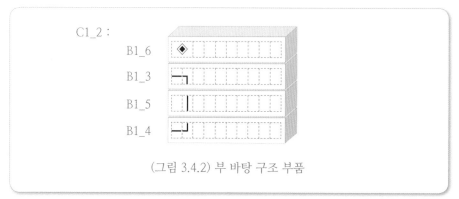

(그림 3.4.2) 부 바탕 구조 부품

(그림 3.4.1), (그림 3.4.2)는 (그림 3.3.1)~(그림 3.3.7)의 블록 부품을 서로 조립하여 새롭게 구조(structure)로 추상화시켜 만든 바탕 구조 부품입니다. (그림 3.4.1)과 (그림 3.4.2)는 작성하는 소프트웨어의 모듈이 주 모듈(main module)인가 부 모듈(sub module)인가를 나타내어 주는 건축물의 기초 공사에 해당하는 설계 바탕을 형성해주는데 사용하는 주 바탕(메인 함수) 구조 부품과 부 바탕(서브 함수) 구조 부품입니다.

조립한 바탕 구조 부품의 각 부분의 구성요소에 대해 설명하겠습니다.

(1) 주 바탕(메인 함수) 구조 부품의 구성

◆ ← 이름 부분
      ← 머리 부분
      ← 몸통 부분   ☞ 부품 조립은 이 곳 몸통 부분부터 시작합니다.
      ← 발 부분

▷ 이름 부분 : 주 바탕 구조 부품의 이름을 기술하는 부분입니다.
▷ 머리 부분 : 주 바탕 구조 부품의 시작을 나타내는 부분입니다.
▷ 몸통 부분 : 기본 부품, 블록 부품, 제어 구조 부품을 조립해나갈 수 있는 바탕
              터를 형성하는 부분입니다.
▷ 발 부분 : 주 바탕 구조 부품의 끝을 나타내는 부분입니다.

(2) 부 바탕(서브 함수) 구조 부품의 구성

◆ ← 이름 부분
      ← 머리 부분
      ← 몸통 부분   ☞ 부품 조립은 이 곳 몸통 부분부터 시작합니다.
      ← 발 부분

▷ 이름 부분 : 부 바탕 구조 부품의 이름을 기술하는 부분입니다.
▷ 머리 부분 : 부 바탕 구조 부품의 시작을 나타내는 부분입니다.
▷ 몸통 부분 : 기본 부품, 블록 부품, 제어 구조 부품을 조립해나갈 수 있는 바탕
              터를 형성하는 부분입니다.
▷ 발 부분 : 부 바탕 구조 부품의 끝을 나타내는 부분입니다.

주 바탕 구조 부품과 부 바탕 구조 부품은 메인 함수(main function)에 해당하는 주 모듈(main module)과 서브 함수(sub function)에 해당하는 부 모듈(sub module)을 구성해주는 부품입니다. 쏙(SOC)은 어떠한 경우에도 주 바탕 구조 부품이나 부 바탕 구조 부품을 먼저 조립해놓고, 다른 부품들을 조립해주어야 합니다. 일단, 바탕 구조 부품을 조립하기만 하면, 그 다음에는 바탕 구조 부품의 몸통 부분 범위 내에서 기본 부품, 블록 부품, 구조 부품 등을 조립해 나갈 수 있습니다.

이제부터 각 부품들을 추상화 정도에 따라 조립해나가는 방법에 대해서 자세히 배워보기로 하겠습니다. 쏙(SOC)을 지원하는 자동화 도구인 새틀(SETL : Structured Efficiency TooL)을 이용하면 각 부품의 조립을 로봇이 조립하는 것처럼 자동화할 수 있으며, 이 때, 바탕 구조 부품의 몸통 부분은 조립·분해 과정에서 자동적으로 확장·축소가 이루어집니다.

3.4.2 제어 구조 부품을 만드는 법

'제어 구조 부품(制御構造部品, control structure components)'이란 건물을 지을 때 건물의 뼈대(frame)를 형성하는 구조에 해당합니다.

 건물의 뼈대가 튼튼해야 건물이 무너지지 않듯이, 소프트웨어의 뼈대를 형성하는 제어 구조 부품을 제대로 구성해야 소프트웨어의 신뢰성(reliability)을 높일 수 있습니다.

 제어 구조 부품(制御構造部品)은 크게 정상계 제어 구조 부품(正常系制御構造部品)과 비정상계 제어 구조 부품(非正常系制御構造部品)의 두 종류로 나뉘며, 이들 각각은 사용 목적에 따라 더욱 세분화합니다. 세분화한 제어 구조 부품은 다음과 같습니다.

제어 구조 부품의 종류

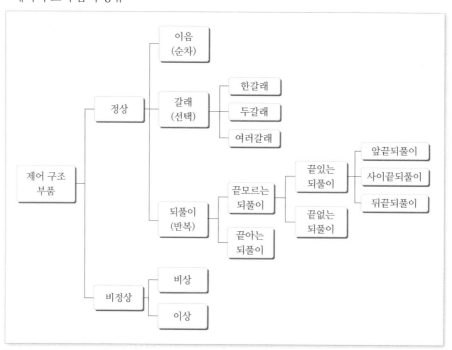

건물의 뼈대(frame)를 세우기 위해서는 먼저 건물의 뼈대를 세울 터를 확보해 놓아야 하듯이, 제어 구조 부품이라는 소프트웨어의 뼈대를 세우기 위해서는 소프트웨어의 뼈대를 세울 바탕 영역이 되는 바탕 구조 부품을 먼저 조립해 놓아야 합니다.

 바탕 구조 부품은 각 모듈 내에서 처음에 한 번만 조립해 놓으면, 그 다음부터는 제어 구조 부품이라는 뼈대를 자유자재로 조립·분해할 수 있습니다.

또한 일단 건물을 지을 터를 확보해 놓은 뒤, 필요에 따라 바로 옆의 터를 더 사서 건물을 확장하거나, 현재의 터를 팔아서 건물을 축소할 수 있는 것과 마찬가지로, 소프트웨어 모듈 부품의 바탕 영역을 형성하는 바탕 구조 부품도 기본 부품, 블록 부품, 제어 구조 부품의 추가·삭제 등에 따라 확장·축소가 이루어집니다. 또한, 제어 구조 부품도 당연히 필요에 따라 확장·축소가 가능합니다.

제어 구조 부품의 조립 방법을 알기 위해 제어 구조 부품의 조립 예를 정상계를 기준으로 나타내면 (그림 3.4.3)~(그림 3.4.11)과 같습니다.

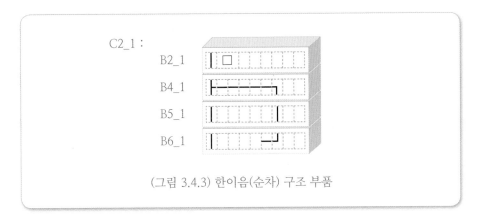

(그림 3.4.3) 한이음(순차) 구조 부품

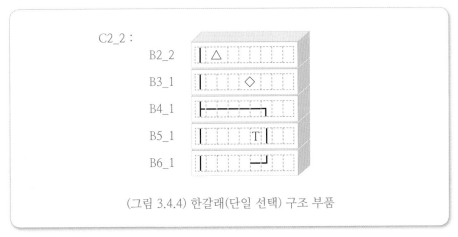

(그림 3.4.4) 한갈래(단일 선택) 구조 부품

C2_3 :

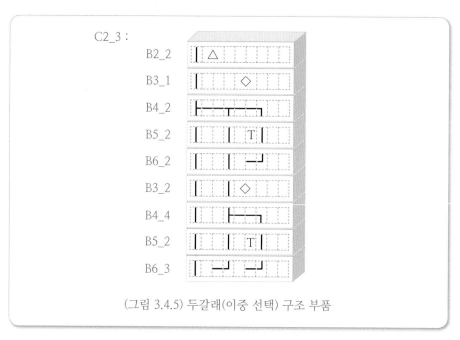

(그림 3.4.5) 두갈래(이중 선택) 구조 부품

C2_4 :

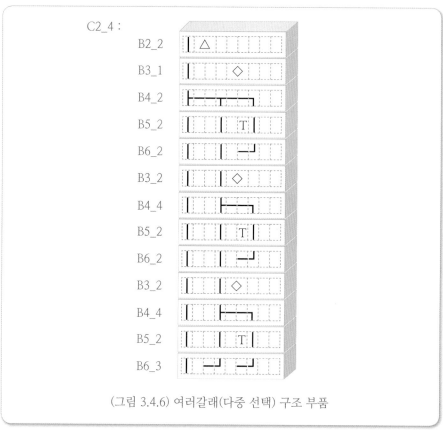

(그림 3.4.6) 여러갈래(다중 선택) 구조 부품

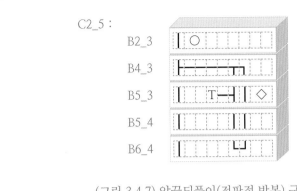

(그림 3.4.7) 앞끝되풀이(전판정 반복) 구조 부품

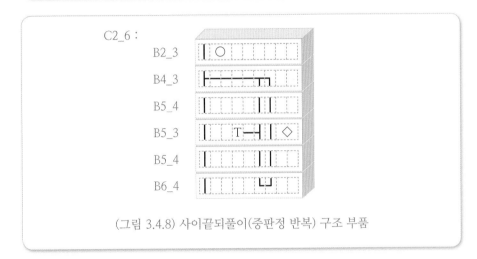

(그림 3.4.8) 사이끝되풀이(중판정 반복) 구조 부품

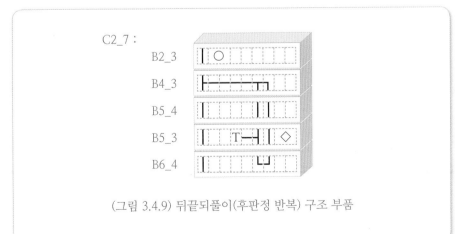

(그림 3.4.9) 뒤끝되풀이(후판정 반복) 구조 부품

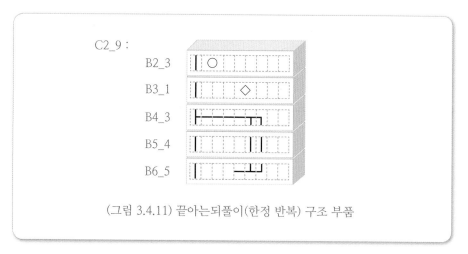

C2_8 :

B2_3

B4_3

B5_4

B6_4

(그림 3.4.10) 끝없는되풀이(무한 반복) 구조 부품

C2_9 :

B2_3

B3_1

B4_3

B5_4

B6_5

(그림 3.4.11) 끝아는되풀이(한정 반복) 구조 부품

(그림 3.4.3)~(그림 3.4.11)은 한 번에 한 개씩의 처리를 행하는 단일 처리를 표현해주는 데 사용되는 직렬 처리 구조(serial-processing structure)용 구조 부품입니다.

세부적으로 설명하자면, (그림 3.4.3)의 C2_1은 처리가 시간적으로 연속하여 차례대로 처리될 경우에 이를 추상화하여 구조로 표현해주는 한이음 구조(sequential structure)부품입니다. 한이음 구조는 통상적으로 이음 구조(순차 구조)라고 불립니다.

(그림 3.4.4)의 C2_2는 조건이 일치할 때 흐름이 갈라져서 특별한 처리를 해주도록 하는 구조를 표현해주는 한갈래(단일 선택) 구조(if~then structure) 부품입니다.

(그림 3.4.5)의 C2_3은 조건을 두 가지로 검사하여 그에 따라 다른 처리를 해 주도록 하는 구조를 표현해주는 두갈래(이중 선택) 구조(if~then~else structure) 부품입니다.

(그림 3.4.6)의 C2_4는 조건을 세 가지 이상으로 검사하여 그에 따라 다른 처리를 해 주도록 하는 구조를 표현해주는 여러갈래(다중 선택) 구조(case structure) 부품입니다.

(그림 3.4.7)의 C2_5는 반복하여 처리(處理)하는 되풀이(반복) 구조(iteration structure)에서 해당 구조를 빠져나가는 검사를 구조의 앞부분에서 행하는 구조를 표현해주는 앞끝되

풀이(전판정 반복) 구조(while~do structure)부품입니다.

　(그림 3.4.8)의 C2_6은 반복하여 처리하는 되풀이(반복) 구조에서 해당 구조를 빠져나가는 검사를 구조의 중간 부분에서 행하는 구조를 표현해주는 사이끝풀이(중판정 반복) 구조(커누스-젠-헤블맨 구조(Knuth-Zahn- Haberman structure))부품입니다.

　(그림 3.4.9)의 C2_7은 반복하여 처리하는 되풀이(반복) 구조에서 해당 구조를 빠져나가는 검사를 구조의 끝부분에서 행하는 구조를 표현해주는 뒤끝되풀이(후판정 반복) 구조(do~until structure)부품입니다.

　(그림 3.4.10)의 C2_8은 일단 되풀이 제어 구조 속으로 들어가면, 밖으로부터의 고의적 간섭이 없는 한, 끝없이 반복하는 구조를 표현해주는 끝없는되풀이(무한 반복) 구조 부품입니다.

　(그림 3.4.11)의 C2_9는 반복하는 횟수를 제어하여 구조를 빠져나가는 시점을 미리 알고 구조로 들어갈 수 있는 구조를 표현해주는 끝아는되풀이(한정 반복) 구조(for~do structure)부품입니다.

　제어 구조 부품은 바탕 구조 부품을 조립한 상태에서만 조립이 가능하며, 바탕 구조 부품이 없는 상태에서는 어떠한 경우에도 제어 구조 부품을 조립할 수 없습니다. 바탕 구조 부품을 조립하지 않았음에도 불구하고 제어 구조 부품을 조립하려는 것은 마치 땅을 사지 않고 건물을 지으려는 것과 같습니다. 땅을 사지 않고 건물을 짓는 것을 우리는 무허가 건물이라고 합니다. 무허가 건물은 어떠한 결과를 초래할까요? 당연히 헐리는 결과를 초래합니다. 물론, 무허가 건물도 모두 다 헐리는 것은 아니긴 합니다. 무허가 건물의 양성화 기간 동안에는 재개발 지구의 아파트 딱지를 주는 경우도 있습니다.

　그렇듯이 소프트웨어에서도 특별한 경우에 제어 구조 부품만 만들어 놓았다가 다시 다른 바탕 구조 부품에 조립할 수도 있기는 합니다.

　하지만, 이것은 무허가 주택의 경우와 마찬가지로 공식적으로 허용되는 것은 아니고, 제어 구조 교육 등의 목적으로 임시로 제어 구조 부품만을 조립할 경우에 한합니다.

　바탕 구조(함수 구조) 부품을 조립한 상태에서 소프트웨어 설계 자동화 도구인 새틀(SETL : Structured Efficiency TooL)을 사용하여 제어 구조 부품을 조립하는 방법은 다음과 같습니다.

(1) 주 바탕(메인 함수) 구조 부품

　　← 기본 부품, 블록 부품, 제어 구조 부품은 커서(cursor)를
　　이 곳 몸통 부분으로 옮긴 뒤 조립하여야 합니다.

(2) 부 바탕(서브 함수) 구조 부품

← 기본 부품, 블록 부품, 제어 구조 부품은 커서(cursor)를
이 곳 몸통 부분으로 옮긴 뒤 조립하여야 합니다.

[예제] 다음의 쏙(SOC)의 부 바탕 구조 부품이 조립되어 있는 상태에서 이음(순차) 제어
구조 부품을 ㉮ ,㉯, ㉰, ㉱의 위치에 조립해 넣을 경우, 모양은 어떻게 될까요?

← ㉮ 이름 부분
← ㉯ 머리 부분
← ㉰ 몸통 부분
← ㉱ 발 부분

[풀이]

    ㉮, ㉯, ㉱의 위치는 제어 구조 부품을 조립해 넣을 수 없는 곳입니다.

    제어 구조 부품은 반드시 바탕 구조 부품의 몸통부분에 조립해 넣어야 합니다.

    그 이유는 건물의 터를 마련했으면 건물의 터의 경계선이나 문패가 있는 곳에다 건물
의 뼈대를 세우는 것이 아니라, 건물 터의 경계선 안쪽에 뼈대를 세우는 것과 같은 이치
입니다.

    따라서 제어 구조 부품은 ㉰몸통부분에 조립해 넣어야 하며, 조립한 뒤의 모양은 다음
과 같습니다.

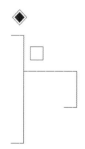

3.4.3 보수 구조 부품을 만드는 법

'보수 구조 부품'이란 건물을 지은 뒤에, 필요에 따라 부분적으로 각 개소에 대한 유지 보수(maintenance)가 필요할 때, 유지 보수용으로 사용하는 구조 부품입니다.

보수 구조 부품도 새틀을 사용하면 자동적으로 조립·분해할 수 있어 대단히 편리합니다.

보수 구조 부품의 조립 예를 그림으로 나타내면 (그림 3.4.12)와 같습니다.

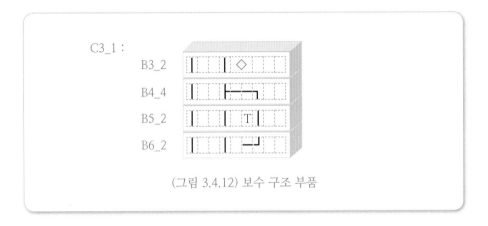

(그림 3.4.12) 보수 구조 부품

(그림 3.4.12)의 C3_1은 (그림 3.4.6)의 C2_4의 여러갈래 구조 부품에서 선택 수를 확장하고자 할 때, 이의 확장 보수를 지원하기 위해 만든 여러갈래(다중 선택) 보수 구조(case maintenance structure) 부품입니다. 이제까지 제작 방법을 설명해 온 기본 부품, 블록 부품, 구조 부품을 이용하면 상상을 초월할 정도로 손쉽게, 특히 자동화한 방법으로 소프트웨어를 조립·분해 및 유지 보수할 수 있습니다.

3.5 SW 기능 부품을 만드는 방법

앞에서 배워 온 기본 부품, 블록 부품, 구조 부품을 가지면 어떠한 실세계의 문제를 해결하기 위한 뚜렷한 목표를 가지고 서로 결합하는 가공 처리를 통해 기능 부품(function component)을 만들어 낼 수 있습니다.

기능 부품의 단계에 이르면 분자의 단계에서 진화하여 어떠한 특정한 목적을 위해 임무를 수행하는 세포(cell)를 형성합니다. 세포에 해당하는 기능 부품에 이르면 무생물과 같이 수동 소자였던 부품이 이제부터는 생물과 같은 능동소자 부품으로 변화하여 복제·결합·분열·진화 등의 작용을 통해 꿈틀꿈틀 활동을 하기 시작합니다. 즉 새로운 생명이 탄생하는 것입니다. 새로운 기능 부품이라는 생명은 잔디 구조라는 인간의 사고(思考)의 영역과 유사한 인공 환경 속에서 마음껏 자라 나아갑니다.

물론, 기능 부품이라는 세포는 육체(body)에 해당하기 때문에 여기에는 이 육체를 능동적으로 움직이도록 총괄적으로 조절해주는 새틀(SETL)이라는 혼(spirit)이 필요합니다.

기능 부품(機能部品)은 크게 나누어 주 기능 부품(主機能部品, main function component)과 부 기능 부품(副機能部品, sub function component)으로 나뉩니다.

주 기능 부품을 조립하기 위해서는 주 기능 부품을 조립하기 위한 바탕 터를 반드시 확보해주어야 합니다. 부 기능 부품을 조립하기 위해서도 부 기능 부품을 조립하기 위한 바탕 터를 반드시 확보해주어야 합니다.

즉, 주 기능 부품과 부 기능 부품은 주 바탕 구조 부품과 부 바탕 구조 부품 위에 조립해 넣은 모든 기본 부품, 블록 부품 및 제어 구조 부품을 포함한 형태의 부품입니다.

프로그래밍 언어에서 함수(function)나 메소드(method)는 각각 특정한 목적을 위한 기능을 가진 기능 부품으로 볼 수 있습니다.

하나의 기능 부품은 한 개 이상의 구체화한 기능을 가진 기본 부품, 블록 부품, 구조 부품의 결합으로 이루어집니다.

따라서 기능 부품은 기본 부품, 블록 부품, 구조 부품을 포함하는 보다 넓은 의미의 부품이라고 볼 수 있습니다.

기능 부품(機能部品)과 다른 부품과의 관계를 그림으로 나타내면 (그림 3.5.1)과 같습니다.

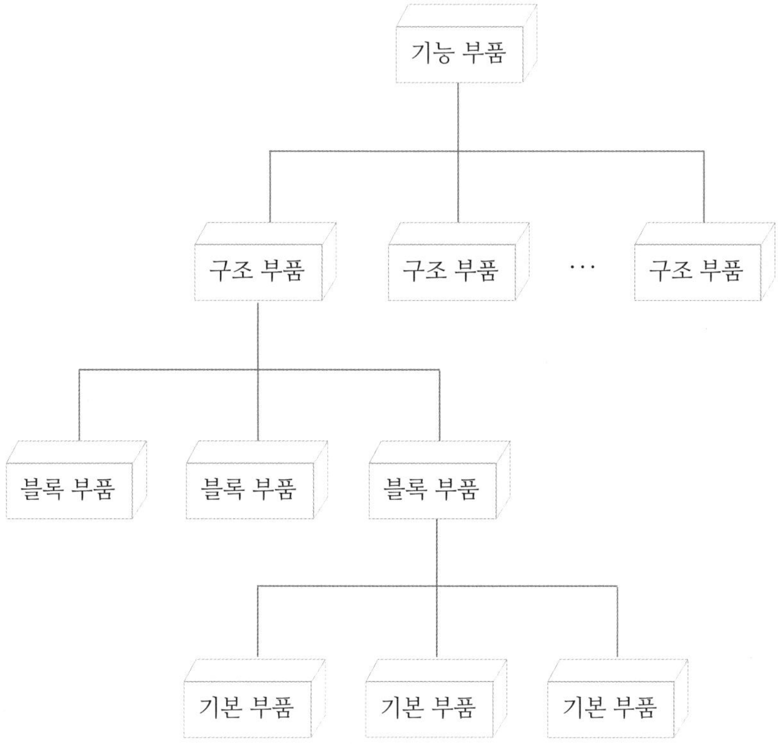

(그림 3.5.1) 부품 조립 계층도

기본 부품들을 결합하여 블록 부품을 이루고 블록 부품들을 결합하여 구조 부품을 이루며, 구조 부품들을 결합하여 기능 부품을 이룹니다.

여기서, 기능 부품이 과연 구조 부품들로만 이루어지는가에 대한 의문점이 생길 수도 있습니다.

하지만 (그림 3.5.1)의 부품 조립 계층도를 보면 쉽게 알 수 있듯이 기능 부품 자체가 다른 부품보다 추상도가 높은 부품이기 때문에 기능 부품은 기본 부품과 구조 부품, 블록 부품과 구조 부품, 기본 부품과 블록 부품의 어떠한 조합으로도 구성할 수 있습니다.

기능 부품은 필요시에 환경의 변화에 적응시키기 위해 진화(進化, evolution)를 시킬 수 있는데, 이것을 적응 유지 보수(adaptive maintenance)라고 합니다.

또한 기능 부품은 다른 부품과 마찬가지로 언제라도 세포 분열을 일으켜 다른 프로그램에 결합해 넣을 수 있는데, 이것을 재사용(reuse)이라고 합니다.

기능 부품을 조립한 예를 들어보면 (그림 3.5.2)와 같습니다.

(그림 3.5.2) 부 기능 부품의 조립을 완성한 예

    (그림 3.5.2)와 같은 형식으로 설계(design)한 뒤 코드(code)로 구현한 프로그램을 구조화 프로그램(structured program)이라고 합니다. 지금까지는 분석(analysis), 설계(design)와 구현(implementation)을 실시하는 과정에서 구조적 분석(structured analysis), 구조적 설계 (structured design), 구조화 프로그래밍(structured programming) 사이에 어느 정도의 어의 차(語義差, semantic gap)가 존재했습니다.

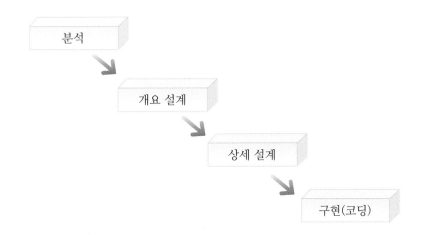

설계를 할 때 분석→개요 설계→상세 설계→구현(코딩)에 이르는 복잡한 문제 해결 경로를 거치는 과정에서 많은 제약 사항이 발생하였습니다. 그러한 문제점을 해결하기 위해 쏙(SOC)을 이용한 조립·분해 방법론과 잔디 구조(lawn structure)의 지원을 받는 K-Method를 정립하고, K-Method의 환경 하에서 쏙을 조립·분해해주는 행위자인 새틀(SETL : Structured Efficiency TooL)을 개발하였습니다.

개요 설계부터 코딩에 이르기까지의 과정의 통합과 소프트웨어 IC(software IC)를 이용한 소프트웨어 공장 자동화(SFA : Software Factory Automation)를 통해 각 단계 사이에 존재하던 어의차(語義差, semantic gap)를 완전히 제거하였습니다. 그리고 K-Method 환경 하에서 완전한 조립·분해식의 분석, 설계와 구현(코딩)을 융합하는 형태로 개발 및 유지 보수를 가능하게 하였습니다.

이제부터 제어 추상화(制御抽象化)의 입장에서 절차지향(節次指向, PO : Procedure-Oriented)과 객체지향(客體指向, OO : Object-Oriented)에 모두 적용하였던 기존의 구조화 이론의 문제점에 대해 알아보고, 기존의 문제점을 K-Method가 어떻게 극복하고 있는가에 대하여 상세히 다루겠습니다.

응용 과제

- 과제 3.1 최근의 개발 프로젝트에서는 프로그램 명세서에서 순서도나 Pseudo Code같은 형태의 알고리즘을 상세하게 나타내는 일이 거의 없어졌습니다. 그 이유는 무엇인지 세부적으로 조사해 보세요.

- 과제 3.2 소프트웨어 공장 자동화(software factory automation)라는 용어가 나타난 환경적 요인을 조사하고, 소프트웨어 공장 자동화를 위해 조립식 접근법이 필요한 이유를 정리해 보세요.

- 과제 3.3 제어 구조 부품 중에서 기존의 프로그래밍 언어로 한 번에 표현할 수 있는 제어 구조 부품과 기존 언어 구문 2개 이상을 조합해야만 표현이 가능한 제어 구조 부품을 조사하여 파악해 보세요.

- 과제 3.4 프로그램 설계를 수동식으로 할 경우와 새틀(SETL : Structured Efficiency TooL)과 같은 자동화 도구를 사용하여 조립분해식으로 할 경우를 비교한 후 개발 및 유지 보수에 효과적으로 적용하는 방안을 생각해 보세요.

- 과제 3.5 개요 설계, 상세 설계 및 코딩을 병행적으로 수행하는 것이 개발 생산성 및 유지 보수성 향상에 어느 정도의 영향을 미칠 수 있을지 조사해 보세요.

4장

K-Method의 탄생 배경

4.1 **기존의 구조화 이론에 대한 생각**

(그림 4.1.1) 및 (그림 4.1.2)와 같은 알고리즘을 한 번 생각해 보기로 하겠습니다. 이것은 C 언어와 같은 컴파일(compile) 언어로 프로그램을 작성하여 번역하는 과정을 순서도로 표현한 것입니다.

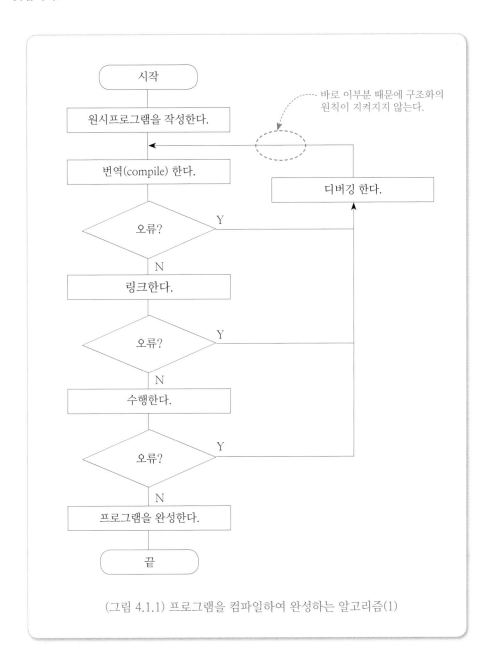

(그림 4.1.1) 프로그램을 컴파일하여 완성하는 알고리즘(1)

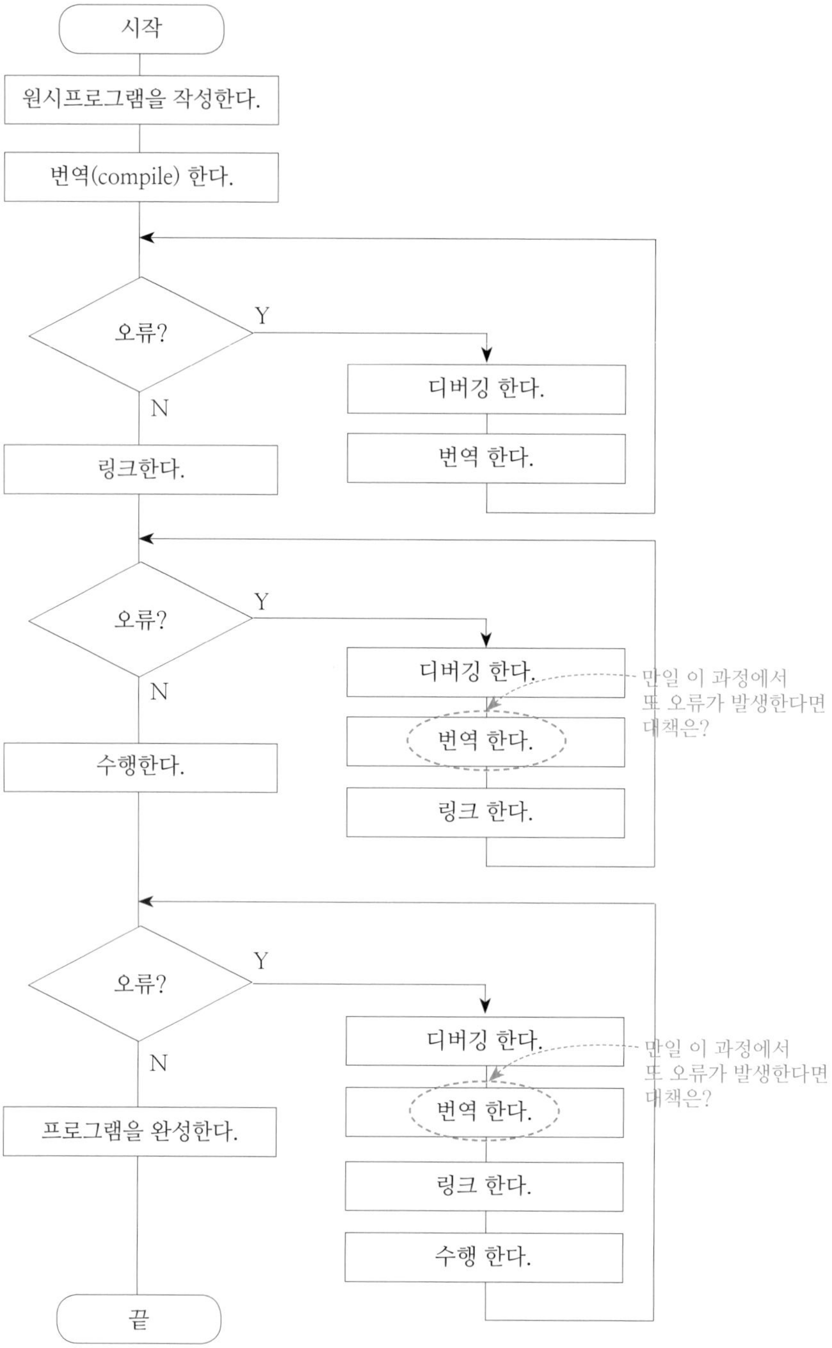

(그림 4.1.2) 프로그램을 컴파일 하여 완성하는 알고리즘(2)

(그림 4.1.1)의 알고리즘은 비구조적(非構造的)인 방식으로 구현한 것입니다. 얼핏 보기에는 뒤끝되풀이 구조(repeat~until, do~while)가 겹쳐있는 것으로 생각할 수 있지만, '입구 하나 출구 하나'의 고전적인 방법으로는 절대로 구조를 구별해낼 수 없습니다. 디버깅을 한다는 처리 부분이 들어있기 때문입니다.

그렇다면, 위와 같은 알고리즘을 '입구 하나 출구 하나'의 고전적인 구조적 방법으로 바꾸어서 그리려면 어떻게 하면 될까요?

(그림 4.1.2)와 같이 구조화의 앞끝되풀이 구조(while~do, while)로 바꾸면 가능할 것이라고 생각할 수 있습니다.

하지만, 그것은 무모한 일입니다. 만일 '디버깅을 하고나서 번역(compile)을 하는 도중에 또 오류가 발생한다면 그때는 어떻게 대처를 해주는가?'라는 근본적인 물음에 답변을 할 수 없기 때문입니다.

(그림 4.1.1)의 알고리즘을 고전적인 '입구 하나 출구 하나'의 구조화식으로 바꾼다면 내용이 복잡해지고 예외가 많아져 통제의 범위를 벗어납니다.

이처럼 단순한 것조차 해결할 수 없는 고전적 구조화 이론은 이제 더 이상 효력을 발휘할 수 없습니다.

법칙이란

> 어느 곳에서나 적용할 수 있어야 합니다.
> 법칙이 때에 따라서 많은 예외가 생긴다면, 결국 그 법칙은 쓸모가 없어져 유명무실해질 것입니다.

기존의 많은 구조화 프로그래밍을 주장하는 세계 여러 나라의 문헌들은 누구라도 손쉽게 구현할 수 있는 부분에 대해서는 예를 들어 상세하게 기술하고 있습니다.

그러나 (그림 4.1.1), (그림 4.1.2)와 같이 단순하면서도 구조화 이론의 실제 적용 시에 반드시 해결해야만 하는 중요한 문제에 대해서는 슬그머니 피해서 돌아갔던 것입니다.

4.2 고전적 구조화 이론의 개요

기존의 구조화 이론을 뒷받침해주고 있는 이론적 지주는 많은 논란이 있으나, 대체로 다음의 두 가지로 압축할 수 있습니다.

다익스트라(Dijkstra) 식

- '입구 하나 출구 하나'의 원칙을 준수하며,
- 'goto 명령 유해론'을 기반으로 합니다.

커누스(Knuth) 식

- '가독성을 좋게 하는 것'을 중요시 여기며,
- 'goto 명령 포함론'을 기반으로 합니다.

두 방식에 대해서는 이미 발표한 논문을 통하여 널리 알려져 있으므로, 여기서는 간단하게 두 방식의 특징과 이에 관한 의문점을 제기하는 식으로 파악해 나가기로 하겠습니다.

다익스트라(Dijkstra) 식의 이론적 기반(基盤)은 1966년 5월에 이탈리아의 Corrado 보헴(Böhm)과 그의 제자인 야코피니(Giuseppe Jacopini)라는 이름을 가진 두 사람의 컴퓨터 과학자들이 Communications of the ACM지에 발표한 논문을 시작으로 합니다. 두 사람은 논문에서 순서도로 표현할 수 있는 어떠한 소프트웨어도 소위 이음(순차, sequence), 갈래(선택, selection), 되풀이(반복, iteration)라고 불리는 3가지의 기본 구조만 가지고 다시 쓰일 수 있다고 주장하였습니다. 또한 1968년에 네덜란드의 아인트호벤 기술 대학(Eindhoven Technological University)의 교수인 다익스트라(Edsger W. Dijkstra)는 Communications of the ACM의 편집자에게 보낸 "유해하게 여겨지는 goto문"이라는 2쪽짜리 편지에서 goto문은 저급한 제어 구조를 형성하며, 정적 표현과 동적 처리의 격차를 크게 하여 프로그램 구조를 분명치 않게 하는 등 유해하므로 모든 고급 언어에서 제거해야 한다고 주장하였습니다. 다익스트라(Dijkstra) 식의 구조화 이론 원칙을 정리하면 다음의 두 가지로 압축할 수 있습니다.

다익스트라(Dijkstra) 식의 핵심

① 어떠한 제어 구조도 입구 하나 출구 하나로 구성할 것.
② 알고리즘(algorithm)의 구현 시에 goto문을 사용하지 말 것.

그럼 다익스트라(Dijkstra) 식의 이론에 어떠한 문제점이 있는지 이해를 돕기 위해 예를 들어가면서 생각해 보겠습니다.

예제 1

목욕탕에 들어가서 목욕하고 나오는 과정을 순서도로 표현하시오.

〈풀이〉

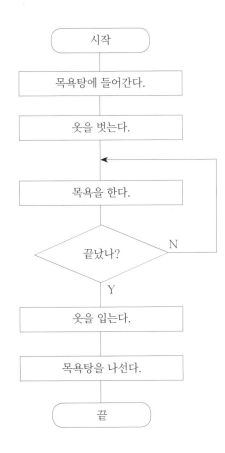

(예제 1)의 알고리즘(algorithm)에서의 핵심은 '목욕을 하는 과정'으로, 현재 뒤끝되풀이 구조(repeat~until, do~while)로 표현하고 있습니다. 위와 같은 알고리즘은 기본 중의 기본이므로 누구라도 쉽게 구조적으로 표현이 가능한 것입니다.

하지만, 다음의 예제를 풀어보시길 바랍니다.

예제 2

목욕탕에 들어가서 목욕하고 나오는 과정을 순서도로 표현하시오.
단, 목욕을 하는 도중에 불이 났을 경우에 대비한 비상 행동을 감안하세요.

〈풀이〉

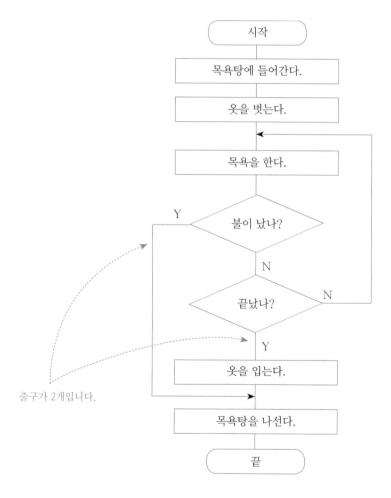

(예제 2)와 같은 문제에 대해서 대개는 위와 같은 순서도를 그릴 것입니다.
하지만, 이제 가만히 마음을 가라앉히고 생각해보기로 하지요. 과연 위의 순서도는 구조적
으로 나타낸 것일까요?

고전적인 이론대로라면 구조적으로 표현한 것이 아닙니다.

뒤끝되풀이 구조에서 출구가 2개이기 때문입니다.

(*주: 기존의 고전적인 다익스트라(Dijkstra) 식 구조화 이론에서는 '입구 하나 출구 하나'의 원칙을 지키도록 하고 있습니다.)

이제, 입구 하나 출구 하나의 원칙을 지키는 상태에서 다시 순서도를 수정해보겠습니다. 필자가 '입구 하나 출구 하나'의 원칙에 따라 수정한 순서도는 다음과 같습니다.

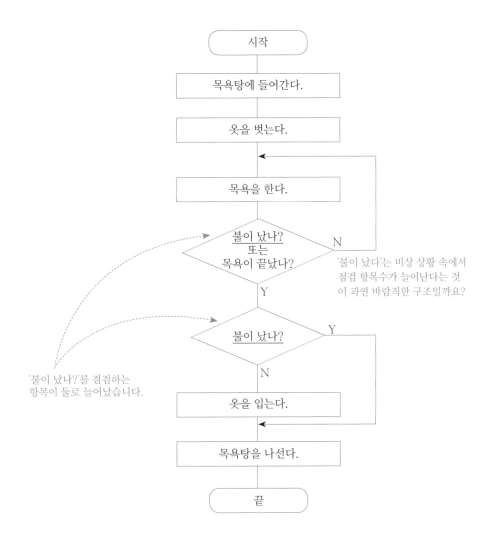

위의 순서도를 자세히 보면 비구조적인 순서도에 비해서 불이 났는가를 점검하는 항목이 하나 더 늘어났음을 알 수 있습니다.

이번에는 다음 문제를 하나 더 풀어보겠습니다.

예제 3

목욕탕에 들어가서 목욕하고 나오는 과정을 순서도로 표현하시오.
단, 목욕을 하는 도중에 불이 났을 경우에 대비한 비상 행동을 감안하되, 시간적
인 여유가 있을 때는 옷을 입고 나오도록 하세요.

〈풀이〉

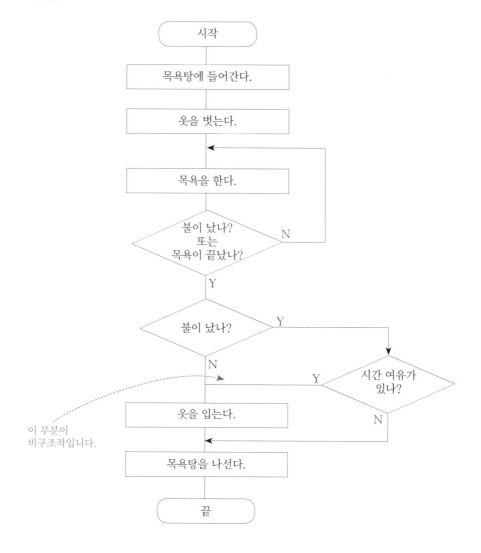

(예제 3)의 풀이는 얼핏 '입구 하나 출구 하나'의 원칙을 지킨 것 같지만, 실제로는 시간 여유를 점검하는 부분이 비구조적입니다.

따라서 입구 하나 출구 하나의 원칙에 맞추어 수정하면 다음과 같습니다.

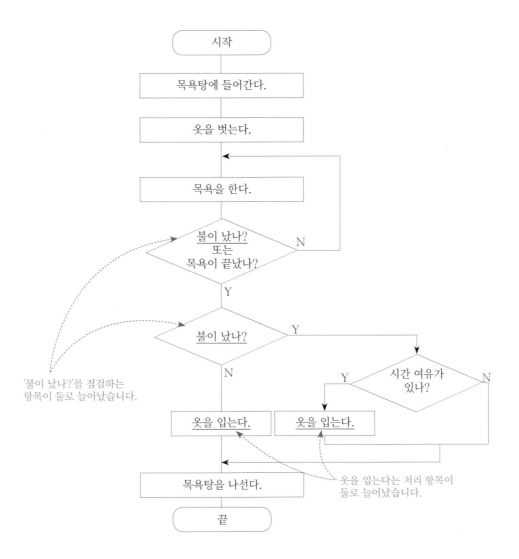

위의 순서도를 그려놓고 만족하는 사람이 있을지 모르겠습니다.

하지만, 위의 순서도를 한번 가만히 들여다보길 바랍니다. (예제 2)에서는 '불이 났나'를 점검하는 항목이 둘로 늘어났는데, 이번에는 '옷을 입는다'는 처리 항목이 둘로 늘어났음을 알수 있습니다.

이처럼 비구조적인 순서도를 구조적인 순서도로 바꿈에 있어서, 예외적인 상황이 하나씩 늘어날 때마다, 불필요한 항목(실제로는 하나만 필요한데도 알고리즘 상에서는 마치 두 개가 필요한 것처럼 보이는 항목)이 추가로 붙는 것을 알 수 있습니다.

다시 말해서 '입구 하나 출구 하나'의 원칙을 만병통치약처럼 모든 상황에 대해 적용하려고 한다면, 환경 변화 시에 추가적인 논리 검증을 위한 플래그(flag)의 점검이나 부가적인 작업을 필요로 하여, 프로그램의 제어 흐름이 복잡해짐은 물론, 가독성(readability)도 저하합니다. 따라서 오류(error)의 가능성이 증가합니다.

구조화 이론이란 비구조화한 알고리즘(algorithm)보다 더 쉽고 단순하게 파악하기 위해서 만든 것입니다. 그럼에도 불구하고, 예외적인 상황의 추가에 따라 오히려 해결 알고리즘(algorithm)의 복잡성이 배증(倍增)하여 오류 발생의 가능성이 더 커진다는 것은 문제점입니다.

여기서, 다음과 같은 결론을 도출해 낼 수 있습니다.

결론 1

고전적인 구조화 이론은 환경 변화 시 대처 방법이 복잡해진다.

이번에는 다른 예를 하나 들어보기로 하겠습니다.

예제 4

신호등이 있는 건널목을 건너는 알고리즘을 순서도로 표현하시오.

〈풀이〉

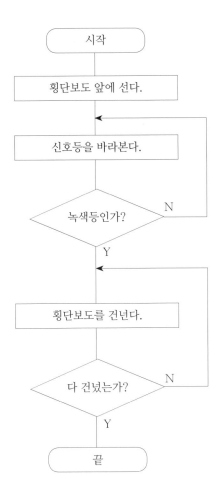

   (예제 4)는 두 개의 뒤끝되풀이 구조(repeat~until)로 횡단 보도를 건너는 상황에 대한 표현이 이루어지고 있습니다.

   이러한 알고리즘(algorithm)도 충분히 기존의 다익스트라(Dijkstra) 식의 고전적인 구조화 원칙을 적용하여 순서도로 구현할 수 있는 문제입니다.

하지만, 다음 문제를 보아주시기 바랍니다.

예제 5

신호등이 있는 건널목을 건너는 알고리즘을 순서도로 표현하시오.
단, 횡단 도중에 적색 등이 켜졌을 때의 대처 방법도 강구하시오.

〈풀이〉

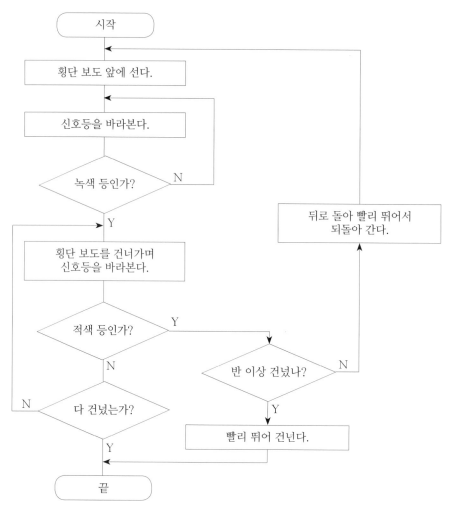

(예제 5)의 알고리즘은 구조적으로 표현한 것이 아닙니다.
(예제 5)의 순서도를 구조적으로 바꿔보시길 바랍니다.

만일 시도하는 사람이 있다면 그는 결국 시간 낭비를 하고 말 것입니다.

이것은 기존의 '입구 하나 출구 하나'의 원칙에 따른 표현이 어렵기 때문입니다.

여기서 다음과 같은 결론을 도출할 수 있습니다.

결론 2

> '입구 하나 출구 하나'의 원칙은 환경 변화 시에 적용이 불가능하다.

이와 같은 두 가지 결론에서 다음과 같은 사항을 알 수 있습니다.

결론 정리

> - 다익스트라(Dijkstra) 식의 고전적인 구조화 이론은
>   정상적인 상황에서는 적용이 가능하지만, 환경이 변화할 때에는 적용이 불가능하다.

결론 요약

> - 다익스트라(Dijkstra) 식의 고전적인 구조화 이론의 단점
>   ① 환경 변화 시에 대처 방법이 복잡해진다.
>   ② '입구 하나 출구 하나'의 원칙은 환경 변화 시에 적용이 불가능하다.

4.3 개선한 이론의 특징과 의문점

커누스(Knuth) 식의 기반은 1974년 12월 스탠포드 대학(Stanford University)의 커누스 (Donald E. Knuth) 교수가 "Structured Programming with goto Statements"라는 40쪽짜리 논문을 Computing Survey지를 통해 발표한 것을 시작으로 합니다.

논문에서 그는 구조화 프로그래밍이란 단순히 goto가 없는 프로그래밍이 아니라, '프로그램의 가독성(readability)을 증가시키는 것'이며, 경우에 따라서는 오히려 goto문을 포함하는 편이 더 이해하기가 쉬워진다고 주장하였습니다.

즉 다익스트라(Dijkstra)의 편지로부터 일어난 그간의 goto문의 유해 여부에 관한 논쟁을 부질없는 것으로 단정하고 이러한 소모적이고 비생산적인 논쟁에 종지부를 찍고자 했던 것입니다. 하지만 그의 이론에서 다음과 같은 의문점이 생깁니다.

커누스(Knuth) 식

---

① 가독성을 좋게 하는 객관적인 기준은 어디에 있나?
② 구조화 이론이 가독성을 좋게 하는 것이라면, 결국 눈에 보기만 편하다면
    goto문을 아무런 제한 없이 마음대로 사용하여도 좋다는 것인가?
③ 가독성을 좋게 하면 과연 프로그램의 유지 보수가 편해지나?
④ goto문을 사용해서 가독성이 좋아질 때는 정확히 어떤 경우인가?

'제 눈에 안경'이라는 말이 있습니다. 그것은 어떠한 것을 보았을 때, 누구나 주관적인 입장에서 판단하기 마련이라는 것입니다.

다시 말해서 한 아가씨가 있다고 할 때, 그 아가씨를 세상에서 가장 아름답다고 생각하는 청년이 있는가 하면, 그다지 아름답다고 생각하지 않는 청년도 있는 법 입니다.

이러한 사람에 따른 불일치를 해소하기 위해, 우리는 '객관적인 평가 기준'을 필요로 합니다.

원칙에 객관적인 평가 기준이 없다면, 누구라도 아전인수(我田引水)격으로 해석하여 적용할 가능성이 높아지며, A라는 사람이 가독성(可讀性, readability)이 좋다고 평가한 것을 B라는 사람은 가독성이 나쁘다고 평가할 수도 있는 결과를 가져옵니다.

귀에 걸면 귀걸이 코에 걸면 코걸이로 작용하는 원칙이 과연 필요가 있을까요? 그런 원칙이 없어도 누구든 무의식 중에라도 가독성을 생각하고 자기 나름대로의 가독성 있는 프로그램을 짜는 것이 아닐까요?

하지만, 세월이 흘러 2015년이 되어도 커누스(Knuth)를 비롯하여 그 어느 누구도 명확한 객관적인 기준을 제시하지 못한 채 오늘날에 이르게 되었습니다.

이와 같은 사실로부터 다음과 같은 세 가지 결론을 도출할 수 있습니다.

결론 1

> 커누스(Knuth) 식은 '다익스트라(Dijkstra) 식'의 불완전한 면을 지적해내는데 성공하였다.

결론 2

> 커누스(Knuth) 식은 'goto'의 사용에 대한 객관적인 기준을 제시하지 못했다.

결론 3

> 커누스(Knuth) 식은 '가독성'에 대한 객관적인 기준을 제시하지 못했다.

이와 같은 세 가지 결론에서 다음과 같은 사항을 알 수 있습니다.

결론 정리

> - 커누스(Knuth) 식의 개선한 구조화 이론은
>   다익스트라(Dijkstra) 식의 불완전한 면을 지적해내는 데는 성공하였지만,
>   적절한 대안을 제시하지는 못했다.

결론 요약

> - 커누스(Knuth) 식의 개선한 구조화 프로그래밍 이론의 단점
>   ① 'goto'가 사용될 경우에 대한 객관적 기준을 제시하지 못했다.
>   ② '가독성'에 대한 명확한 객관적 기준을 제시하지 못했다.

4.4 절충식 이론의 문제점과 해결책

다익스트라(Dijkstra) 식과 커누스(Knuth) 식의 두 이론은 모두 부분적으로는 타당성이 있어서, 오늘날의 구조화 이론의 이론적 근거로 두 가지 방법을 절충하여 채택하는 경향이 있습니다.

절충식 정리

> 가능하면 입구 하나 출구 하나의 원칙을 지켜서 goto문을 사용하지 않도록 최대한 노력하되, 부득이한 경우에는 goto문을 사용할 수도 있다고 생각하는 방법

위와 같이 정리한 국적 불명의 절충식이 바로 그것입니다.

물론, '부득이한 경우'에 있어서 지글러(Carol A. Ziegler)같은 이는 '예외(exception)나 되풀이(loop)의 다중 출구'를 생각해주었고, 밴더빌트 대학(Vandervilt University)의 샤악(Stephen R. Schach)같은 이는 '오류조건하에서는 전방 건너뛰기(forward goto)에 한해서 goto문을 사용할 수 있다'는 정도까지 goto문을 사용하는 경우에 대해 기준을 마련하려고 애쓴 흔적이 보입니다.

하지만 예외나 되풀이(loop)의 다중 출구라는 것도 구체적으로 어느 조건하에서 성립하는 것인지 밝히지 못했습니다.

오류(error)의 조건에 있어서도 본서의 'K-Method'편에서 자세히 설명하고 있지만, '집에서 불이 났을 경우'에 자체 해결이 가능할 경우와 '자체 해결이 어려울 경우', 즉 '소방차를 부를 경우'에 어떻게 해 줄 것인지에 대한 명확한 기준을 제시하지 못했습니다.

결국 다익스트라(Dijkstra) 식과 커누스(Knuth) 식을 적절히 절충한 방식의 범주를 크게 벗어나지는 못한 것이 사실입니다.

이처럼 현재의 '구조화 이론'과 이의 지원을 받는 '구조화도'는 문제를 종합적인 입장에서 바라보기보다는 다익스트라(Dijkstra) 식과 커누스(Knuth) 식의 구조화 이론을 그때그때 필요에 따라 임기 응변 식으로 절충하여 적용하고 있는 실정입니다.

문제 해결의 원리에서 접근하기보다는 정상적인 상황에 대해서만 분석적인 시각에서 계산적인 면으로 문제에 접근하고 있을 뿐, 환경의 변화를 감안한 종합적인 접근 방법에 대해서는 너무 막연하게 언급하고 있습니다.

그나마 일본 전신 전화 공사의 요코스카 전기 통신 연구소의 하나타(花田收悅)같은 이가 환경의 변화에 따른 이상계에 대해서 생각해 준 것이 발전이라면 발전이라고 볼 수 있습니다.

그러나 그는 건너뛰기에 관한 개념 정립에 실패하여, goto문을 사용한 2단 이상의 건너뛰기를 정상적인 환경에서도 남발하는 등 아직도 알고리즘(algorithm)에 체계적인 적용을 하기에는 미흡한 점이 많다는 것이 약점입니다.

이처럼 어느 누구도 '환경의 변화'에 대처하기 위한 명확한 근거를 제시하지 못하여, 구조화 이론에 있어서 혼란을 초래하였고, 일관성 없는 근거 불명의 절충식이 일반 실무에 파고들었던 것입니다.

프로그램 개발이란

> 실제 상황입니다. 실제 상황이란 예외적인 일이 수도 없이 발생하는 상황입니다. 따라서 "문제의 해결"을 위해 알고리즘(algorithm)자체도 「환경의 변화」에 대처할 수 있어야 합니다.

긍정(肯定)과 부정(否定)의 양면적 시각(兩面的視覺)에서 문제에 접근하여, 평상시에는 긍정적인 측면에서 목적 의식을 가지고 문제를 풀어나가다가, 환경이 변화하여 시스템(system)에 부정적 요소로 작용할 수 있는 문제에 직면할 때에는 이에 즉각 대응할 수 있도록 알고리즘(algorithm)을 구성해야 합니다.

그런데 기존의 구조화 이론은 예외적인 상황(부정적 상황)에 대한 고려를 소홀히 해주고, 이론적으로 이상적인 완벽한 상황(긍정적 상황)을 위주로 생각해 주는 등 문제를 "한쪽 면"적인 사고로 생각해 주었습니다. 그래서 단순하고 형식적인 문제에의 적용은 가능하지만, 환경 변화에 대한 대처 능력이 미약하여, 복잡하고 실제적인 문제에의 적용에는 그 한계를 드러낸 것입니다.

즉 파도가 치지 않는 잔잔한 바다의 상태에서의 항해법은 세밀하게 생각해 주었어도, 파도가 치고 강풍이 부는 바다의 상태에서의 항해법은 세밀하게 생각해주지 않은 것입니다.

하지만 "변화하는 환경"이라는 것도 "통상적인 환경"과 마찬가지로 인간이 직면하는 "상황"의 하나이며, 인간이 해결해야 할 "문제"의 하나라고 볼 수 있습니다.

그렇다면 컴퓨터의 소프트웨어적인 입장에서 환경의 변화를 감안하여 "문제"에 접근하기 위해서는 구체적으로 어떻게 해야 하는 것일까요?

기존의 구조화 이론을 극복할 수 있고, 환경의 변화를 감안한 문제에의 접근법을 이론적으로 명확하게 제시하는 새로운 구조화 이론이 바로 'K-Method'입니다.

(그림 4.1.2) 알고리즘을 K-Method에 맞춰서 쏙(SOC)으로 재현하면 다음과 같습니다.

(예제 3)을 K-Method에 맞춰서 쏙(SOC)으로 재현하면 다음과 같습니다.

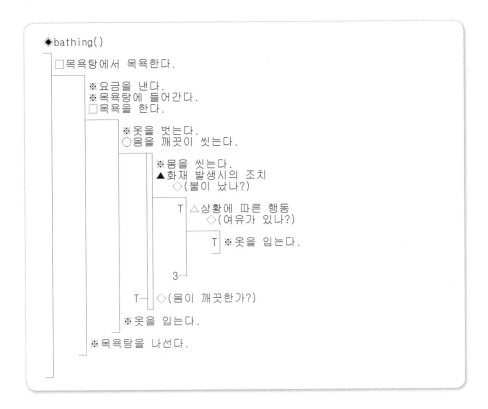

(예제 5)를 K-Method에 맞춰서 쏙(SOC)으로 재현하면 다음과 같습니다.

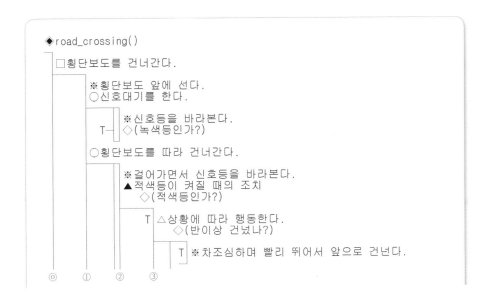

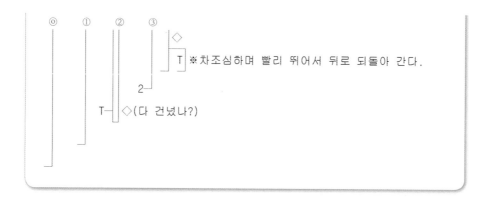

● **응용 과제**

● 과제 4.1   아침에 눈을 떠서 등교하기 위해 집을 나설 때까지의 과정을 순서도와 쏙(SOC)으로 작성하고 장단점을 비교해 보세요. (단, 늦잠을 잤을 경우 등 비상 상황까지 고려하여 작성)

● 과제 4.2   공중 화장실에서 생리 현상을 해결하는 과정을 순서도와 쏙(SOC)으로 작성하고 장단점을 비교해 보세요. (단, 사람이 많은데 대기하기에는 너무 생리 현상이 급한 경우 등 비상 상황까지 고려하여 작성)

● 과제 4.3   식당에서 음식을 사먹고 나오는 과정을 순서도와 쏙(SOC)으로 작성하고 장단점을 비교해 보세요. (단, 주문한 음식과는 다른 음식이 나올 경우, 반찬에서 돌이 나올 경우, 음식 먹은 후 돈이 없는 사실을 깨달은 경우 등의 비상 상황까지 고려하여 작성)

● 과제 4.4   등산을 하는 과정을 순서도와 쏙(SOC)으로 작성하고 장단점을 비교해 보세요. (단, 산을 오르다가 멧돼지를 만나는 경우, 발을 헛디뎌서 발목이 삐는 경우 등의 비상 상황까지 고려하여 작성)

● 과제 4.5   정보 처리 관련 국가 자격증 필기 시험을 치는 과정을 순서도와 쏙(SOC)으로 작성하고 장단점을 비교해 보세요. (단, 시험을 보는 도중에 배탈이 나는 경우 등의 비상 상황까지 고려하여 작성)

문제 해결의 기본 원리

문제란 무엇일까요?

이 세상의 모든 생물들은 태어나는 순간부터 죽을 때까지 끊임없이 문제를 풀면서 살아가도록 운명지어졌습니다.

역사적으로도 문제를 잘 푸는 생물은 진화하며 살아남았고, 문제를 잘 풀지 못하는 생물은 도태하였습니다.

공룡은 '환경의 변화'라는 문제를 풀지 못함으로써 멸종하였고, 사막에 사는 낙타는 가뭄이라는 문제를 해결함으로써 지금도 생존하고 있습니다. 우리 인간도 불(火)과 도구(道具)를 사용함으로써 '환경의 변화'라는 문제를 해결하였습니다.

이렇게 환경의 변화에 적응하며 발전해 온 사회에서 인간이 살아가는 동안 끊임없이 문제를 풀어나가야 할 필요성은 날이 갈수록 더욱 높아지고 있습니다. 학교에서도 문제를 잘 풀어내는 학생은 우등생으로 올라설 것이며, 사업에 있어서도 제반 문제를 잘 풀어내는 사람만이 번창할 것입니다.

또한 국가 간에도 발생하는 문제를 서로 원만하게 해결한다면 평화적으로 도와가면서 공존 공영을 할 수가 있지만, 자칫 문제를 잘 풀지 못하면 전쟁 등으로 깊은 상처를 받을 수 있으며 서로 미워하는 관계로 변하기 쉽습니다.

그럼 도대체 문제란 무엇이며 어떻게 풀어야 하는 것일까요?

문제(問題, problem)의 의미를 정확히 알기 위해 새국어 사전을 찾아보면 다음과 같습니다.

① 해답을 필요로 하는 물음　　　예: 시험 문제
② 연구하거나 해결해야 할 사항　예: 당면 문제
③ 성가신 일이나 논쟁거리　　　예: 문제를 일으키다.
④ 세상의 이목이 쏠리는 것　　　예: 문제의 소설

또한 웹스터 사전(Webster's New Collegiate Dictionary)을 찾아보면 그밖에도 'a source of complexity, distress, or vexation'이라는 정의의 의미를 추가로 확인할 수 있습니다. 이것을 해석하면 다음과 같습니다.

⑤ 혼란, 재난 또는 초조의 근원　예: 문제가 커졌다.

이와 같이 문제란 여러 가지로 해석할 수 있기 때문에 '문제의 해결'도 복합적인 방법의 적용이 필요합니다. 문제란 ①, ②, ④번과 같이 긍정적인 형태도 있으나 ③, ⑤번과 같이 부정적인 형태도 있기 때문입니다. 따라서 문제에의 접근법도 단면적인 방법이 아니라 양면적인 방법을 사용해야 합니다.

그렇다면 어째서 문제의 해결에 양면적인 방법을 사용해야 하는지 지금부터 차근차근 그 이유를 알아보겠습니다.

'문제'란 그것이 어떠한 형태의 것이든 전체적인 관점에서 생각해 본다면, 결국 '풀어야만 하는 것'으로 귀착합니다.

이와 같은 견지에서, 문제의 의미를 좀 더 학술적으로 말한다면, '문제'란 '목표(目標)와 현상(現狀)의 간격(gap)으로써 해결해야 할 사항'이라고 정의할 수 있습니다.

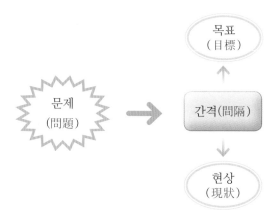

즉 목표와 현상 사이의 간격을 0으로 만들어주는 시점이 우리가 문제를 완전히 해결하는 시점인 것입니다.

그렇다면 도대체 인간은 문제를 어떻게 해결하고 있는 것일까요?

쏙(SOC)의 진디 구조(lawn structure)에 의한 알고리즘(algorithm)의 구조적 표현 원리를 이해하기 위해서는 우선 이점에 대해서 알아둘 필요가 있습니다.

인간은 문제를 어떻게 해결할까요?

인간의 신체에서 정보 처리 기구(즉 문제 해결 기구)와 관련한 신경계(神經系, nervous system)를 해부학적(解剖學的)으로 분류(分類)하면, 중추신경계(中樞神經系, central nervous system)와 말초신경계(末梢神經系, peripheral nervous system)로 나뉩니다.

이것을 컴퓨터의 하드웨어(hardware)적인 측면에서 생각해본다면 '중추신경계'는 정보 처리와 관련이 있는 중앙 처리 장치(CPU : Central Processing Unit)를 의미하며, '말초신경계'는 주변 장치(peripheral device)라고 볼 수 있습니다.

중추신경계와 말초신경계 사이에는 정보의 전달 통로(通路)인 상행성신경(上行性神經, ascending nerve)과 하행성신경(下行性神經, descending nerve)이 매개체 역할을 합니다.

내부 또는 외부로부터 말초신경계를 통해 입력받은 데이터는 문제에 해당하며, 입력 통로인 상행성신경(ascending nerve), 즉 감각신경(sensory nerve)은 일종의 중앙 처리 장치인 중추신경계(central nervous system)로 입력받은 문제를 전달합니다.

중추신경계에서는 이러한 문제를 분석하고 처리한 다음, 그에 따른 행동 지시를 일종의 출력 통로인 하행성신경(下行性神經, descending nerve), 즉 운동신경(motor nerve)을 통하여 말초신경계로 전달합니다.

말초신경계의 근육과 선(glands)은 중추로부터 지시를 받아 행동을 취함으로써, 내부 또는 외부 환경의 변화에 대응하여 문제를 해결합니다.

인간이 살아가면서 당면한 문제를 처리하여 해결하는 과정을 신체적인 입장에서 간략하게 그려보면 (그림 5.2.1)과 같습니다.

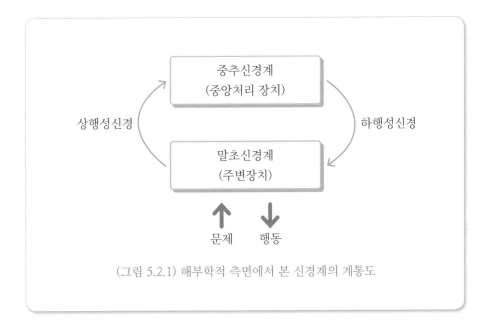

(그림 5.2.1) 해부학적 측면에서 본 신경계의 계통도

신경계(nervous system)를 정보 처리하는 소프트웨어(software)적인 입장에서 기능학적으로 분류한다면 체성신경계(somatic nervous system)와 자율신경계(automatic nervous system)로 나뉩니다.

체성신경계(體性神經系, somatic nervous system)는 외부 또는 내부에서 오는 정보를 총체적으로 처리하는 기능을 가지고 있으며, 운동(運動)이나 감각(感覺)과 같이 인간의 정신 활동(精神活動)을 통하여 의식적으로 제어할 수 있는 동물성 기능(動物性機能)에 관계하고 있기 때문에 일명 동물신경계(動物神經系, animal nervous system)라고도 불립니다.

체성신경계 중에서도 '정신 활동'을 담당하는 곳을 '대뇌피질(大腦皮質, cerebral cortex)'이라고 하는데 이곳을 기능적인 입장에서 다시 세분하면 좌뇌부(좌반구)와 우뇌부(우반구)로 나뉩니다.

한편, 자율신경계(自律神經系, automatic nervous system)는 인간이 살아있는 한 무의식적으로 수행하는 자율적인 기능을 가지고 있으며, 호흡(呼吸), 피의 순환, 내장의 운동 등과 같이 인간이 의식적으로 제어할 수 없는 식물성기능(植物性機能)에 관계하고 있기 때문에 일명 식물신경계(植物神經系, vagitative nervous system)라고도 불립니다.

자율신경계(自律神經系, automatic nervous system)를 기능적(機能的)인 입장에서 다시 세분(細分)하면 교감신경부(交感神經部, sympathetic nervous division)와 부교감신경부(不交感神經部, parasympathetic nervous division)로 나뉩니다.

이와 같은 기능적인 사항을 정리하여 그림으로 나타내면 (그림 5.2.2)와 같습니다.

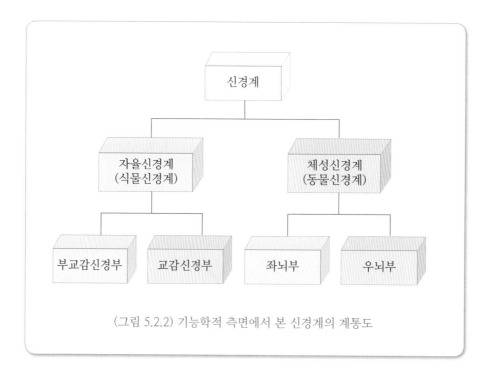

(그림 5.2.2) 기능학적 측면에서 본 신경계의 계통도

좌뇌부와 우뇌부 그리고 교감신경부와 부교감신경부에 대해서 조금 더 자세히 알아보겠습니다.

● 좌뇌부와 우뇌부의 기능

최근의 대뇌생리학의 연구에 의하면 인간의 좌뇌부(左腦部)는 합리적이고 수학적인 사고에 적합하고, 우뇌부(右腦部)는 패턴 인식(pattern recognition) 등과 같은 공간적 사고에 적합합니다.

좌뇌부와 우뇌부의 차이점을 도표로 나타내면 〈표 5.2.1〉과 같습니다.

〈표 5.2.1〉 좌뇌부와 우뇌부의 차이

	좌뇌부 (左腦部)	우뇌부(右腦部)
1	논리적(論理的)	직관적(直觀的)
2	대수적(代數的)	기하적(幾何的)
3	언어적(言語的)	음악적(音樂的)
4	분석적(分析的)	종합적(綜合的)
5	기호적(記號的)	회화적(繪畵的)
6	문 자(文 字)	형 태(形 態)
7		경험을 축적
8		패턴 인식(pattern recognition)
9	분석에 적합	응용과 창조에 적합

이들 좌뇌부와 우뇌부는 뇌량(腦梁)이라는 신경 섬유를 통해 서로 통신을 행함으로써 적절하게 평형을 유지하는 가운데 정보를 입체적인(양면적인) 관점에서 분석 및 파악하여 처리합니다.

다시 말해서 문제를 해결하려고 하는 의식적인 '정신 작용'은 대뇌피질의 어느 한 쪽만으로 이루어지는 것이 아니라 좌뇌적인 면과 우뇌적인 면의 양면적인 입장에서 종합적으로 평가가 이루어지는 것입니다.

● 교감신경부와 부교감신경부의 기능

교감신경부는 신체가 긴박한 상황에 빠졌을 때 긴장(緊張)하는 부서로 신체 전체에 광범위하게 작용하며, 공포, 분노, 갑작스런 충격 등과 같은 비상시에 동원하기 때문에 투쟁부 또는 비약부(fight or flight division)라고도 불립니다.

교감신경부가 긴장하면 동공(瞳孔)이 확대하고, 심장의 수축력이 증가하여 심박동이 빨라지고, 기관지가 확장하여 호흡이 거칠어지며 땀샘의 분비가 증가하여 인간의 신체는 비상사태에 신속히 대응할 채비를 갖춥니다.

부교감신경부는 에너지(energy)를 보존하고 저장할 때 긴장하는 부서로서 많은 분리성 조절을 가지며, 안정과 휴식을 취할 때와 같이 안락한 상태에서 동원하기 때문에 휴식 및 완화부(rest and relaxation)라고도 불립니다.

부교감신경부가 긴장하면 동공이 수축하고, 심장의 수축력이 감소하여 심박동이 느려지고, 기관지가 수축하여 호흡이 잔잔해지며 위장관(gastrointestinal tract)의 괄약근이 이완하여 인간의 신체는 안정과 휴식을 취할 채비를 갖춥니다.

평상시에는 교감신경과 부교감신경은 세력적으로 평형을 유지하여, 심박동이나 혈압 등을 정상적으로 유지함으로써 인간은 정상적인 활동을 합니다.

그러나 유사시에는 이들의 평형이 깨지면서 환경의 변화에 대처하여 인간은 문제를 해결하는 것입니다.

인간이 빙하 시대를 거쳐서 이제까지 만물의 영장으로 성장해 온 이유 중의 하나는 이처럼 체성신경계와 자율신경계, 우뇌부와 좌뇌부, 교감신경부와 부교감신경부가 서로 적절히 역할 분담을 하면서 모든 문제를 단순하게 한쪽 면만 보지 않고 양쪽 면에서 해결하는 가운데, 예상이 가능할 때는 물론 환경의 변화에 따른 예측 불허의 상황에서도 적절하게 타당한 결론을 내어 그에 따른 행동을 취해왔기 때문입니다.

인간은 '문제'라는 목표를 해결함에 있어서 환경의 변화를 감안한 가장 좋은 해결 수단 또는 차선책을 찾아내는데 있어서 지구상의 어떠한 생물보다도 뛰어난 능력을 갖추었기 때문에 만물의 영장으로 우뚝 선 것입니다.

이제부터 K-Method의 이론적 기반을 형성하는 '문제 해결의 원리'에 대하여 살펴보겠습니다.

앞으로 파악해나가는 사항들은 쏙(SOC)의 잔디 구조 상에서 표현하는 기생구조(寄生構造)의 표현 원리와 쏙(SOC) 식의 새로운 구조화 프로그래밍 원리의 근간으로 작용하는 K-Method을 이해하는데 핵심적인 역할을 하므로 주의 깊게 정독해 주시기 바랍니다.

문제 해결의 원리

동양에서는 우주의 근본 원리에 태극(太極)이라는 이름을 붙여서 생각해왔습니다.

태극(太極)에서 '太'자는 '가장 크다'는 뜻이고, '極'자는 '가장 넓고 가장 높은 그 극단(極端)'이라는 뜻입니다.

다시 말해서, '태극'이라는 말은 가장 넓고 가장 큰 무상(無上)의 근본 원리라는 의미입니다.

이 태극에서 음(陰)과 양(陽)이라는 서로 대비하는 양성(兩性)이 파생합니다.

이때 음과 양은 서로 배타적인 이원적(二元的) 개념이 아니라, 조화를 이루는 양면적 상대의 개념입니다.

그럼 이해를 돕기 위해 태극이 음양으로 나뉘는 원리를 자기분자설(磁氣分子說)과 비교하여 생각해 보겠습니다.

여기 하나의 영구 자석이 있다고 합시다. 이 영구 자석에는 N극과 S극이 있는데 N극과 S극의 끝 부분에는 못이 잘 달라붙지만, N극과 S극의 중간에는 못이 달라붙지 않습니다.

이 부분에는 못이 달라붙지 않는다.

↓

```
N          S
```

↑　　　　　　　↑
이 부분에는 못이　　이 부분에는 못이
잘 달라붙는다.　　잘 달라붙는다.

따라서 자석의 중앙 부분은 자기(磁氣)를 전혀 가지고 있지 않은 것처럼 보입니다.

그러나 위의 자석을 2등분하여 잘라보면 지금까지 전혀 자기를 가지고 있지 않은 것처럼 보였던 중앙 부분이 극(極)으로 작용하여 못이 달라붙습니다.

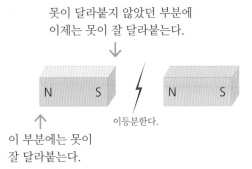

못이 달라붙지 않았던 부분에
이제는 못이 잘 달라붙는다.

↓

이등분한다.

이 부분에는 못이
잘 달라붙는다.

위의 자석을 다시 둘로 나누어도 역시 결과는 마찬가지로 중앙 부분이 끝 부분으로 변하는 순간에 못이 달라붙습니다. 바로 이것이 자연의 법칙인 것입니다.

자석은 어떠한 일이 있어도 N극 또는 S극만의 자석이 될 수는 없으며, 자석이 되는 순간에 N극과 S극을 가집니다.

즉 강철 등과 같은 자화 물질은 아주 작은 자석(분자 자석)이 모여서 이루어진 것이라고 생각할 수 있습니다.

철이 아무런 자기의 성질을 띠지 않은 상태는 결국 분자들이 무질서하게 흩어진 상태를 의미합니다.

자기 분자가 무질서하게 흩어져 있다.

이 상태의 철에 외부에서 강한 자계의 힘을 가하면 분자 자석은 그에 반응하여 아래의 그림과 같이 정렬 상태로 변합니다.

강한 S극의 자계를 가함으로써

자기 분자가 대응되는 극을 마주 보며 정렬한다.

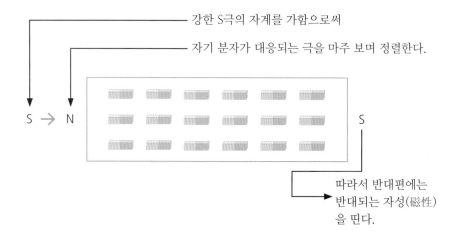

따라서 반대편에는 반대되는 자성(磁性)을 띤다.

일단 정렬이 이루어지면, 한 쪽에서는 N극, 다른 한 쪽에서는 S극의 세력이 강해져 자성(磁性)을 나타내지만, 중앙 부분에서는 N극의 세력과 S극의 세력이 평형을 이루면서 중성(中性)을 띱니다.

따라서 자석을 이등분하면, 이제까지 중성이었던 부분의 세력에 평형이 깨지면서, N극 또는 S극의 어느 한 쪽의 세력이 우세해집니다. 그리하여 다시금 자성(磁性)을 띠는 것입니다.

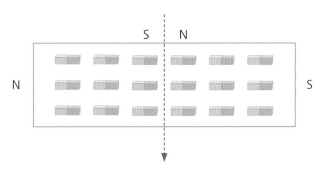

또한 이것을 계속 분할해 나가면 이전에는 S극의 성질을 띠었던 부분이 N극의 성질을 띠며, N극의 성질을 띠었던 부분이 S극의 성질을 띠는 현상이 일어납니다.

이것도 결국 자기(磁氣)의 분자 배열에서 해답을 찾을 수 있습니다.

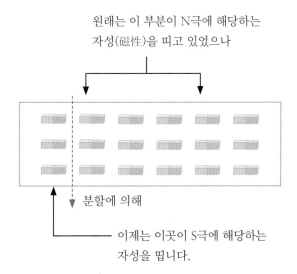

바로 이것을 자기분자설이라고 합니다.

이처럼 태극이 음과 양으로 분파하는 과정도 항상 고정적으로 변함이 없는 것이 아니라, 음 속에 양이 있으며, 양 속에 음이 있다는 것이 특징입니다. 다시 말해서, 우주의 삼라만상은 음 과 양이 조화를 이루어 태극을 형성하고 전체적으로 통일적인 생명력을 갖는 것입니다.

음전기가 있으면 양전기가 있고, 여자가 있으면 남자가 있습니다. 아래가 있으면 위가 있고, 적은 것이 있으면 많은 것이 있습니다. 또한 밤이 있으면 낮이 있습니다. 이처럼 음과 양은 서로 대비하는 가운데 조화를 이루면서 태극을 형성합니다.

음(陰)과 양(陽) 이외에 중성(中性)이라는 것은 그 자체의 성질상 음과 양이 완전한 평형을 이루는 상태를 뜻합니다.

음양을 다시 나누면 사상(四象)을 형성합니다.

이때 음을 나누면 2개의 음이 생길 것 같지만, 실제로는 음을 가르더라도 다시 음(陰)과 양(陽)이 생기며, 양을 가르더라도 다시 음과 양이 생깁니다. 그것은 밝은 오전을 나누더라도 그중에서 다시 덜 밝은 시간과 상대적으로 더 밝은 시간과의 사이에는 어두움(음)과 밝음(양)의 관계가 성립하기 때문입니다.

사상(四象)의 형성 과정을 그림으로 나타내면 (그림 5.3.1)과 같습니다.

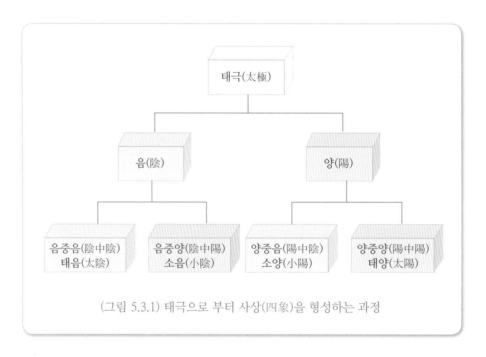

(그림 5.3.1) 태극으로 부터 사상(四象)을 형성하는 과정

(그림 5.3.1)과 같이 음중에도 음과 양이 있고, 또 양중에도 양과 음이 있는데, 음중의 음을 태음(太陰)이라 하고 음중의 양은 소음(小陰), 양중의 음을 소양(小陽), 양중의 양을 태양(太陽)이라고 합니다.

앞의 5.1절에서 파악해 본 바와 같이 문제의 경우에도 음과 양이 있습니다. ‘부정적인 형태의 문제’는 음에 해당하고, ‘긍정적인 형태의 문제’는 양에 해당합니다.

즉 자석의 N극과 S극이나 태극에서 파생한 음과 양처럼 문제의 경우에도 양면적으로 조명해야 완벽한 해석이 가능하며, 또한 해결이 손쉬워지는 것입니다.

이해를 돕기 위해 문제의 성질을 좀 더 자세히 파악해 보면 (그림 5.3.2)와 같습니다.

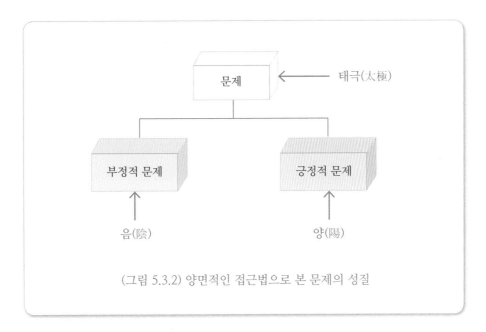

(그림 5.3.2) 양면적인 접근법으로 본 문제의 성질

5.4 양면적 사고의 정체

양면적 사고(兩面的思考)에 의한 문제의 성질을 요약하여 정리하면 〈표 5.4.1〉과 같습니다.

〈표 5.4.1〉 양면적 사고에 의한 문제의 성질

문 제	
부정적(否定的)인 문제	긍정적(肯定的)인 문제
소극적(消極的)이다.	적극적(積極的)이다.
피동적(被動的)이다.	능동적(能動的)이다.
해결 못하면 장애(障碍)가 발생한다.	해결 못하면 만족(滿足)이 정체(停滯)한다.
해결하면 불만(不滿)을 줄이거나 해소한다.	해결하면 만족(滿足)을 높이거나 창출한다.
음(陰)	양(陽)
태 극	

"이 친구는 정말 문제야"라는 말은 '그가 통상적인 우리의 관념에서 벗어나 엉뚱한 일을 벌이거나, 사고를 자꾸 내어 주위에 피해를 주는 친구'라는 뜻입니다. 이 경우의 '문제'라는 용어는 '부정적 의미'를 가지고 있으며, 그것을 바로 잡는 것은 '원상 복구 차원의 해결'에 해당합니다. 말하자면, '잘해야 본전'인 문제인 것입니다.

하지만 "시험 문제를 잘 풀어"라는 말은 "좋은 점수를 받아서 이익을 얻어"라는 뜻입니다. 이 경우의 '문제'라는 용어는 '긍정적 의미'를 가지고 있으며, 그것을 풀어낸다는 것은 건설적인 방향으로의 발전을 기약할 수 있는 '발전적인 차원의 해결'에 해당합니다.

말하자면 '잘하면 이익'인 문제인 것입니다.

다시 말해서 부정적인 문제라 함은 소극적이며 불만을 감소 또는 해소하는 문제로서 피동적인 음(陰)에 해당하고, 긍정적인 문제라 함은 적극적이며 만족을 증대 또는 창출하는 문제로서 능동적인 양(陽)에 해당한다고 볼 수 있습니다.

문제를 대할 때는 이러한 양면적 사고에 의한 접근이 필요합니다.

문제의 본질적 파악

  문제의 성질을 좀 더 세부적으로 나누어 생각하면 부정적인 문제의 경우에는 비상적 문제(非常的問題)와 이상적 문제(異常的問題)로 분류할 수 있습니다. 긍정적인 문제의 경우에는 계산적 문제(計算的問題)와 형태적 문제(形態的問題)로 분류할 수 있습니다.
  부정적인 문제를 세분화하여 설명하면 〈표 5.5.1〉과 같습니다.

〈표 5.5.1〉 부정적인 문제의 세분화

부정적 문제 (否定的 問題)	비상적 문제 (非常的 問題)	• 어떤 시스템(system) 스스로가 자력(自力)으로 해결할 수 있는 문제이다. • 예상하는 비상 사태에 대비하여, 평소에 비상 행동 지침을 마련해 줌으로써 환경의 변화에 신속하게 대처할 수 있다.
	이상적 문제 (異常的 問題)	• 어떤 시스템(system) 스스로가 자력(自力)으로 해결할 수 없는 문제이다. • 이러한 문제를 해결하기 위해서는, 타력(他力)에 의한 도움이 필요하다.

  여기서 '비상적 문제'의 경우에 '시스템이 스스로 해결할 수 있다'는 이야기는 '시스템에 부정적인 요소로 장애를 일으킬 수 있는 문제에 대해서 해당 시스템이 다른 시스템의 도움 없이 자력(自力)으로 해결할 수 있다'는 것을 의미합니다.
  즉 긴급하면서도 자체 해결을 해야 하는 비상적 문제의 경우에는 모든 상황에 재빨리 대처할 수 있도록 온 몸의 신경을 긴장시켜야 합니다.
  또한 '이상적 문제'의 경우에 '시스템이 스스로 해결할 수 없다'는 이야기는 '해당 시스템에서는 증상(症狀)만 나타내어 주고, 해결은 다른 시스템(즉 컴퓨터의 경우에는 사용자나 별도의 예외 처리 프로세스 등)에서 도와주어야 한다'는 것을 의미합니다. 즉 자체 해결이 안 되는 이상적 문제의 경우에는 당황하지 말고, 마음을 안정 상태로 놓은 후 다른 문제 해결 시스템(system)이나 별도로 에러 또는 예외 처리를 위해 만들어 놓은 프로세스에게 도움을 요청해야 합니다.

긍정적인 문제를 세분화하여 설명하면 〈표 5.5.2〉와 같습니다.

〈표 5.5.2〉 긍정적인 문제의 세분화

긍정적 문제 (肯定的 問題)	형태적 문제 (形態的問題)	● 어떤 시스템(system)이 목적을 세워서 해결하되 이것을 형태적인 입장에서 종합적, 입체적으로 해결해 나가는 문제이다.
	계산적 문제 (計算的問題)	● 어떤 시스템(system)이 목적을 세워서 해결하되 이것을 분석적인 입장에서 계산적, 논리적으로 해결해 나가는 문제이다.

이상적 문제의 경우에는 안정을 취해야 하므로, 인간의 부교감신경부와 관련이 있고, 비상적 문제의 경우에는 긴장을 해서 문제에 재빨리 대처해야 하므로, 인간의 교감신경부와 관련이 있다고 볼 수 있습니다.

계산적 문제의 경우에는 계산적 · 논리적인 문제이므로, 인간의 좌뇌부와 관련이 있고, 형태적 문제의 경우에는 종합적 · 입체적 · 모양(pattern)적인 개념이므로 인간의 우뇌부와 관련이 있습니다.

이처럼 우리가 지금까지 파악해 온 문제의 성질의 분류를 그것을 해결하는 인간의 신경계와 대비하여 나타내면 (그림 5.5.1)과 같습니다.

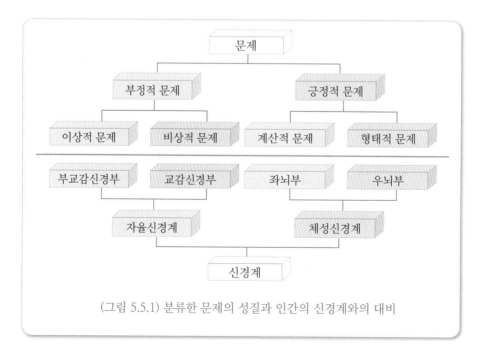

(그림 5.5.1) 분류한 문제의 성질과 인간의 신경계와의 대비

문제의 성질을 음양의 원리와도 대비시켜서 생각할 수 있습니다. 문제의 성질을 음양의 원리와 대비하여 나타내면 (그림 5.5.2)와 같습니다.

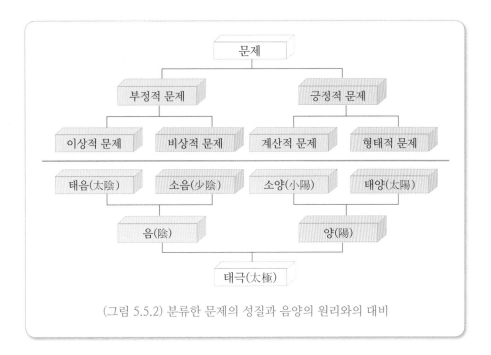

(그림 5.5.2) 분류한 문제의 성질과 음양의 원리와의 대비

이처럼 한 번 음양으로 나뉜 것도 다시 나누면, 마치 자석을 이등분할 때, 다시 새로운 N-S극을 형성하는 것처럼 '음'적인 것과 '양'적인 것으로 다시 나뉜다는 것을 알 수 있습니다.

여기서 우리가 꼭 알아야 할 사실은 어느 것이 음이고 어느 것이 양이냐 하는 관점에 따라 차이가 나는 사실을 따지는 것보다, 음이든 양이든 결국 문제를 양면적인 입장에서 조명하여 해결해야 한다는 점입니다.

이러한 시각에서 볼 때, 문제의 성질을 굳이 사상(四象)에 대비시킬 필요가 있을까 하고 반론을 제기하실 분이 계실지도 모르겠습니다.

그러나 조금만 더 차분하게 생각해 보신다면, 필자가 의도하는 것은, 단지 문제라는 것이 자석을 잘랐을 때 N극과 S극이 분할하여 생기는 것처럼 양면성을 가지고 있다는 것을 나타내기 위한 것이라는 사실을 이해하실 수 있을 것입니다.

자석을 나누다 보면 S극(음) 쪽에 속해있던 것이 N극(양)으로 변하기도 하는 것처럼, 음과 양은 절대적인 관계가 아니라 역동하는 세력의 균형과 불균형의 상대적 관계라는 사실이 아주 중요합니다.

이처럼 태극이란 것은 정적(靜的)인 것이 아니라 동적(動的)인 세력의 균형과 불균형의 관계의 표현입니다.

이번에는 (그림 5.5.2)의 분류를 상대적 세력 균형의 입장에서 파악해 보기 위해 원자(原子)의 세계로 들어가 보겠습니다.

원자는 평소의 정상적인 상황에서는 양자(陽子)의 개수와 전자(電子)의 개수가 동일하여 전기적 성질을 띠지 않는 중성(中性)의 상태에 있습니다. 이처럼 긍정적 문제를 평소의 정상적인 상황인 정상계(正常系)로 본다면 중성(中性)의 상태로 파악할 수 있습니다.

그러나 원자의 최외곽 궤도를 도는 자유 전자(自由電子)의 과부족(過不足)에 따라 원자 전체의 전기적인 성질을 양(+) 또는 음(−)의 성질로 나타낼 수 있는 것과 마찬가지로 부정적인 문제도 비상적인 상황을 양(+)인 비상계(非常系)로, 이상적인 상황을 음(−)인 이상계(異常系)로 구분하여 나타낼 수 있습니다.

이러한 상대적인 관계에서 (그림 5.5.2)의 분류는 (그림 5.5.3)과 같이 다시 그릴 수 있습니다. 즉 세력이 균형을 이루고 있는 상황을 정상적인 상황(세력 균형 상황)으로 보았을 때, 너무 양극(陽極,+) 쪽으로 치우치거나 음극(陰極,−) 쪽으로 치우치고 있는 상황을 비정상적인 상황(세력 불균형 상황)으로 볼 수 있는 것입니다.

(그림 5.5.3) 문제를 세력의 균형 관계에서 본 경우

우리 인간은 이제까지 파악해온 바와 같이, 부정과 긍정의 양면적인 측면에서 세력 균형을 고려하여 문제에 접근하고 있습니다. 따라서 컴퓨터(computer)를 이용할 경우에도 양면적인 접근 방법을 취하는 것이 바람직합니다. 실제로 비상계, 정상계, 이상계를 모두 포함한다고 하면, 비상계를 하늘(天), 이상계를 땅(地), 정상계를 사람(人)이라고 볼 수 있으며, 천지인(天地人)으로 대표하는 삼태극(三太極), 즉 세 개의 순환 고리를 구성하는 삼돌이(세 개의 맴돌이)를 형성하는 것입니다.

(그림 5.5.4) 삼태극도와 천지인 대비

　　그러나 기존의 구조화 이론의 접근 방식은 긍정적인 측면에서의 접근 방법만을 대상으로 하고 있으며, 부정적인 측면에서의 접근 방법에 대해서는 소홀히 생각하였습니다. 부정적인 측면의 문제에 대해서도 이를 긍정적인 측면에서 다루어주려고 시도하거나, 세력의 균형 관계의 입장에서도 정상계의 입장에서만 문제를 바라보고 있기 때문에 문제의 해석과 해결에 있어서 무리를 파생시켰던 것입니다.

　　뿐만 아니라, 긍정적인 문제의 경우에도 단순히 좌뇌적인 측면의 계산·분석에만 연구를 집중하고, 우뇌적인 측면의 패턴 인식(pattern recognition)은 소홀히 함으로써, 문제 해결에 있어 형평성을 잃고, 간단하게 이해하여 해결할 수 있는 문제도 더욱 복잡한 방법으로 풀어내는 결과를 가져오게 되었던 것입니다.

● 응용 과제

- 과제 5.1 인간의 신경계(nervous system)를 자율신경계와 체성신경계로 나눠서 세부적으로 조사해 보세요.

- 과제 5.2 하늘, 땅, 사람의 3가지 관점에서 입체적으로 사고하는 문제 해결 원리인 삼태극(三太極) 사상을 현대의 IoT 융합 환경에서의 소프트웨어 방법론에 적용할 수 있는 근거를 조사해 보세요.

- 과제 5.3 문제 영역(problem domain)으로 들어가서 해결 영역(solution domain)에 도달할 때까지의 매핑(mapping) 과정을 쏙(SOC)으로 작성한 후 다른 사람이 작성한 것과 비교하면서 토론해 보세요.

- 과제 5.4 개발 생산성과 유지 보수성을 극대화하기 위해서 패턴 인식이 중요한 이유를 조사한 후 동료들과 의견을 교환해 보세요.

- 과제 5.5 이음(순차, sequence), 갈래(선택, selection), 되풀이(반복, iteration) 등 3가지 기본 제어 구조를 삼태극 (三太極), 삼족오(三足烏) 등으로 표현하는 3원 사상에 대비하여 개념을 정리한 후 소프트웨어 알고리즘 설계 내역을 쉽게 설명하는 방안에 대해 자유롭게 토론해 보세요.

K-Method의 기본

6.1 패턴 인식에 바탕을 둔 K-Method

이제까지 우리가 프로그램 실무에서 적용해 온 기존의 구조화 이론에서는 문제의 해결을 위한 알고리즘(algorithm)의 구현에 있어서 제어 구조(制御構造)의 수학적인 분석 증명(좌뇌부적인 해결)에는 많은 노력을 기울였지만, 전체적인 파악에 의한 패턴 인식(pattern recognition)적인 해결(우뇌부적인 해결)은 소홀히 하였습니다.

다시 말해서 우뇌부적인 문제에 대해서도 좌뇌부적인 방법을 그대로 사용하였던 것입니다.

그렇다고 좌뇌부적인 방법이 전혀 쓸모가 없다는 것은 아닙니다. 실제로 우뇌부(右腦部)는 좌뇌부(左腦部) 없이는 침묵할 수 밖에 없습니다.

우리 두뇌는 어떤 새로운 문제가 들어왔을 때, 위급한 상황이 아니라면 일단은 좌뇌부에서 분석하여 그에 관한 문제 해결의 모양을 우뇌부에 기억시켜두었다가, 다음에 동일하거나 비슷한 형의 문제가 다시 대뇌(大腦)로 들어오면, 그때 우뇌부에서 패턴 인식(pattern recognition)을 행함으로써 순식간에 문제를 응용하여 풀어버립니다. 이와 같이 좌뇌부와 우뇌부는 협력하고 있는 것입니다.

그것은 바둑을 배우는 사람이 처음에는 정석으로 바둑을 두는 법에 대하여 분석적인 입장(좌뇌적인 입장)에서 배우지만, 바둑의 기보법을 익힌 상태에서는 인식한 기보법의 패턴(pattern)을 경험으로 축적하여, 바둑판을 보는 순간 한 눈에 판세를 파악하고 즉시 문제 해결의 답을 떠올리는 것과 마찬가지입니다.

실제로도 바둑을 둘 때 배우는 단계에 있는 아마추어들은 좌뇌를 전체적으로 사용하여 바둑을 두지만, 천재 기사와 같은 바둑의 고수들이 바둑을 둘 때에는 우뇌의 후반부를 주로 사용하여 바둑을 둔다는 것이 컴퓨터(computer)에 의한 실험에서 나타났습니다.

주산의 천재가 10자리 이상의 수의 곱셈을 행할 때 일일이 좌뇌로 연산하는 것이 아니라, 우뇌에 주판을 형(型, pattern)으로 떠올린 다음에 주판알을 마음속으로 보면서 순식간에 문제를 풀어버리는 것도 똑같은 원리인 것입니다.

따라서 쏙(SOC)의 잔디 구조에서도 좌뇌부적인 입장에 있어서는 다익스트라(Dijkstra)와 같은 계산적인 방법을 사용하지만, 이것은 이미 증명을 거친 것이므로 문제를 푸는데 있어서는 사용하지 않습니다. 긍정적 문제의 경우에는 '형태적 문제', 부정적 문제의 경우에는 '비상적 문제', '이상적 문제'를 사용함으로써, 총 3가지를 가지고 문제를 풀어내는 방법을 사용하는 것입니다.

그 이유는 '계산적 문제'의 경우에는 이미 수학적으로 증명이 이루어진 상태이기 때문에, 우리가 그것을 매번 다시 계산하려고 노력할 필요는 없으며, 단지 공식만 이용하는 것으로 충분하기 때문입니다.

6.2 K-Method에서 보는 3가지 문제 관점

이처럼 쏙은 모든 문제를 모양(pattern)으로 인식하여 처리할 수 있기 때문에 형태적인 입장에서 문제를 풀어도 다 풀리고, 더 나아가 엄청난 속도로 문제를 풀어낼 수 있습니다.

잔디 구조를 지원하는 K-Method에서 보는 문제에의 대응은 〈표 6.2.1〉과 같이 3가지 관점에서 접근합니다.

〈표 6.2.1〉 기존 설계도와 쏙(SOC)과의 비교

문제 (問題)	긍정적 문제 (肯定的問題)		시스템이 목적을 세워 해결하는 문제	정상계
	부정적 문제 (否定的 問題)	비상적 문제 (非常的問題)	시스템 스스로 해결할 수 있는 문제	비상계
		이상적 문제 (異常的問題)	시스템 스스로 해결할 수 없는 문제	이상계

(1) 정상계

정상계는 다익스트라(Dijkstra) 이론을 적용하는 부분으로 1차원적인 선의 흐름으로 표현하며, 계열 및 계층 간의 건너뛰기는 1단씩만 허용합니다.

(2) 비상계

비상계는 비상시와 같은 급격한 환경의 변화시에 적용하는 부분으로, 필요에 따라 2단 이상의 계열 간 건너뛰기를 허용합니다. 그 이유는 비상시에는 통상의 절차와 흐름을 생략 또는 무시할 수 있기 때문입니다. 다시 말해서 통상적으로는 집의 문으로 통과하나, 유사시에는 창문으로도 나갈 수 있기 때문입니다.

단 그것은 하나의 계열에 속하는 상황에서 작은 흐름에서 큰 흐름으로의 건너뛰기는 가능하지만, 큰 흐름에서 작은 흐름으로의 건너뛰기는 허용하지 않으며, 계층 간의 건너뛰기도 허용하지 않습니다.

결과적으로 비상계에서의 건너뛰기는 2차원 평면상의 작은 흐름(작은 계열)에서 큰 흐름(큰 계열)으로만 가능합니다.

(3) 이상계

이상계는 시스템(system) 자체에 스스로 해결할 수 없는 장애가 발생한 것이므로, 비상계처럼 2차원 계열 간뿐만 아니라 2차원내지 3차원에 시간 개념을 포함한 건너뛰기가 이루어지는데 그것은 계열간 및 계층간의 건너뛰기 뿐만이 아니라, 시간을 거슬러 올라가는 형태의 건너뛰기입니다.

이상계에서의 시계열적인 후퇴(시간을 거슬러 올라감)를 동반한 건너뛰기에는 다음과 같이 2가지 방법이 있습니다.

① 평면적인 시계열 후퇴(지역 이상계):

2차원 평면상에서의 시계열적인 후퇴를 말합니다. 이상이 생겼을 때에는 그 이상을 해결해 줄 수 있는 병원으로 가야 하는데 다행히 동네의 개인 병원에서 고칠 수 있는 이상이라면, 해당 동네의 범위 내에 있는 병원으로 가서 입원하는 식으로 시계열적인 후퇴를 합니다. 주로 C++이나 Java같은 객체지향 언어에서 사용하는 방법입니다.

② 입체적인 시계열 후퇴(종합 이상계):

3차원 입체상에서의 시계열적인 후퇴를 말합니다. 만일 동네의 개인 병원에서 고치기 어려운 중대한 장애라면, 계열 계층을 총괄하여 이상(異常)에 대처할 수 있는 위치로 가야 하며, 그러한 경우에는 종합 시스템(system)을 갖춘 제일 큰 계열의 제일 위층에 자리잡고 있는 종합 병원에 입원하는 식으로 시계열적인 후퇴를 합니다. 주로 Visual BASIC 등과 같은 인터프리터형 언어에서 사용하는 방법입니다.

각 시스템에서 문제에 대처하는 차원을 잔디 구조상에서 표현하면 (그림 6.2.1)과 같습니다.

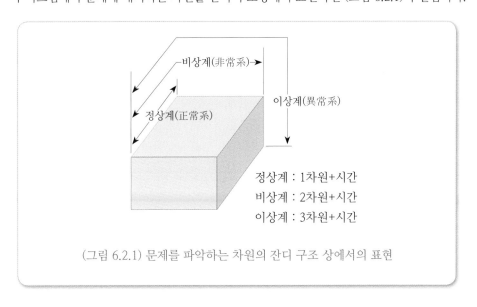

(그림 6.2.1) 문제를 파악하는 차원의 잔디 구조 상에서의 표현

〈그림 6.2.2〉와 같이 잔디 구조에서는 공간적인 요소에 시간적인 요소를 첨가합니다.

그 이유는 정상적인 정상계의 처리에서는 흐름이 정상 시간 속도로 진행하지만, 비상계에서는 비상 상황이므로 시간의 흐름이 빨라지며, 이상계에서는 안정을 취하면서 문제를 해결해야 하므로, 시간의 흐름이 정체하거나 오히려 퇴보하기 때문입니다.

이와 같이 3차원적인 공간 요소에 시간 요소를 첨가하여 4차원적인 시각으로 문제를 풀어나갑니다.

그 이유는 우리 인간의 정신 작용은 과거-현재-미래를 연결하여 시계열의 사다리를 마음대로 오르내릴 수 있기 때문입니다.

그런데, 여기서 약간의 의문이 생길 수 있습니다. 〈표 6.2.1〉에서 긍정적인 문제를 적색(赤色), 부정적인 문제를 청색(靑色)으로 나타낸 것은 이해가 가는데, 갑자기 정상계는 황색(黃色), 비상계는 적색(赤色), 이상계는 청색(靑色)으로 색을 바꿔서 표현하는 것은 모순이 아닌가 하는 생각입니다.

하지만 그것은 당연한 것입니다. 문제를 긍정과 부정으로 나눠서 음양 사상으로 표현할 때의 관점으로 볼 때와 부정적인 문제도 비상적인 문제와 이상적인 문제로 나눠서 음양 사상으로 표현할 때의 관점이 마치 자석을 나눠도 또 N극과 S극이 생기는 것처럼 다르기 때문입니다.

또한, 정상계를 황색(黃色)으로 표현한 이유는 정상계를 정상적인 상황, 비상계와 이상계를 비정상적인 상황으로 구분할 때, 정상적인 상황은 비상적인 상황과 이상적인 상황의 중간, 즉 양과 음의 중간에서 적절하게 균형을 유지하고 있는 통제 가능한 상황으로 보았기 때문입니다. 따라서 이성(理性)을 가진 인간을 나타내는 황색(黃色), 즉 노란색으로 나타내어 준 것입니다.

그에 비해서 양(陽, +)의 방향으로 치우친 것은 하늘을 나타내는 적색(赤色), 음(陰, -)의 방향으로 치우친 것은 땅을 나타내는 청색(靑色)으로 나타내어 줌으로써 천지인의 시각으로 문제의 본질을 표현해 준 것이기 때문입니다.

한편, 〈그림5.5.1〉에서 우뇌부를 적색으로 좌뇌부를 청색으로 표현한 이유는 다음과 같습니다. 즉 우뇌부는 패턴 인식에 의해 문제를 빠르게 해결하므로 시간이 상대적으로 빨리 흐르는 양(陽)의 성질이 있다고 볼 수 있습니다. 반면에, 좌뇌부는 논리적인 접근으로 문제를 시간을 두고 해결하므로 시간이 상대적으로 늦게 흐르는 음(陰, -)의 성질이 있다고 볼 수 있습니다.

이처럼, 우뇌부와 좌뇌부도 각각 음양의 시각에서 색을 구분하여 나타낸 것입니다.

시계열적 요소를 첨가하는 이유

우리 인간의 사고는 시간적 개념을 도입한 전략적인 면을 가지고 있습니다. 현재에 상황이 악화하더라도, 장래의 더욱 커다란 문제를 해결하는데 도움이 된다면 그것을 감수하기도 합니다.

이것은 목욕탕에 불이 났을 때 (비상 상황, 즉 비상계), 미래에의 생존을 위해 현재의 창피함을 무릅쓰고 다 큰 성인이 옷도 입지 않고 목욕탕의 창문을 통해 뛰쳐나오는 것과 같습니다.(계열간의 건너뛰기 발생)

왜냐하면 중요도의 원칙에 따라 당시의 부끄러움보다는 역시 살아야 한다는 사항이 더 비중이 크기 때문입니다.

또한 신체에 이상이 생겼을 때(이상 상황, 즉 이상계), 예를 들어 급성 맹장염에 걸렸을 때에는 당장 직장일이 아무리 바쁘다 하더라도 미래를 위해 모든 업무를 중단하고 병원에 입원하여 맹장 수술을 받고, 회복할 때까지 요양을 하는 것과 같습니다.

그는 맹장염 치료가 끝나고 나서 정상적인 활동을 재개하는 것이 좋습니다. 바로 그것이 문제(이상현상 문제)를 해결하는 것입니다. 만일 염증을 완치시키지 않은 상태에서 다시 성급하게 정상적인 생활을 재개한다면, 얼마 안 가서 그의 염증은 재발하여 더욱 병세가 악화할 것입니다.

이처럼 이상 현상에 대한 해결시 시계열적인 흐름이 일단 후퇴하면 그 상태에서 이상 상태에 대한 근원적인 처치를 완료한 다음에야 비로소 시계열적 흐름을 정상으로 되돌려야 한다는 것을 알 수 있습니다.

이때 시계열적 흐름의 후퇴란 절대적인 시간의 흐름을 되돌려서 마치 타임 머신(time machine)을 타고 과거로 돌아가는 것이 아닙니다.

절대적인 시간의 흐름은 시계열적으로 후퇴하는 경우에도 정상적으로 흐릅니다.

여기서 이야기 하는 '시계열적 흐름'이란 '상대적인 정신 연령이나 신체 연령 등 질적이고 기능적인 내용에 대한 시계열적인 변화' 를 의미하는 것입니다. 말하자면 나이는 정상적으로 40살이 되었다 하더라도 시계열적인 후퇴가 있을 경우 정신 연령은 10살 정도의 행동을 할 수도 있기 때문입니다. (이런 경우에는 시계열적으로 30년의 후퇴로 간주합니다.)

잔디 구조에서 생각하는 각 계통에서의 시계열적인 흐름을 비교하면 (그림 6.3.1)과 같습니다.

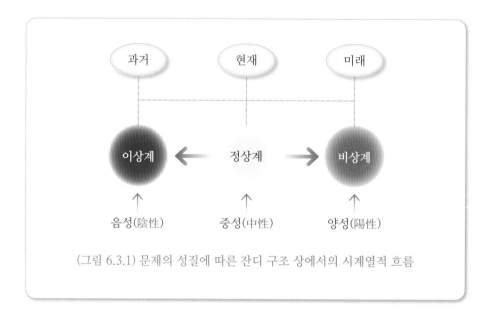

(그림 6.3.1) 문제의 성질에 따른 잔디 구조 상에서의 시계열적 흐름

① 정상계의 경우 : 정상적인 시간의 흐름(정지)

② 비상계의 경우 : 빠른 시간의 흐름

③ 이상계의 경우 : 시계열적 흐름의 정지 또는 퇴보

여기서 정상적인 시간의 흐름을 '정지(停止)'로 보는 이유는 마치 지구의 자전 속도와 똑같이 지구의 궤도를 도는 인공 위성을 정지 위성(停止衛星)으로 보는 것과 똑같은 이치입니다.

정상적인 시간의 흐름과 똑같이 흐르는 것은 각 시간의 순간순간이 모두 정지한 상태로 있는 것으로 볼 수 있습니다.

그러나 사고가 나서 병원에 누워있으면, 다른 정상적인 시간은 흘러가는 데에 비해, 병원에 누워있는 사람의 시간은 정지한 상태로 있는 것과 유사하므로, 상대적으로 정상적인 시간의 흐름에 비해서 퇴보하는 것과 마찬가지로 볼 수 있습니다.

또한 일의 진행 속도가 어떠한 특수한 요인으로 인해 단계를 생략하고 건너뛰어야 하는 경우에는 정상적인 경우의 진행 속도보다 증가하므로 이러한 경우에는 시계열적인 흐름이 정상적인 속도보다 미래지향적으로 빨라지는 것입니다.

이처럼 K-Method는 구조화 이론과 객체지향 이론을 추상화 사다리(ladder of abstraction)의 상위 개념으로 통합한 형태입니다. 마치 인간의 심장(heart)이 뜨거운(hot) 피를 펌프질하면서 환경 변화에 따라 기민하게 대응할 수 있게 하는 것과 같습니다. 이처럼 K-Method는 '환경의 변화'라는 요인에 따라 그 접근 방법을 달리해주며 능동적인 자세로 임할 수 있게 해주고 있습니다.

● 응용 과제

- 과제 6.1   정상계만으로 알고리즘을 구성한 사례를 직접 조사해 본 후, 그에 따른 문제점을 토론해 보세요.

- 과제 6.2   정상계에 비상계를 포함시킨 알고리즘을 스스로 작성한 후 동료들과 자기가 작성한 것을 각각 발표하면서 의견을 받아서 보다 완전하게 알고리즘을 보완해 보세요.

- 과제 6.3   지역 이상계를 포함한 알고리즘을 쏙(SOC)으로 작성한 후, 지역 이상계의 표현을 허용하는 프로그래밍 언어와 허용하지 않는 프로그래밍 언어에 대해 조사해 보세요.

- 과제 6.4   종합 이상계를 포함한 알고리즘을 쏙(SOC)으로 작성한 후, 종합 이상계의 표현을 허용하는 프로그래밍 언어와 허용하지 않는 프로그래밍 언어에 대해 조사해 보세요.

- 과제 6.5   정상계, 비상계 및 이상계를 포함하는 문제 해결 과정을 간단하게 예를 들어 쏙(SOC : Structured Object Component)으로 작성한 후 문제 해결 원리에 대해 심층적으로 토론해 보세요.

7장

K-Method에 의한 구조화 표현법

구조의 목적을 표현하는 법

기존 이론의 지원을 받는 설계도에서는 그것이 구조화 이론의 지원을 받든지, 객체지향 이론의 지원을 받든지 상관없이 모든 것을 정상계적인 입장에서 처리해 주었습니다. 그렇기 때문에 설계도가 복잡해져 오히려 또 다른 오류를 유발하는 일까지 생기곤했습니다. 그러나 문제 해결 원리를 기반으로 하는 K-Method가 지원하는 쪽(SOC)에서는 긍정적인 문제와 부정적인 문제를 명확하게 기호 상으로 구분해주기 때문에 오류 발생 가능성을 억제하고 문제를 쉽게 풀어낼 수 있습니다.

그럼 쪽에서는 도대체 어떠한 방법을 사용하여 긍정적인 문제와 환경의 변화에 따른 부정적인 문제를 구분해 줄 수 있다는 것일까요?

그것은 간단합니다. 세상에 밝은 곳이 있으면 어두운 곳이 있고, 빛이 있으면 그림자가 있듯이, 명암에 의한 표현 방법은 우리 인간의 정서에 맞습니다.

'빛'이란 '밝음'을 뜻하며 이것은 양(陽, +)적인 의미를 가지고 있습니다. '그림자'란 '어두움'을 뜻하고 이것은 음(陰, -)적인 의미를 가지고 있습니다.

음과 양의 밝기는 색으로 나타내어주면 보다 더 선명하게 나타내어 줄 수 있습니다.

즉 구조의 기호에서 중성(中性)인 정상계의 경우에는 □△○와 같이 기호 속에 색을 칠하지 않은 구조 기호 부품으로 조립해주고, 양성(陽性, +)인 비상계의 경우에는 ▲, 음성(陰性, -)인 이상계의 경우에는 ■와 같이 색을 칠한 구조 기호 부품으로 조립해주는 형태로 구조를 만들어줍니다.

따라서 평상시에는 중성(中性)의 정상계가 작동되고, 비상시와 이상시에는 비정상적인 비상계와 이상계는 색을 칠해 주어서 비상계와 이상계임을 알려줄 수 있도록 체계를 잡아 줄 수 있습니다.

프로그램 개발이란

> 알고리즘은 긍정적인 정상적 문제(중성, 정상계)와 부정적인 비정상적 문제(양성·음성, 비상계·이상계)를 별도로 생각해 준다.

여기서 한 가지 특기할 점은 비상계와 이상계란 결국 어떠한 새로운 특수한 기호를 새로 만들거나, 특수한 구조를 별도로 만드는 것이 아닙니다. 단순히 기존의 정상계 기호에 색깔만 칠 해 주는 것을 의미합니다.

한편 부정적인 문제란 그 자체가 주체적인 성격을 가진 것이 아니라 긍정적인 문제에 기생하여 긍정적인 문제에 부정적인 영향을 끼치는 것이기 때문에 비상계와 이상계의 제어 구조를 일명 '기생 구조(寄生構造)'라고 합니다.

7.2　정상계를 표현하는 법

　정상계란 글자 그대로 정상적인 상태에서 목표를 세워 문제를 해결해 나가는 경우를 말합니다.

　즉 어떤 학생이 방학동안의 행동 계획을 세워서 일일시간표를 만들어 방의 벽에 붙여놓았다면, 이것은 정상적으로 목표를 세워서 수립한 행동 계획이므로 정상계라고 볼 수 있습니다.

　정상계의 제어 구조 부품의 종류는 (그림 7.2.1)과 같은 제어 구조 부품으로 모두 표현이 가능합니다. 뿐만 아니라 입구 하나 출구 하나의 원칙을 적용합니다.

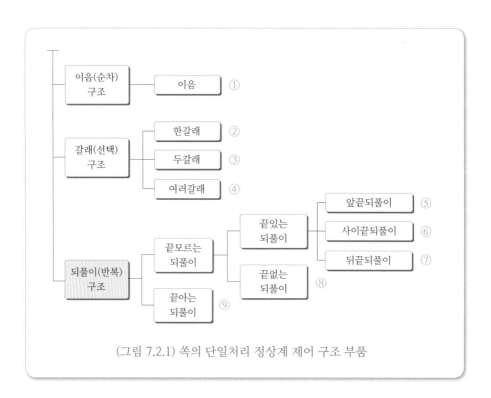

(그림 7.2.1) 쪽의 단일처리 정상계 제어 구조 부품

원칙

- 정상계에서는 정상계 제어 구조 부품만으로 모든 표현이 가능하며 goto문을 사용하지 않는다.
- 정상계에서는 각 구조를 입구 하나 출구 하나로 구성한다.

7.3 비상계를 표현하는 법

목욕탕에서 목욕을 할 때 아래와 같은 순서의 방법을 취하는 것이 일반적인 정상계의 방법입니다.

- 목욕탕에 들어가기 전에는 옷을 입고 들어가서,
- 목욕을 할 때는 옷을 벗은 다음에,
- 목욕이 끝나서 목욕탕을 나올 때는 다시 옷을 입습니다.

그러나 옷을 벗고 탕 속에 있는 동안에 목욕탕에 불이 났다고 가정해보기로 합시다. 이때 구조화적인 정상계의 원칙에 따라 여유만만하게 하던 목욕을 계속하고 마무리한 다음에 다시 옷을 입고 나온다면, 그것이 올바른 환경에의 대처 방법이며 문제를 해결하는 적절한 방법일까요? 당연히 그렇지 않을 것입니다. 왜냐하면 그는 이미 이 세상 사람이 아닌 상태로 변하기 때문입니다. 정상적인 수명을 다하지 못하는 죽음은 완전한 삶을 다한 죽음이 아닙니다. 사람이 불에 타 죽은 뒤 무슨 문제를 해결할 수 있을까요?

목욕탕에 불이 났다는 상황은 비상 상황입니다.

이럴 때는 정상적인 상황에서의 문제 해결 순서를 건너뛰어서 '목욕을 계속하는 과정'과 '옷을 다시 입는 과정'을 생략하고, 비록 창피하기는 하지만 '생명'이 더 중요하다는 중요도의 원칙에 따라 즉시 벌거벗은 상태로라도 목욕탕에서 뛰쳐나와야 하는 것입니다.

이 부분이 계열을 2단 이상 건너뛰기 하는 처리가 필요한 부분, 즉 goto문(또는 break문)의 사용을 허용하는 부분입니다.

이처럼 비상계에서는 환경의 변화 요인의 경중(輕重)에 따라 계열간의 2단 이상의 건너뛰기가 발생합니다.

하청(下請, serving)이 정상적으로 이루어지고 있는 상태에서는 서브 루틴(subroutine, called routine, server)에서 메인 루틴(main routine, calling routine, client)으로의 건너뛰기를 허용하지 않습니다.

그 이유는 하청을 받는 회사(server)의 비정상적인 일은 하청을 받는 회사 자체에서 해결하고, 하청을 주는 회사(client)의 비정상적인 일은 하청을 주는 회사 자체에서 해결해야 하기 때문입니다.

바로 그렇게 함으로써 올바르게 문제를 해결할 수 있는 것입니다.

프로그램에서도 마찬가지입니다. 컴퓨터(computer)를 이용하는 목적은 결국 문제를 해결하기 위한 것입니다.

원칙

- 비상계에서는 계열간에 2단 이상의 건너뛰기가 가능하며, goto문(또는 break문)의 사용을 허용한다.
- 비상계에서의 건너뛰기는 계열간에만 이루어지며, 계층간에는 이루어지지 않는다.

목욕탕에서 목욕을 하고 나오는 문제에 있어서 이것을 비상 상황(非常狀況)을 감안하여 쪽으로 표현한다면 (그림 7.3.1)과 같습니다.

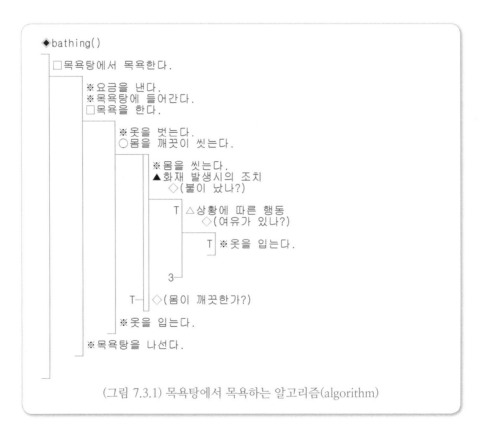

(그림 7.3.1) 목욕탕에서 목욕하는 알고리즘(algorithm)

쪽으로 표현한 (그림 7.3.1) 내용중에서 '화재시의 행동'은 부정적인 문제의 해결을 위한 '비상계'입니다.

따라서 구조 기호를 ▲기호를 써줌으로써, 비상계임을 알려줍니다.

그렇다면 일단 비상계의 구조로 들어간 상태, 즉 한 개의 비상계적인 기생 구조내의 구체화한 부분에서 또 비상계적인 상황이 발생할 때에는 어떻게 해주어야 할까요?

비상 상황이 발생하여 비상계가 작동한 상태에서 또 다른 새로운 비상 상황이 발생한다면, 무조건 비상계를 뜻하는 ▲기호를 또 써서 구조를 추가해 주는 것이 타당할 것 같습니다.

그러나 비상계의 계열에 종속한 계열에서 또 다른 비상 상황이 발생한 경우에는 구조 기호를 정상적인 선택 기호인 △기호를 써주어 구조를 추가해주는 것을 원칙으로 합니다.

그 이유는 이미 비상벨이 울려 비상이 걸린 상태에서는 또다시 새로운 비상 상황이 닥친다 하더라도 새삼스럽게 또 비상벨을 울릴 필요는 없으며, 냉정하게 긴장한 상태에서 상황을 판단하여 처리해 나갈 수 있기 때문입니다.

하지만 아주 특수한 경우에 또 다른 비상 상황이 기존의 비상 상황보다 심각하다고 판단한다면, 아주 예외적으로 비상계 속에서 또 ▲기호를 사용하여 또다른 비상계를 만들어줄 수도 있습니다. 그러나 이런 경우는 프로그램 소스에서 설계도를 역공학으로 재생할 경우에 한하며, 순공학 시에는 이런 경우로 상황이 만들어지지 않도록 알고리즘을 구성해주어야 합니다.

> **원칙**
>
> 비상계의 첫부분은 항상 ▲기호로 시작한다.

쏙(SOC)에서 '비상계'를 적용하여 표현한 알고리즘(algorithm)의 유지 보수는 통상적인 정상계와 마찬가지로 매우 편리할 것입니다.

왜냐하면 비상계의 적용이 필요없어지는 때는, 비상계 부분을 쏙을 지원하는 자동화 도구인 새틀(SETL : Structured Efficiency TooL)의 분해 기능을 이용하여 간단하게 제거할 수 있으며, 조립 시에는 새틀의 조립 기능이나 편집 기능을 이용하여 간단하게 원하는 구조 부품을 조립해줄 수 있기 때문입니다.

비상계의 부분을 좀 더 쉽게 이해하기 위해 (그림 7.3.2)를 보아주시기 바랍니다.

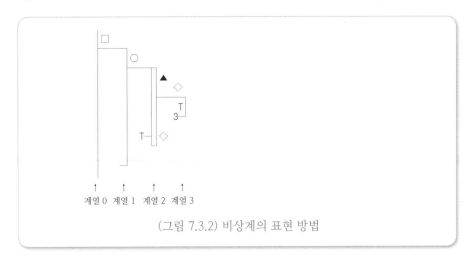

(그림 7.3.2) 비상계의 표현 방법

(그림 7.3.2)의 쪽(SOC)에서는 비상시 3단의 계열간 건너뛰기가 발생하여 계열 3과 계열 0
이 협력 체제를 갖습니다.

계열은 왼쪽으로 갈 수록 추상도가 높아져 넓은 시야로 볼 수 있고, 오른쪽으로 갈수록 구체
화하여 좁은 시야이지만 상세하게 일을 처리할 수 있습니다.

이러한 원리를 감안해 볼 때, 비상계에서의 건너뛰기는 구체화한 계열(작은 계열 : 계열 번
호가 커질수록 추상도가 낮은 계열임)에서 추상화한 계열(큰 계열 : 계열 번호가 작아질수록
추상도가 높은 계열임)로만 가능합니다. 그 이유는 비상시에는 시야를 넓게 보아야 하고, 행
동 반경도 넓어야 하기 때문입니다.

> **원칙**
>
> 비상계에서의 건너뛰기는 작은 계열에서 큰 계열 쪽으로만 가능하다.

만일 이와 같은 방법을 쓰지 않고 다익스트라(Dijkstra)와 같은 정상계의 구조화 이론 기반
의 방법만 도입하여 이것을 풀려고 한다면, 구현 과정이 복잡해지며 그 동안에 화재를 확산시
켜 문제 해결이 어려워집니다.

다시 말해서 '입구 하나 출구 하나의 원칙'을 억지로 적용하려고 시도하는 과정에서 상황이
더욱 악화하여, 마치 암세포를 잘못 제거하려고 하다가 더 퍼지는 것과 같이 수습이 어려울 정
도로 알고리즘이 복잡해질 수 있습니다.

목욕탕에서 불이 났을 때, 무조건 통상적인 기존의 입구로만 밖으로 나가려는 사람과 위급할
때는 창문을 통해서라도 밖으로 나가려는 사람이 있다고 가정했을 때, 둘 중에 과연 어떤 사람
이 더 현명하고, 문제를 해결할 수 있을까요?

이상계를 표현하는 법

 층계에서 어느 날 미끄러져 발목이 부러졌을 때, 우리는 이것을 '발목에 비상이 걸렸다'고 이야기하지 않고, '발목에 이상이 생겼다'고 이야기합니다. 그 시점에서 미끄러져 발목이 부러질 것을 예상했으면 어느 누구도 '발목에 이상 증상이 생기는' 일을 당하지 않을 것입니다. 미리 대처할 수 있기 때문입니다. 따라서 이상이 생겼을 때에는 그것을 해결해 주는 이상계의 처리가 필요합니다.

 이상 상황에 대처하기 위해서는 항상 그 원인을 분명히 알아서 근원적인 치료를 해야 하기 때문에 이상계는 정상계나 비상계와 달리 시계열적인 흐름을 거슬러 올라가야 합니다. 이것은 시계열적인 후퇴가 발생함을 뜻합니다.

 이상 증상(異常症狀)이 나타날 경우에는 그 증상에 따라서 동네 병원에서 치료를 받아야 할 경우와 거리와 관계없이 종합적인 진단과 치료를 받을 수 있는 종합 병원에 입원하여 치료를 받아야 할 경우가 생깁니다.

 이처럼 컴퓨터(computer)를 이용하여 문제를 해결하는 것도 결국 실세계(real world)의 문제를 해결해주는 것이므로, 프로그램의 처리 도중에 이상이 발생할 경우에는 앞에서 언급한 바와 같이, 그 이상 증상의 강도에 따라서 평면적인 시계열 후퇴를 동반할 경우와 입체적인 시계열 후퇴를 동반할 경우로 나누어 생각해주어야 합니다.

원칙

> 이상계는 이상 증상에 따라 평면적 또는 입체적인 시계열 후퇴를 동반합니다.

 이상계에서 평면적 또는 입체적인 시계열 후퇴가 발생한다는 이야기는 업무 처리 도중에 이상이 생기면 무조건 그 이상을 해결할 수 있는 동네 병원 또는 종합 병원이 있는 장소로 가야 한다는 것을 뜻합니다.

 현재의 처리 위치가 하청을 받는 위치이건 하청을 주는 위치이건, 추상화한 부분이건 구체화한 부분이건 상관하지 않고, 그 증상에 따라서 '2차원(평면)+시간' 또는 '3차원(공간)+시간'의 시계열적인 후퇴를 위한 건너뛰기가 발생한다는 것을 의미하는 것입니다.

 그러나 이상계의 건너뛰기는 비상계의 건너뛰기와는 엄연한 차이가 있습니다.

 비상계에서는 자신의 의지에 따라 능동적으로 건너뛰기를 수행하지만, 이상계에서는 자신의 의지에 따라 능동적으로 건너뛰기를 수행하는 것이 아닙니다.

즉 이상계에서는 비상계처럼 프로그램 상에서 goto문 등으로 건너뛰기를 나타내어주는 것이 아니라, 프로그램 외부에 있는 별도의 119구급대와 같은 역할을 하는 인터럽트 핸들러(interrupt handler) 등에 의한 건너뛰기가 행해지도록 하는 것입니다.

따라서 이상계에서의 건너뛰기는 프로그램 언어상에서 예외 처리 기능(exception handling function)에 의해 행해지므로, 건너뛰기가 눈에 보이지 않습니다.

원칙

> 이상계에서의 시계열적인 후퇴는 계열·계층의 전 영역에서 이루어지며, 이것은 별도의 인터럽트 핸들러(interrupt handler)에 의해 행해집니다.

그런데 이상계는 경우에 따라 평면적 또는 입체적 시계열 후퇴가 발생한다고 하지만, 정확히 어떠한 경우에 평면적인 시계열 후퇴가 발생하고, 또 어떠한 경우에 입체적인 시계열 후퇴가 발생하는지 그것이 잘 이해가 안되실 수도 있습니다.

그러나 그것을 구분하는 방법은 의외로 간단합니다.

이해를 돕기 위해 일상 생활의 경우와 비교해서 설명하자면, 단순히 체해서 배탈이 났거나 자전거를 타다가 넘어져 발목을 삐었거나 감기에 걸렸거나 하는 정도의 증상은 충분히 동네 병원에서 해결할 수 있으므로, 이럴 때는 평면적 시계열 후퇴만으로 충분할 것입니다. 오히려 종합 병원으로 가려고 하다가 증세가 악화하는 경우도 있을 것입니다.

이처럼 컴퓨터에서도 '키(key)의 입력을 받을 경우'에 만일 실수하여 키(key)를 잘못 눌러 엉뚱한 값을 입력받았다면, 바로 이것이 '이상'인 것입니다.

이럴 경우에는 국지적으로 충분히 해결할 수 있는 이상이므로 평면적인 시계열 후퇴에 의한 이상계 알고리즘으로 해결해주는 것이 좋습니다.

그러나 만일 그 배탈이 음식을 잘못 먹은 원인보다는 근본적인 어떤 다른 중대한 원인에 의한 것이라면, 그것은 동네 병원에서 해결하기에는 역부족일 수 있습니다. 그럴 경우에는 멀리 떨어져 있다 하더라도 그러한 증상을 종합 검진하여 적절한 처방을 내릴 수 있는 종합 병원으로 가야만 합니다.

컴퓨터에서도 잘못 입력받은 키(key)의 어떤 값이 시스템에 치명적인 장애를 주는 것이라면, 그것은 단순히 국지적인 해결로 강구할 것이 아니라 종합적인 처방과 해결이 가능한 위치로 후퇴하여 해결하여야 합니다. 이러한 경우에는 입체적인 시계열적 후퇴(時系列的後退)에 의한 이상계 알고리즘의 강구를 필요로 하는 것입니다.

치명적인 장애를 주는 이상에 대한 해결 방법은 모든 이상 현상을 분산시키지 말고 하나로 모아서 그곳에서 한 개씩 증상별로 분류하여 처리해주는 식으로 해줍니다.

잔디 구조에서 치명적인 이상을 해결해주기 위한 가장 좋은 위치는 잔디의 지표면에 해당하는 계열 0의 제일 큰 흐름과 계층 0(지표면)의 제일 위층입니다.

그 이유는 잔디의 근원은 지표면이므로 종합적인 치료를 하기 위해서는 근원인 지표면에서 시작하여 점차 계열화 및 계층화를 이루어나가는 식으로 진행하여야 하기 때문입니다.

왜 그러한 방법을 쓰는 것일까요?

이상 현상의 범위는 너무 광범위하기 때문에 일일이 정상과 비상 처리 도중에 점검해 준다는 것은 불가능합니다.

사실 유지 보수 작업의 많은 부분이 이상 상황과 연관이 있다는 사실을 감안해 볼 때, 이상이라는 것은 프로그램 개발 과정에서 예상치 못하는 경우가 많고, 대부분 프로그램을 시험 또는 사용하는 도중에 발생하는 것을 그때그때 수정하는 형식이 많기 때문입니다.

이것들에 대한 점검 처리를 원칙 없이 프로그램의 전반적인 부분으로 분산시켜 놓으면, 마치 나라 전체에 유언비어가 퍼졌을 때 민심이 뒤숭숭해지는 것과 같이 프로그램 전체에 대한 신뢰도가 근본적으로 떨어지는 결정적인 계기로 작용합니다.

그러므로 이상 현상이 발생했을 때에는 지역 이상계(地域異常系)의 경우에는 해당 이상계의 영향이 미치는 구조별로, 종합 이상계(綜合異常系)의 경우에는 모듈(module)별로 한 곳으로 모아서 증상별로 그에 대한 적절한 에러 메시지(error message)를 나타내주고 대책을 근원적으로 강구해 주는 것이 바람직합니다.

증상에 따라 평면적인 동네 병원과 입체적인 종합 병원이 유기적으로 협력하여 이상을 해결해 줄 수 있습니다. 그렇다면 1개의 모듈에 2개 이상의 종합 이상계를 필요로 하는 상황이 발생한다면 어떻게 해야 할까요?

흔하지는 않지만 경우에 따라 1개의 모듈에 2개 이상의 종합 이상계를 만들어주어야 할 경우도 생길 수 있습니다.

그러나 그런 경우라도 심각하게 생각할 문제는 발생하지 않습니다.

1개의 모듈에 2개 이상의 이상계가 필요한 상황이 발생한다면 모듈(module) 자체를 분할(分割)해줄 수 있기 때문입니다.

한 동네에 여러 개의 동네 병원(개인 병원)이 존재하듯이, 평면적인 시계열 후퇴(時系列後退)를 받아들이는 지역 이상계(地域異常系, 동네병원)는 1모듈에 2개 이상의 설립을 허용합니다.

그러나 종합 병원은 여러 개로 분산시키는 것보다는 오히려 중앙으로 모아서 시스템을 보다 고도화·대형화 하는 것이 좋으므로, 종합 이상계(綜合異常系, 종합 병원)는 한 모듈(module)에 하나로 한정해야 합니다.

만일 부득이하게 2개 이상의 종합 이상계가 필요한 상황이 온다면, 모듈(module) 자체를 분할해 주어야 합니다. 이처럼, 어떠한 경우에도 1개의 모듈에 1개의 종합 이상계가 존재한다는 원칙은 지켜져야 합니다.

원칙

> 이상계의 처리는 지역 이상계의 경우에는 1모듈에 2개 이상을 허용하지만, 종합
> 이상계의 경우에는 오직 1개만을 허용한다.

이상계에 대한 대책은 생존권 그 자체입니다. 즉 몸에 이상이 생겼을 때에는 일단 하던 업무를 중단하고, 시계열적 흐름을 뒤로 물린 다음 휴식을 취하며, 이상 증상에 대한 치료를 근원적으로 완벽하게 하고 나서 다시 다음 행동에 나서야 합니다. 시계열적 흐름을 정지시키거나 후퇴시키는 까닭은 이상이 생겼을 경우에는 회복을 위하여 인간이 행동 연령을 낮추거나 하여 이상을 해결한 뒤 다시 정상계로 돌아가는 것과 같은 이치입니다.

이것은 컴퓨터 시스템(computer system)에서도 마찬가지입니다. 프로그램 처리를 하는 도중에 돌발 사태가 일어날 경우를 생각해 보십시오. 갑자기 정전이 발생하는 경우, 프로그램 자체의 오류(bug)를 발견하는 경우, 컴퓨터 바이러스(computer virus)가 침투하여 비정상적으로 프로그램 수행이 이루어지는 경우, 사용자가 입력을 잘못하는 경우 등 여러 가지 경우를 생각할 수 있을 것입니다. 그러나 비정상적으로 프로그램 수행이 이루어지는 단계에서의 원인 파악은 어렵습니다. 왜냐하면 증상만 나타난 것이기 때문입니다. 이것은 기침을 한다는 증상만으로 감기라고 단정지을 수 없는 것과 같습니다. 즉 '기침'이라는 이상 현상은 알레르기성 비염이 원인인 경우도 있고, 폐결핵이 원인인 경우도 있으며, 연기를 코로 마셔서 기침을 하는 수도 있기 때문입니다.

이럴 때에는 어떻게 해야 할까요? 무조건 기침은 감기라고 단정하여 감기약만 사먹는 것이 올바른 해결책일까요? 아니면 기침이 나더라도 무조건 방치하고 치료하지 않은 채 뜨거운 보리차만 먹으면서 일상 생활을 정상적으로 계속하는 것이 바람직할까요? 물론 다행스럽게 약한 감기가 원인이라면 뜨거운 보리차만 먹으면서 일상 생활을 계속해도 저절로 낫겠지만, 오히려 적기의 치료를 놓침으로써 병이 악화할 가능성도 다분해지는 것입니다.

이러한 단세포적(單細胞的)인 문제에의 대처 방법(정상계만의 대처 방법)은 문제를 해결하기는커녕 오히려 복잡하게 만들 수도 있습니다. 마찬가지로 컴퓨터 시스템(computer system)에서도 프로그램 수행 도중에 이상 증상이 나타났는데도, 무조건 정상적인 수행을 계속해 나간다면 오히려 중대한 장애를 초래하여 시스템(system)을 회복 불가능의 사태로 몰아갈 가능성이 농후합니다. 예를 들어 컴퓨터 바이러스(computer virus)가 프로그램을 감염시켜 프로그램에서 이상 증상이 나타났음에도 불구하고 계속 수행시킨다면 오히려 컴퓨터 바이러스를 확산시켜 프로그램 전체를 회복 불능의 사태로 몰고 갈 확률이 높아질 것입니다. 따라서 장애가 발생하였을 경우에는 시계열적인 흐름을 일단 중단시키거나 또는 장애가 발생하기 시작한 그 이전의 단계로 되돌려서 이상 증상에 따른 해결책을 마련하여 조치한 후, 다시 시계열적 흐름을 계속해 나가는 것이 올바른 해결 방법일 것입니다.

이처럼 이상계에서는 시계열적 흐름을 중단 내지는 뒤로 후퇴시킴으로서 이상 현상의 확산을 방지하고 위험 부담을 최소화시킨 상태에서 문제 해결을 하는 방법을 사용하고 있습니다. 즉 이상계는 3차원 공간의 전 영역에 걸쳐서 효력을 미칩니다.

종합 이상계를 쪽으로 표현하면 (그림 7.4.1)과 같습니다.

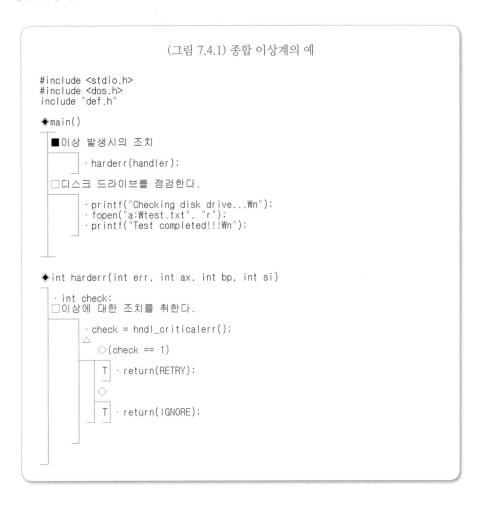

(그림 7.4.1) 종합 이상계의 예

```
#include <stdio.h>
#include <dos.h>
include "def.h"

◆main()
  ■이상 발생시의 조치
      · harderr(handler);
  □디스크 드라이브를 점검한다.
      · printf("Checking disk drive...Wn");
      · fopen("a:Wtest.txt", "r");
      · printf("Test completed!!!Wn");


◆int harderr(int err, int ax, int bp, int si)
  · int check;
  □이상에 대한 조치를 취한다.
      · check = hndl_criticalerr();
   △
      ◇(check == 1)
     T  · return(RETRY);
      ◇
     T  · return(IGNORE);
```

(그림 7.4.1)의 내용 중에서 '이상 발생 시의 조치'는 부정적인 문제의 해결을 위한 '이상계'입니다. 따라서 구조기호 ■기호를 써줌으로써 이상계임을 알려줍니다.

원칙

이상계는 항상 ■기호로 시작한다.

여기에서 주의할 사항은 모든 언어에서 다 이상계를 지원하는 것은 아니며, 동일한 언어라도 버전에 따라서 이상계를 지원하기도 하고 지원하지 않기도 한다는 사실입니다. 그 이유는 이상계라는 것은 개념적인 문제 해결 원리이기 때문에 실질적으로 프로그래밍 언어에서 이러한 개념을 모두 지원하지는 않을 수 있다는 점입니다. 예를 들어서 위의 (그림 7.4.1)의 예제는 옛날에 DOS(Disk Operating System)를 사용할 때 볼랜드(Borland) 사에서 만든 Borland C에서 디스크 드라이브를 제어할 때 발생하는 에러에 대해 종합 이상계로 처리해준 사례입니다. 따라서, 현재는 정상적으로 컴파일하여 실행할 수 없는 소스 코드에 대한 설계 내역입니다. 하지만, 개념적으로 완전한 이해를 해둔다면 향후 다시 어떤 특정 회사 또는 특정 버전의 언어에서 이상계를 지원하더라도 편안하게 이해할 수 있을 것입니다.

한편, (그림 7.4.1)에서 만일 프로그램의 실행 도중(예를 들어 되풀이(반복) 구조에서 반복 실행 도중)에 이상 현상이 발생하여 이상계의 처리로 무조건 건너뛰기가 발생할 때, 그것은 어떻게 보면 통상적인 출구로 나가는 것이 아니므로, 결국 출구가 2개 이상임을 의미한다고 볼 수 있는데, 어째서 그것에 대해서 쪽의 잔디 구조 상에서는 표현하고 있지 않는 것일까요?

물론 그러한 의문이 생길 수 있습니다.

비상계나 이상계는 부정적인 측면의 문제로 환경이 변화한 것이므로, 필요에 따라서 정상계에 기생 구조를 붙여서 새로운 출구를 만들어 줄 수 있습니다.

그러나 비상계와 이상계의 경우는 그 표현 방법이 다릅니다.

비상계의 경우에는 '시스템(system)이 스스로 해결할 수 있는' 양성적인 문제이며 직접 행동을 취하는 것이기 때문에 문제를 밖으로 드러나는 형태로 나타내어, 새로운 출구를 쪽의 잔디 구조상에서 표현해 줍니다. 하지만, 이상계의 경우에는 '시스템(system)이 스스로 해결할 수 없는' 음성적인 문제이기 때문에, 이상계로의 건너뛰기가 이루어지는 곳에 새로운 출구를 쪽의 잔디 구조상에서 표현해 줄 수 없습니다.

이상계는 비상계와는 달리 직접 행동하여 건너뛰기를 하는 것이 아니라, 어디까지나 피동적으로 건너뛰기를 당하는 입장이기 때문입니다.

예를 들면 자가 치료가 어려운 환자가 발생했을 때에는 구급차에 실려서 병원으로 가는데, 이때 환자는 출구를 어디로 택할 것인가에 대한 선택권이 없으며, 그것은 외부에서 다 알아서 해주는 것이기 때문에 단순히 몸만 의지하여 출구가 어디이든지 병원(이상계)으로만 가면 문제를 해결할 수 있는 것과 마찬가지입니다.

원칙

- 비상계와 이상계에서는 2개 이상의 출구를 허용한다.
- 비상계의 경우에는 새로운 출구를 잔디 구조 상에서 표현해 주지만, 이상계의 경우에는 새로운 출구를 잔디 구조 상에서 표현해 주지 않는다.

참고로 Java와 같은 객체지향 언어에서는 종합 이상계를 사용하지 않고 try~catch~finally 문을 통한 지역 이상계만 사용합니다. 그 이유는 미리 상정할 수 있는 모든 예외 상황을 정리하여 예외 및 에러 클래스로 계층화하고 이를 기반으로 해결을 위한 레시피를 종합적으로 만든 뒤, 지역 병원에서 동일한 레시피를 활용한 국지적인 예외 처리가 가능하도록 대처하고 있기 때문입니다.

태극(太極)은 음(陰)과 양(陽)의 양면을 가지고 있습니다. 태극이 포함하고 있는 음과 양은 인간이 살아가는 환경입니다. 프로그램 설계(program design)를 자연스럽게 해줄 수 있도록 하려면 태극 속에서 끊임없이 역동하고 있는 음과 양의 문제 해결 원리를 이해해야만 합니다.

즉 K-Method의 'K'는 문제 해결을 위한 핵심 열쇠라는 Key의 앞 자를 딴 의미를 내포하고 있습니다. 그리고 인간이 문제를 해결하는 것처럼 문제를 양면적 사고에 의해서 파악한다는 의미도 가지고 있습니다.

K-Method는 정상계, 비상계, 이상계를 각각 인간(정상계), 하늘(비상계), 땅(이상계)이라는 Key의 개념으로 파악하여 입체적으로 접근하는 것을 원칙으로 합니다. 이러한 입체적인 상황에 맞춰서 조합함으로써, 프로그래머는 기존의 절차지향 이론과 객체지향 이론의 혼동 없이 프로그램의 유지 보수는 물론 해독의 용이함, 문서화의 간결성을 획기적으로 도모할 수 있습니다. 아울러 손쉽게 문제의 해결을 도모할 수 있는 것입니다.

알고리즘(algorithm)의 표현 및 해독 그리고 유지 보수에 있어서 마치 무지개 빛과도 같은 새로운 세계를 여는 것입니다.

참으로 인간다운 새로운 멋진 세계를!

7.5 K-Method의 요약

7.5.1 K-Method의 기본 3원칙

원칙 1

> 알고리즘(algorithm)은 긍정적 문제(정상계)와 부정적 문제(비상계, 이상계)를 별도로 생각해준다.

원칙 2

> 긍정적 문제(정상계)에서는 각 구조에서 입구 하나 출구 하나의 원칙을 준수하며, goto문의 사용을 허용하지 않는다.

원칙 3

> 부정적 문제(비상계, 이상계)에서는 2개 이상의 출구를 허용하며, 비상계에는 일반 goto문(또는 break문), 이상계에는 인터럽트 핸들러(interrupt handler) 기반의 goto문을 사용한다.

7.5.2 정상계의 3원칙

원칙 1

> 정상계에서는 모든 제어 구조의 표현을 기본 구조 부품만으로 행한다.

원칙 2

> 정상계에서는 계열·계층간에 1단의 건너뛰기만 허용한다.

원칙 3

정상계에서 사용하는 기본 구조의 형태는 □△○의 3가지이다.

7.5.3 비상계의 3원칙

원칙 1

비상계는 독립적인 구조가 아니라 정상계의 기본 제어 구조 부품에 기생하는 형태이다.

원칙 2

비상계에서는 계층간의 건너뛰기를 허용하지 않으며, 2단 이상의 계열간의 건너뛰기만 하용한다.

원칙 3

비상계의 첫부분은 항상 ▲기호로 시작한다.

7.5.4 이상계의 3원칙

원칙 1

이상계는 증상에 따라 지역 이상계와 종합 이상계로 나뉘며, 그 자체가 독립적인 구조를 형성한다.

원칙 2

이상계에서의 시계열 후퇴는 계열·계층의 전 영역에서 이루어지며, 2단 이상의 건너뛰기가 허용되나, 이상계로의 건너뛰기에는 새로운 출구를 표현해 주지 않는다.

원칙 3

이상계의 첫부분은 항상 ■기호로 시작하며, 지역 이상계는 1모듈에 2개 이상을 허용하지만, 종합 이상계는 1모듈에 오직 1개만 허용한다.

계절에 4계절이 있듯이 K-Method에도 기본 원칙, 정상계 원칙, 비상계 원칙, 이상계 원칙의 4가지가 있습니다.

또한 1년에 12달이 있듯이 각 원칙에는 각각 3개씩의 실천 원칙이 존재하므로, 도합 12개의 K-Method의 원칙이 존재합니다.

● **응용 과제**

● 과제 7.1 구조의 목적을 이음(순차, sequence, □), 갈래(선택, selection, △), 되풀이(반복, iteration, ○) 등 원방각(圓方角)으로 나타낸 이유를 세부적으로 조사해 보세요.

● 과제 7.2 여러갈래(다중 선택) 제어 구조 부품은 프로그래밍 언어에서 어떻게 표현이 가능한지 조사해 보세요

● 과제 7.3 끝있는되풀이 제어 구조 부품 중 사이끝되풀이(중판정 반복) 제어 구조 부품을 사용한 알고리즘 사례를 찾아내어 쏙(SOC)으로 표현해 보세요.

● 과제 7.4 끝없는되풀이(무한 반복) 제어 구조 부품을 사용한 알고리즘 사례를 찾아내어 쏙(SOC)으로 표현해 보세요.

● 과제 7.5 끝아는되풀이(한정 반복) 제어 구조 부품과 앞끝되풀이(전판정 반복) 제어 구조 부품의 공통점과 차이점에 대해 조사한 후, 해당 내역에 대해 명확한 결론에 이르기까지 동료들과 토론해 보세요.

8장

정상계 제어 구조 부품의 조립 예

8.1 이음 제어 구조 부품의 조립 예

직렬 처리(serial processing)에서 이음(순차) 제어 구조 부품은 한이음(직렬 순차) 제어 구조 부품이라고도 불립니다. 앞에서도 이미 언급한 바와 같이, 한이음 제어 구조 부품은 통상적으로 이음(순차) 제어 구조 부품이라고 불립니다.

이음 제어 구조 부품(sequential control structure component)은 처리(處理, process)가 잇따라 한 번에 하나씩 차근차근 행해지는지, 동시에 여러 처리가 한꺼번에 행해지는지(multi processing)에 따라서 한이음(직렬 순차) 제어 구조 부품과 여러이음(병렬 순차) 제어 구조 부품으로 나뉘지만, 본 서에서는 직렬처리(直列處理 : serial processing)를 중심으로 다루고 있으므로 한이음(직렬 순차) 제어 구조 부품에 대해서만 설명하겠습니다. 단순히 이음(순차) 제어 구조 부품이라고 부르면 한이음 (직렬 순차)제어 구조 부품을 호칭하는 것으로 간주할 수 있습니다.

8.1.1 처리를 나열식으로 표현할 경우

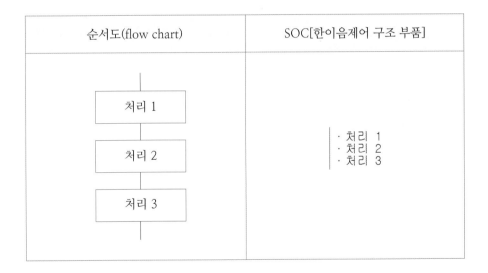

〈 참고 〉
    ㉠ 나열식(羅列式)일 경우에는 흐름선을 따라서 연속하는 처리의 내용이 직선을 이루며 계속해서 흘러갈 경우에 이들 하나하나의 처리가 각각 독립적인 이음(순차) 구조의 최소 단위에 속하는 것으로 간주하여 파악합니다.

예제 8.1.1.1

국어, 영어, 수학의 3과목의 성적을 대입하여, 총점과 평균을 구하고 결과를 화면에 출력하는 알고리즘(algorithm)을 C언어에 맞춰서 쪽으로 조립하되, 나열식으로 조립해 보시오.

● 나열식의 표현 예

```
#include <stdio.h>

◆main()
    ※성적처리를 한다.
    · int kor, eng, mat;
    · int total;
    · int mean;
    · kor = 90;
    · eng = 100;
    · mat = 80;
    · total = kor + eng + mat;
    · mean = total/3;
    · printf("총점 = %d\n", total);
    · printf("평균 = %d\n", mean);
```

● 나열식 예에서의 제어의 흐름

```
#include <stdio.h>

◆main()
    ※성적처리를 한다.
 ∨  · int kor, eng, mat;
    · int total;
    · int mean;
    · kor = 90;
    · eng = 100;
 ∨  · mat = 80;
    · total = kor + eng + mat;
    · mean = total/3;
    · printf("총점 = %d\n", total);
 ∨  · printf("평균 = %d\n", mean);
```

                     제어의 흐름

● C프로그램으로 작성한 예

```c
#include <stdio.h>

main() {
  //성적처리를 한다.
  int kor, eng, mat;
  int total;
  int mean;
  kor = 90;
  eng = 100;
  mat = 80;
  total = kor + eng + mat;
  mean = total/3;
  printf("총점 = %d\n", total);
  printf("평균 = %d\n", mean);
}
```

● 실행 화면

```
C:\Windows\system32\cmd.exe

총점 = 270
평균 = 90
계속하려면 아무 키나 누르십시오 . . .
```

8.1.2 처리를 기능별로 통합하여 계열화할 경우

순서도(flow chart)	SOC[한이음제어 구조 부품]
표현 불가	□구조의 목적 · 처리 1 · 처리 2 · 처리 3

〈 참고 〉

ㄱ 순차 처리를 계열화하여 이음 제어 구조 부품으로 통합할 경우에는 위와 같이 추상화(抽象化)한 부분(큰 계열)에 구조의 목적을 쓰고, 구체화(具體化)한 부분(작은 계열)에 순차 처리의 내용을 씁니다.

ㄴ 계열화가 이루어질 경우에 실제 처리는 작은 계열에서 행해지며, 그것을 추상화시킨 큰 계열은 작은 계열의 흐름의 목적을 나타냅니다.

ㄷ 이음(순차) 구조의 구조형 기호인 □은 기존 순서도의 처리 기호를 축소시킨 것과 비슷한 형태로서 블랙 박스(black box)와도 같이 어떤 처리(process)가 시스템의 내부에서 행해지는 것을 연상하게 합니다.

예제 8.1.2.1

국어, 영어, 수학의 3과목의 성적을 대입하여, 총점과 평균을 구하고, 결과를 화면에 출력하는 알고리즘(algorithm)을 C언어에 맞춰서 쪽으로 조립하되, 계열화하여 조립해 보시오.

● 계열화한 표현 예

```
#include <stdio.h>

◆main()
    · int kor, eng, mat;
    · int total;
    · int mean;
    □성적처리를 한다.

            □성적을 대입한다.

                · kor = 90;
                · eng = 100;
                · mat = 80;

            □총점과 평균을 구한다.

                · total = kor + eng + mat;
                · mean = total/3;

            □결과를 출력한다.

                · printf("총점 = %d\n", total);
                · printf("평균 = %d\n", mean);
```

● 계열식 예에서의 제어의 흐름

```
#include <stdio.h>

◆main()
    · int kor, eng, mat;
    · int total;
    · int mean;
    □성적처리를 한다.

            □성적을 대입한다.

                · kor = 90;
                · eng = 100;
                · mat = 80;

            □총점과 평균을 구한다.

                · total = kor + eng + mat;
                · mean = total/3;

            □결과를 출력한다.

                · printf("총점 = %d\n", total);
                · printf("평균 = %d\n", mean);
```

← 개요와 상세를 모두 파악할 때의 제어의 흐름

← 개요만 파악할 때의 제어의 흐름

계열식으로 조립한 쪽(SOC)을 이용한 설계도의 내용을 쉽게 파악하려면, 일단은 추상화한 큰 계열의 흐름(큰흐름)을 훑어보고 문제 해결의 전체적인 목적과 해결 단계의 개요(概要)를 단숨에 읽어나간 다음에, 필요에 따라 구체화한 작은 계열의 흐름(작은흐름)을 읽어나가는 것이 바람직합니다.

● C프로그램으로 작성한 예

```c
#include 〈stdio.h〉

main() {
    int kor, eng, mat;
    int total;
    int mean;

    //.성적처리를 한다.
    {

        //.성적을 대입한다.
        {
            kor = 90;
            eng = 100;
            mat = 80;
        }

        //.총점과 평균을 구한다.
        {
            total = kor + eng + mat;
            mean = total/3;
        }

        //.결과를 출력한다.
        {
            printf("총점 = %d\n", total);
            printf("평균 = %d\n", mean);
        }
    }
}
```

● 실행 화면

8.1.3 추상화 조립의 원칙

> **예제 8.1.3.1**
>
> 자판기(自販機)로 가서 주스를 사먹는 행위를 개념적인 단계의 설계 방법을 적
> 용하여 쏙(SOC)으로 조립해 보시오.

● 나열식의 조립 예

◆buy_juice( )

　※자판기를 찾는다.
　※자판기 앞에 선다.
　※원하는 주스를 선택한다.
　※주스의 가격을 확인한다.
　※동전투입구를 찾는다.
　※주스가격 만큼의 동전을 넣는다.
　※버튼을 누른다.
　※주스를 꺼낸다.
　※주스 마개를 딴다.
　※주스를 마신다.

● 나열식 예에서의 제어의 흐름

◆buy_juice( )

> ※ 자판기를 찾는다.
> ※ 자판기 앞에 선다.
> ※ 원하는 주스를 선택한다.
> ※ 주스의 가격을 확인한다.
> ※ 동전투입구를 찾는다.
> ※ 주스가격 만큼의 동전을 넣는다.
> ※ 버튼을 누른다.
> ※ 주스를 꺼낸다.
> ※ 주스 마개를 딴다.
> ※ 주스를 마신다.

참고로 순차의 연접(連接) 처리의 연속은 가급적 5개 이하로 줄이는 것이 가장 좋습니다. 그것이 곤란할 때에는 7~8개까지는 허용하지만, 그 이상 연속할 때는 부분별로 기능을 통합시켜 계열화시키는 것이 좋습니다. 부득이한 경우에도 9개를 넘지 않도록 하는 것이 좋습니다.

그 이유는 단기 기억(短期記憶)의 원리에 의거하여 인간은 한꺼번에 파악하여 순식간에 기억할 수 있는 능력에 있어서 그것이 숫자, 문자, 단어, 문장이든지 관계없이 7개에서 상하로 2개 정도의 오차를 가진 범위의 한계 내에서 기억하는 것이 쉽기 때문입니다.

즉 정상적인 인간의 경우 7±2의 범위가 쉽게 단기 기억할 수 있는 한계입니다. 이 '7±2'의 숫자를 심리학에서는 마법의 숫자(magical number)라고 합니다.

따라서 위의 순차 연접 형태의 조립에서는 연접 상태가 10개이므로 알고리즘을 한 눈에 파악하기가 어려워집니다.

이런 경우에는 관련이 있는 것끼리 묶어서 7개 이내의 범위에서 추상화하여 계열화를 도모하는 것이 바람직합니다.

바로 이러한 것을 손쉽게 구현할 수 있는 것이 쏙(SOC)의 장점 중의 하나입니다.

앞의 주스를 사먹는 알고리즘을 기능별로 통합하여 추상화하는 형태의 계열화한 표현으로 조립하면 다음과 같습니다.

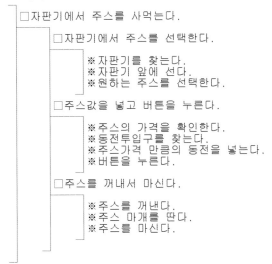

```
◆buy_juice()
  □자판기에서 주스를 사먹는다.
     □자판기에서 주스를 선택한다.
        ※자판기를 찾는다.
        ※자판기 앞에 선다.
        ※원하는 주스를 선택한다.
     □주스값을 넣고 버튼을 누른다.
        ※주스의 가격을 확인한다.
        ※동전투입구를 찾는다.
        ※주스가격 만큼의 동전을 넣는다.
        ※버튼을 누른다.
     □주스를 꺼내서 마신다.
        ※주스를 꺼낸다.
        ※주스 마개를 딴다.
        ※주스를 마신다.
```

여기서 계열화를 할 때 꼭 필요한 추상화와 구체화는 어떠한 원칙에 근거하여 묶어주어야 하는지를 설명하겠습니다.

구조화 프로그래밍의 아버지라고 불리는 다익스트라(E.W. Dijkstra)는 인간의 능력 부족에 대해 생각하여, 프로그래머의 자세로서 '될 수 있는 한 간단한 구조만을 사용하고', '교묘한 기법(technique)을 사용하는 것을 마치 몹쓸 전염병을 대하는 것처럼 피해야 한다'고 강조하였습니다. 이처럼 간단한 구조를 만들어 이해를 돕기 위해서는 일련의 '서로 밀접한 관련이 있는' 구체적인 처리들을 묶어서 그 처리들의 달성 목적을 개요로서 표현해줄 수 있도록 해야 합니다.

이렇게 모아준 것을 추상화(抽象化, abstraction)시킨다고 하고, 추상화를 완료한 때의 추상화한 목적은 해당 추상화한 구조가 계열로서 거느리고 있는 개개의 처리 또는 또다른 구조의 내용을 포괄적으로 포함할 수 있도록 해주는 것이 바람직합니다. 이것은 큰 계열이 작은 계열을 포함하는 형태입니다.

따라서 앞에서 추상화한 내용의 일부를 생각해 준다면 다음과 같습니다.

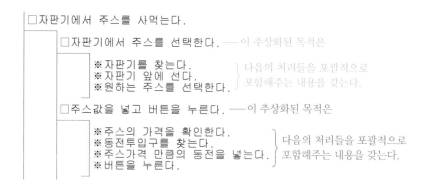

위와 같이 '자판기에서 주스를 선택한다'는 한 계열의 목적, 즉 추상화한 목적은 하위의 내용을 포괄적으로 포함해주고 있습니다. 마찬가지로 '주스값을 넣고 버튼을 누른다'는 추상화한 목적도 하위의 내용을 포괄적으로 포함해주고 있습니다.

'자판기에서 주스를 선택한다'는 내용과 '주스값을 넣고 버튼을 누른다'는 내용은 서로 독립적인 기능을 가지고 있기 때문에 이 둘 사이는 필요시에 얼마든지 떼어낼 수도 있는 소결합(疏結合) 상태입니다. 하지만 앞의 알고리즘을 아래와 같이 표현해 준다면 문제는 달라집니다.

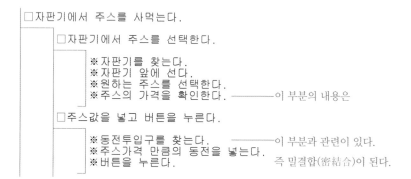

앞에서 예를 든 것처럼 이 경우에는 '주스의 가격을 확인한다'는 하나의 처리 기능을 '자판기에서 주스를 선택한다'는 별개의 계열 속에 집어넣음으로써, 각 구조간에 독립적인 기능을 유지하도록 하기보다는 구조간에 서로 얽히고설키는 밀결합(密結合) 상태인 관계상, 구조의 파악이 어려워지고 추상화는 실패합니다. 따라서 추상화의 원칙을 준수하기 위해서는 하나의 구체화한 내용은 바로 상위 계열의 추상화한 내용 속에 포함하는 기능을 가지도록 묶어서 계열화를 도모하도록 하는 것이 바람직합니다.

또한 쪽(SOC)에서도 이 추상화의 원칙을 적용하여 계열화하는 방식으로 그릴 경우에는 이러한 점을 고려해야 함은 두말할 나위가 없습니다.

큰 계열(큰 흐름)에서 작은 계열(작은 흐름)로 갈 때는 건너뛰기선을 계열 간에 수평으로 연결하는데, 작은 계열에서 큰 계열로 갈 때는 끊어진 건너뛰기선을 이용한 이유

〈해설〉

그 이유는 간단합니다. 큰 계열에서 작은 계열로 갈 때는 '연속적으로'가고, 작은 계열에서 큰 계열로 갈 때는 '건너뛰어서' 가야 하기 때문입니다.

비유해서 설명한다면, 어떤 기업을 계열화하는 경우에, 그룹 회장(큰 계열)은 계열사(작은 계열)에게 제한 없이 '연속적으로' 경영 지도를 할 수 있으나, 각 계열사의 사장이 종합적인 경영 지도를 할 수는 없습니다. 만일 그렇게 하고 싶다면 회장으로 승진하여 보다 큰 계열을 지휘할 수 있는 위치로 '건너뛰어야만'하는 이치와 마찬가지입니다.

참고로 번호가 작은 왼쪽 계열이 큰 계열, 번호가 큰 오른쪽이 작은 계열에 해당합니다. 그 이유는, 추상화 수준이 높은 부분을 큰 계열로 보기 때문입니다.

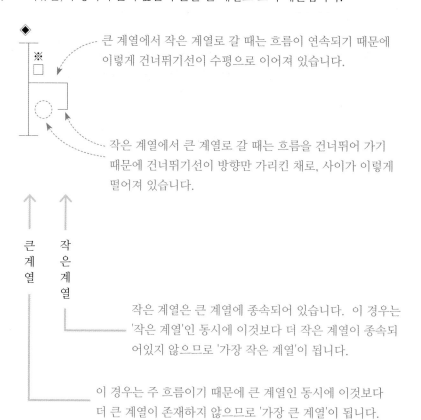

큰 계열에서 작은 계열로 갈 때는 흐름이 연속되기 때문에 이렇게 건너뛰기선이 수평으로 이어져 있습니다.

작은 계열에서 큰 계열로 갈 때는 흐름을 건너뛰어 가기 때문에 건너뛰기선이 방향만 가리킨 채로, 사이가 이렇게 떨어져 있습니다.

큰 계열

작은 계열

작은 계열은 큰 계열에 종속되어 있습니다. 이 경우는 '작은 계열'인 동시에 이것보다 더 작은 계열이 종속되어있지 않으므로 '가장 작은 계열'이 됩니다.

이 경우는 주 흐름이기 때문에 큰 계열인 동시에 이것보다 더 큰 계열이 존재하지 않으므로 '가장 큰 계열'이 됩니다.

갈래 제어 구조 부품의 조립 예

8.2.1 갈래 제어 구조 부품의 개요

갈래(선택) 제어 구조 부품(selection control structure component)은 〈표 8.2.1〉과 같이 분기(分岐)의 개수에 따라 한갈래(단일 선택) 제어 구조 부품, 두갈래(이중 선택) 제어 구조 부품, 여러갈래(다중 선택) 제어 구조 부품의 3가지로 나뉩니다.

〈표 8.2.1〉 갈래(선택) 제어 구조 부품의 종류

갈래 제어 구조 부품	한갈래(단일 선택) 제어 구조 부품	판단 결과 하나의 갈래 처리만이 발생하고 조건이 성립하지 않을 때는 그대로 구조를 무시한 채 지나쳐가는 형태의 제어 구조 부품
	두갈래(이중 선택) 제어 구조 부품	판단 결과 두 개의 갈래 처리가 발생할 경우의 제어 구조 부품
	여러갈래(다중 선택) 제어 구조 부품	판단 결과 세 개 이상의 갈래 처리가 발생할 경우의 제어 구조 부품

8.2.2 한갈래 제어 구조 부품을 조립하는 법

한갈래(단일 선택) 제어 구조 부품은 판단 결과 하나의 분기 처리(分岐處理)만 발생하고 그 조건이 성립하지 않을 때는 그대로 구조를 무시한 채 지나쳐가는 형태의 제어 구조 부품을 말합니다.

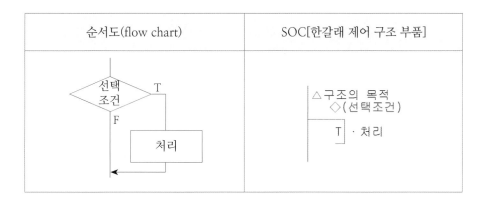

〈 참고 〉

㉠ 한갈래이므로 처리 내용은 선택 조건이 참(T : True)일 경우에만 발생하고, 거짓일 경우에는 아무 처리도 않고 구조를 무시한 채 지나칩니다.

㉡ 갈래 제어 구조 부품의 구조형 기호인 △은 기존 순서도의 판단 기호를 반으로 쪼갠 것과 같은 형태로 삼각 관계를 연상하게 합니다. 삼각 관계가 발생하였을 경우에는 판단을 하여 어느쪽인가 빨리 결정하여 분기해야 하기 때문입니다.

㉢ 한갈래 제어 구조 부품을 일반 이음 제어 구조 부품을 계열화시킨 형태와 구별하는 방법은 구조형 기호로 □ 또는 △를 사용하는지 여부로 판단하면 됩니다.

구조형 기호로 □를 사용할 경우에는 '이음 제어 구조 부품', △를 사용할 경우에는 '갈래 제어 구조 부품'으로 이해하시면 간단할 것입니다.

예제 8.2.2.1

직장에서 집으로 돌아 올 때, 아파트 입구의 우편함에 우편물이 들어있으면, 그것을 꺼내가지고 집으로 들어가는 알고리즘을 쏙으로 표현하시오.

◆go_home( )

　□직장에서 아파트로 퇴근한다.

　　　※직장에서 퇴근한다.
　　　※아파트 현관에서 우편함을 본다.
　　　△우편물 유무에 따른 행동
　　　　◇(우편함에 우편물이 들어있나?)

　　　　T │※우편함에서 우편물을 꺼낸다.

　　　※집으로 들어간다.

---

(1) 우편물이 없을 때의 제어 흐름

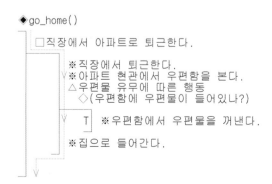

◆go_home( )

　□직장에서 아파트로 퇴근한다.

　　　※직장에서 퇴근한다.
　　　※아파트 현관에서 우편함을 본다.
　　　△우편물 유무에 따른 행동
　　　　◇(우편함에 우편물이 들어있나?)

　　　　T　※우편함에서 우편물을 꺼낸다.

　　　※집으로 들어간다.

(2) 우편물이 있을 때의 제어 흐름

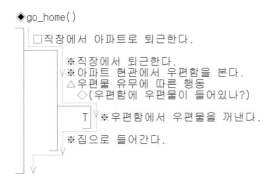

8.2.3 두갈래 제어 구조 부품을 조립하는 법

두갈래(이중 선택) 제어 구조 부품은 판단 결과 두갈래의 분기 처리가 발생할 경우의 제어 구조 부품을 말합니다.

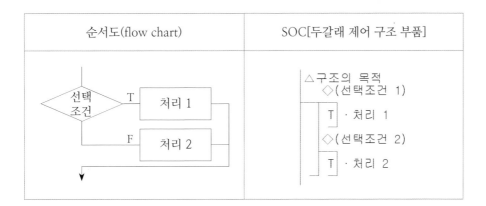

〈 참고 〉

   ㉠ 두갈래 제어 구조 부품에서 선택 조건 1은 '그러면(then) 조건'이며, 선택 조건 2는 '기타(else) 조건'입니다.

   ㉡ 일반 순서도(flow chart)에서는 '그러면(then) 조건'을 'T(True)'로 '그밖에(else) 조건'을 'F(False)'로 나타내어 주지만, 쏙에서는 모두 'T(True)'로 나타내어 줍니다. 그 이유는 쏙에서는 '그러면(then) 조건'이나 '기타(else) 조건' 모두를 논리적으로 일관성 있는 측면의 판단에 의해서 해당 조건에 해당하는 것이 참(T : True)일 경우에 분기하기 때문입니다.

ⓒ 쪽에서는 선택 조건 부분에 아무 것도 기입하지 않을 경우에는 '기타(else) 조건'으로
간주합니다.

예제 8.2.3.1

소개팅을 한 상대가 마음에 들면 데이트를 하고, 마음에 들지 않으면 헤어지는
알고리즘을 쪽으로 나타내 보시오.

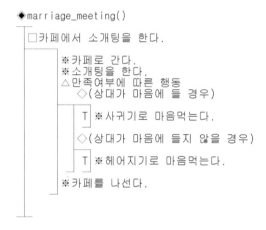

(1) 상대가 마음에 들 때의 제어의 흐름

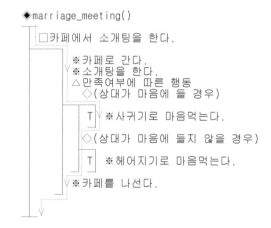

(2) 상대가 마음에 들지 않을 때의 제어의 흐름

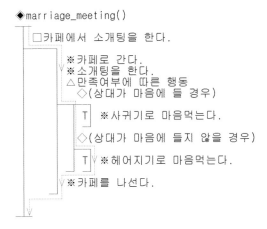

8.2.4 여러갈래 제어 구조 부품을 조립하는 법

여러갈래(다중 선택) 제어 구조 부품은 판단 결과 세갈래 이상의 분기처리가 발생할 경우의 제어 구조 부품을 말합니다.

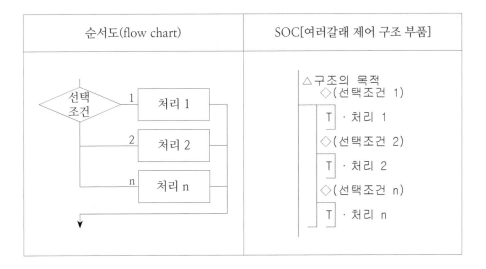

숫자를 키보드(keyboard)에서 입력받아, 1이면 "ONE", 2이면 "TWO", 3이면 "THREE", 4이면 "FOUR", 5이상이면 "MORE THAN 4"를 출력하는 알고리즘을 C언어에 맞춰 쏙으로 조립해 보시오.

```
#include <stdio.h>
#include <conio.h>

◆main()
  │ · int n;
  │ □숫자를 선택한다.
  │     │ · n = _getch();
  │     │ · n = n - 48;
  │     │ △숫자 크기에 따라 알림글을 출력한다.
  │     │    ◇(n == 1)
  │     │   T │ · printf("ONE\n");
  │     │    ◇(n == 2)
  │     │   T │ · printf("TWO\n");
  │     │    ◇(n == 3)
  │     │   T │ · printf("THREE\n");
  │     │    ◇(n == 4)
  │     │   T │ · printf("FOUR\n");
  │     │    ◇(n > 4)
  │     │   T │ · printf("MORE THAN 4\n");
```

(1) 키보드에서 3을 입력받았을 때의 제어의 흐름

```
#include <stdio.h>
#include <conio.h>

◆main()
  │ · int n;
  │ □숫자를 선택한다.
  │     │ · n = _getch();
  │     ↓ · n = n - 48;
  ⓪    ①
```

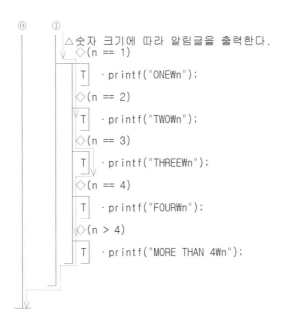

● C프로그램으로 작성한 예

```
#include 〈stdio.h〉
#include 〈conio.h〉

main() {
  int n;

  //.숫자를 선택한다.
  {
    n = _getch();
    n = n - 48;

    //.숫자 크기에 따라 알림글을 출력한다.
    if (n == 1) {
      printf("ONE\n");
    }
    else if (n == 2) {
      printf("TWO\n");
    }
```

```
        else if (n == 3) {
            printf("THREE₩n");
        }
        else if (n == 4) {
            printf("FOUR₩n");
        }
        else if (n > 4) {
            printf("MORE THAN 4₩n");
        }
    }
}
```

● 실행 화면

C:₩Windows₩system32₩cmd.exe

```
THREE
계속하려면 아무 키나 누르십시오 . . .
```

예제 8.2.4.2

숫자를 키보드에서 입력받아, 90이상이면 "A degree", 80이상이면 "B degree", 70이상이면 "C degree", 60이상이면 "D degree", 60미만이면 "F degree"를 출력하는 알고리즘을 C언어에 맞춰 쪽으로 조립해 보시오.

```
#include <stdio.h>

◆main()
  ·int score;
  □학점 매기기
        ·printf("점수를 입력하세요. : ");
        ·scanf_s("%d", &score, sizeof(score));
        △성적에 따라 학점을 매긴다.
  ⓞ      ①
```

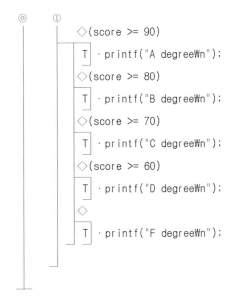

(1) 키보드에서 95를 입력 받았을 때의 제어의 흐름

(2) 키보드에서 58을 입력 받았을 때의 제어의 흐름

● C프로그램으로 작성한 예

```
#include <stdio.h>

main() {
  int score;

  //.학점 매기기
  {
    printf("점수를 입력하세요. : ");
    scanf_s("%d", &score, sizeof(score));

    //.성적에 따라 학점을 매긴다.
    if (score >= 90) {
```

```
            printf("A degree\n");
        }
        else if (score >= 80) {
            printf("B degree\n");
        }
        else if (score >= 70) {
            printf("C degree\n");
        }
        else if (score >= 60) {
            printf("D degree\n");
        }
        else {
            printf("F degree\n");
        }
    }
}
```

● 키보드에서 95를 입력받았을 때의 실행 화면

```
C:\Windows\system32\cmd.exe

점수를 입력하세요. : 95
A degree
계속하려면 아무 키나 누르십시오 . . .
```

● 키보드에서 58를 입력받았을 때의 실행 화면

```
C:\Windows\system32\cmd.exe

점수를 입력하세요. : 58
F degree
계속하려면 아무 키나 누르십시오 . . .
```

8.3 되풀이 제어 구조 부품의 조립 예

8.3.1 되풀이 제어 구조 부품의 개요

　되풀이(반복) 제어 구조 부품(iteration control structure component)은 반복 조건의 상태에 따라 끝모르는되풀이 제어 구조 부품과 끝아는되풀이 구조 제어 구조 부품으로 나뉩니다. 끝모르는되풀이 제어 구조 부품은 끝있는되풀이 제어 구조 부품과 끝없는되풀이 제어 구조 부품의 2가지로 나뉩니다.

　끝있는되풀이 제어 구조 부품은 구조 처리를 끝내고 빠져나오는 위치가 구조 부품의 어느 부분에 있는가에 따라 앞끝되풀이(전판정 반복) 제어 구조 부품, 사이끝되풀이(중판정 반복) 제어 구조 부품, 뒤끝되풀이(후판정 반복) 제어 구조 부품의 3가지로 세분화가 이루어집니다.

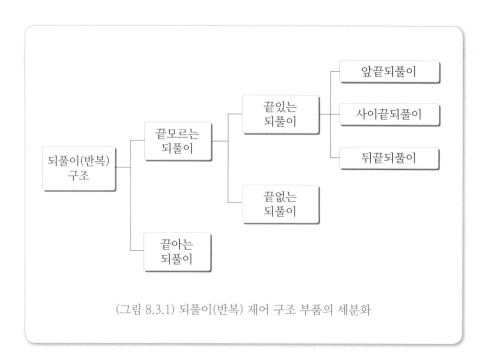

(그림 8.3.1) 되풀이(반복) 제어 구조 부품의 세분화

　각각의 되풀이(반복) 구조에 대한 설명을 〈표 8.3.1〉에서 정리하여 나타내었으니 참조하시기 바랍니다.

〈표 8.3.1〉 되풀이 제어 구조 부품의 종류에 따른 쓰임새

되풀이 제어 구조 부품	끝 모르는 되풀이	끝 있는 되풀이	앞끝되풀이 (전판정 반복)	되풀이 제어 구조 부품의 맨 앞에서 구조끝 조건 검사를 하여 구조로부터 빠져나갈지를 결정하는 제어 구조 부품
			사이끝되풀이 (중판정 반복)	되풀이 제어 구조 부품의 처리가 행해지는 사이에서 구조의 탈출 조건 검사를 하여 구조로부터 빠져나갈지를 결정하는 제어 구조 부품
			뒤끝되풀이 (후판정 반복)	되풀이 제어 구조 부품의 맨 뒤에서 구조의 탈출 조건 검사를 하여 구조로부터 빠져 나갈지를 결정하는 제어 구조 부품
		끝 없는 되풀이		무한 반복 제어 구조 부품이라고도 불리며, 일단 되풀이 제어 구조 부품속으로 들어가면, 밖으로부터의 고의적인 간섭(interrupt)이 없는 한, 구조를 끝없이 맴돌면서 처리를 반복하는 제어 구조 부품
	끝 아 는 되풀이			한정 반복 제어 구조 부품이라고도 불리며, 되풀이 제어 구조 부품으로 들어갈 때, 제어 변수의 초기값, 최종값(또는 반복 조건), 증가값을 파악하여 미리 구조의 반복 횟수를 지정하여 반복을 끝내는 시점을 안 다음에, 구조로 들어가서 정한 만큼의 횟수를 반복하여 맴돌며, 한 번 맴돌 때마다 미리 정한만큼 제어 변수의 값을 증가(또는 감소)시켜서 되풀이 조건을 충족하였을 때 반복을 마치고 빠져나가는 제어 구조 부품

프로그래밍 언어(programming language)에서 각 되풀이(반복) 제어 구조 부품을 표현해주기 위한 명령의 조합은 C언어의 경우에 다음과 같습니다.

① 앞끝되풀이(전판정 반복) 구조   while, for(;;) + if
② 사이끝되풀이(중판정 반복) 구조   while(1) + if, for(;;) + if
③ 뒤끝되풀이(후판정 반복) 구조   do~while, for(;;) + if
④ 끝없는되풀이(무한 반복) 구조   while(1), for(;;)
⑤ 끝아는되풀이(한정 반복) 구조   for

8.3.2 앞끝되풀이 제어 구조 부품의 조립 예

앞끝되풀이(전판정 반복) 제어 구조 부품은 되풀이(반복) 구조의 맨 앞에서 구조 탈출 조건 검사를 하여 반복 구조로부터 빠져나갈지의 여부를 결정하는 경우의 구조입니다.

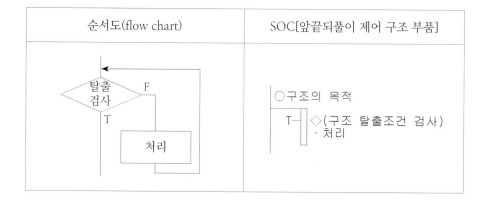

순서도(flow chart)	SOC[앞끝되풀이 제어 구조 부품]

〈 참고 〉

㉠ 앞끝되풀이 제어 구조 부품은 구조 탈출 조건 검사를 되풀이(반복) 구조의 맨 앞에서 행하므로, 한 번도 반복하지 않은 채 바로 구조를 빠져나가는 경우도 생깁니다.

㉡ 되풀이(반복) 구조의 목적형 전각 문자 기본 부품인 ○은 굴렁쇠 모양을 하고 있어 흐름을 맴돌면서 반복한다는 것을 즉시 떠올릴 수 있습니다.

㉢ 앞끝되풀이 제어 구조 부품의 전형적인 형태는 구조 탈출 조건을 검사하여 참일 경우에 구조를 빠져나가는 것입니다.

예제 8.3.2.1

다음은 미국의 각 주에서 부모의 동의를 얻어 결혼할 수 있는 연령을 나타낸 것입니다. 입력의 자료들을 읽어들여 출력 화면 형태와 같이 출력하는 알고리즘을 쏙으로 조립하되, 프로그램 언어와 관계없는 개념적인 단계의 설계를 행하시오.

〈입력〉

주	남자 결혼연령	여자 결혼연령
ALABAMA	14	14
FLORIDA	18	16

〈출력〉

결혼 가능 연령 보고서

주이름	남성	여성
ALABAMA	14	14
FLORIDA	18	16
평균연령	XX	XX

◆check_marriageable_age( )

□미국 각주에서 부모의 동의하에 결혼가능한 연령을 파악한다.

　□초기처리를 한다.

　　※화면을 지운다.
　　□표제와 부제를 출력한다.

　　　※"결혼 가능 연령 보고서"
　　　※빈줄
　　　※"주이름　　남성　　여성"

　　※결혼 연령 레코드

　○결혼 적령 상황을 파악한다.

　　T─◇(파일끝인가?)
　　　※건 수를 센다.
　　　※성별로 연령을 누적시킨다.
　　　※주이름, 남성연령, 여성연령
　　　※결혼 연령 레코드

　□평균 결혼가능 연령을 계산 출력한다.

　　　※남성 평균 결혼가능 연령을 계산한다.
　　　※여성 평균 결혼가능 연령을 계산한다.
　　　※평균연령

(1) 계열 0번의 가장 추상화된 이름만 파악할 때의 흐름

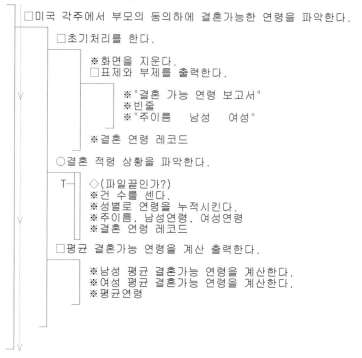

◆check_marriageable_age( )

　□미국 각주에서 부모의 동의하에 결혼가능한 연령을 파악한다.

　　□초기처리를 한다.

　　　※화면을 지운다.
　　　□표제와 부제를 출력한다.

　　　　※"결혼 가능 연령 보고서"
　　　　※빈줄
　　　　※"주이름　　남성　　여성"

　　　※결혼 연령 레코드

　　○결혼 적령 상황을 파악한다.

　　T ─ ◇(파일끝인가?)
　　　※건 수를 센다.
　　　※성별로 연령을 누적시킨다.
　　　※주이름, 남성연령, 여성연령
　　　※결혼 연령 레코드

　　□평균 결혼가능 연령을 계산 출력한다.

　　　※남성 평균 결혼가능 연령을 계산한다.
　　　※여성 평균 결혼가능 연령을 계산한다.
　　　※평균연령

(2) 계열 1번까지의 단계별 개요만 파악할 때의 흐름

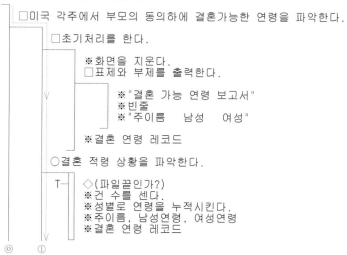

◆check_marriageable_age( )

　□미국 각주에서 부모의 동의하에 결혼가능한 연령을 파악한다.

　　□초기처리를 한다.

　　　※화면을 지운다.
　　　□표제와 부제를 출력한다.

　　　　※"결혼 가능 연령 보고서"
　　　　※빈줄
　　　　※"주이름　　남성　　여성"

　　　※결혼 연령 레코드

　　○결혼 적령 상황을 파악한다.

　　T ─ ◇(파일끝인가?)
　　　※건 수를 센다.
　　　※성별로 연령을 누적시킨다.
　　　※주이름, 남성연령, 여성연령
　　　※결혼 연령 레코드

　⓪　　①

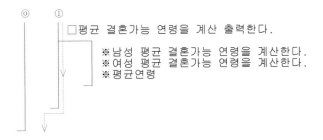

(3) 상세를 파악할 때의 흐름

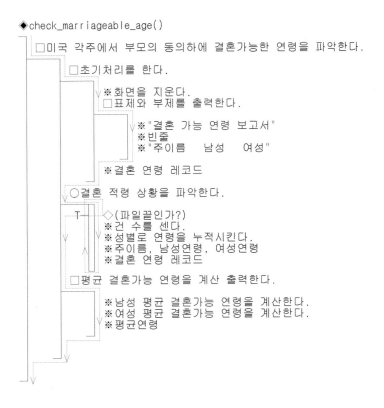

8.3.3 사이끝되풀이 제어 구조 부품의 조립 예

사이끝되풀이(중판정 반복) 제어 구조 부품은 되풀이(반복) 구조내의 처리와 처리 사이에서 구조 탈출 조건을 검사하여 구조를 빠져나갈지를 결정하는 경우의 구조입니다. 이것은 'n+½ 되풀이 제어 구조 부품' 또는 '커누스-젠-헤블맨(Knuth-Zahn- Haberman) 제어 구조 부품'이라고도 불립니다.

순서도(flow chart)	SOC[사이끝되풀이 제어 구조 부품]
처리 1 탈출 검사 T F 처리 2	○구조의 목적 T─◇ ·처리 1 ◇(구조 탈출조건 검사) ·처리 2

〈 참고 〉

　㉠ 사이끝되풀이 제어 구조 부품은 구조 탈출 조건 검사를 되풀이 구조의 내부에서 업무 처리 도중에 행하므로, 구조를 맴돌면서 업무처리를 하는 도중에 조건이 성립하면 구조를 빠져나갑니다.

　㉡ 구조를 빠져나가는 조건은 반드시 '참' 또는 'T(True)'와 같이 진실인 조건으로 해야 합니다. 이때 조건 표시인 '참' 또는 'T' 등은 건너뛰기 기호의 왼쪽에 써줍니다.

　그런데 여기서 끝있는되풀이 제어 구조 부품의 기호 표현법에 의문이 생길 수 있습니다. 구조를 빠져나가는 경우에 건너뛰기를 아래와 같이 표현해야 옳지 않을까하는 생각이 바로 그것입니다.

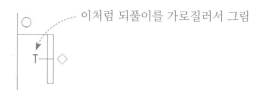

이처럼 되풀이를 가로질러서 그림

　위와 같이 해야 구조 탈출 판단 뒤, 판단 조건에 일치할 때 자연스럽게 구조를 빠져나갈 수 있지 않을까 하는 생각도 타당성이 있는 것 같습니다.

　그러나 앞끝되풀이(전판정 반복), 사이끝되풀이(중판정 반복), 뒤끝되풀이(후판정 반복) 등과 같은 끝있는되풀이 제어 구조 부품은 '탈출' 구조입니다.

다시 말해서, 끝아는되풀이 제어 구조 부품처럼 되풀이(반복) 구조 속으로 들어가는 시점에서 미리 구조 처리를 끝내고 빠져나갈 시점을 알 수 있는 것이 아니라, 되풀이(반복) 구조를 맴돌다가 어떤 특수한 상황이 성립해야만 일을 끝내고 구조를 탈출할 수 있기 때문입니다. 이것은 말하자면 유기수가 아니라 빠삐용같은 무기수가 감옥을 탈출하는 것과 같습니다. 탈출하려면 어떻게 해야 할까요? 정상적인 길로 탈출해야 할까요? 아니면 땅굴을 파거나 담을 넘어야 할까요? 당연히 정상적인 길이 아니라 땅굴을 파거나, 담을 넘어야 할 것입니다. 바로 그러한 연유로 구조를 빠져나가는 길을 정상적으로 그려줄 수 없기 때문에, 되풀이를 가로질러서 선을 그리는 것을 허용하지 않고, 되풀이에 건너뛰기 기호를 붙여주는 형식을 허용하는 것입니다.

예제 8.3.3.1

30m 높이의 나무에 오르려고 하는 달팽이가 있습니다. 이 달팽이는 낮에는 3m 올라갔다가 밤에는 2m 내려온다고 할 때, 이 달팽이가 나무 꼭대기에 도달하기까지 걸리는 일자를 계산하는 알고리즘을 C언어에 맞춰서 쏙(SOC)으로 설계한 뒤 C언어로 바꿔보시오.

```
#include <stdio.h>
◆void main(void)
 │ · int distance = 0;
 │ · int day = 0;
 │ □달팽이가 30m 나무꼭대기에 도달하는 일시를 계산한다.
 │         ○나무의 꼭대기까지 오르는데 걸리는 일자를 계산한다.
 │             · distance = distance + 3;
 │             · day = day + 1;
 │     T─    ◇(distance >= 30)
 │             · distance = distance - 2;
 │ □도달일자를 출력한다.
 │             · printf("나무 꼭대기에 오르는데 걸리는 일자=> %d\n", day);
```

● C프로그램으로 작성한 예

```c
#include <stdio.h>

void main(void) {
  int distance = 0;
  int day = 0;

  //.달팽이가 30m 나무꼭대기에 도달하는 일시를 계산한다.
  {

    //.나무의 꼭대기까지 오르는데 걸리는 일자를 계산한다.
    for (;;) {
      distance = distance + 3;
      day = day + 1;
      if (distance >= 30) break;
      distance = distance - 2;
    }

    //.도달일자를 출력한다.
    {
      printf("나무 꼭대기에 오르는데 걸리는 일자=> %d\n", day);
    }
  }
}
```

● 실행 화면

8.3.4 뒤끝되풀이 제어 구조 부품의 조립 예

뒤끝되풀이(후판정 반복) 제어 구조 부품은 구조의 맨 뒤에서 구조 탈출 조건을 검사하여 구조 탈출 여부를 결정하는 경우의 구조입니다.

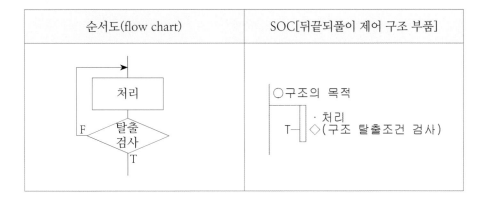

순서도(flow chart)	SOC[뒤끝되풀이 제어 구조 부품]

〈 참고 〉

    ㉠ 뒤끝되풀이 제어 구조 부품은 구조 탈출 조건 검사를 반복 구조의 맨 뒤에서 행하여, 성립하면 구조를 빠져나가므로 구조를 최소한 1회 이상 되풀이합니다.

    ㉡ 뒤끝되풀이 구조의 경우에도 구조를 빠져나가는 조건은 반드시 '참' 또는 'T'와 같은 진실을 기반으로 하는 조건으로만 정해주어야 합니다.

예제 8.3.4.1

어느 행인이 남에게 길을 물었을 때, '이 도로를 곧바로 동쪽으로 가서 세 번째 교차로에서 오른쪽으로 꺾어져 왼쪽으로 꽃집이 보이면 그 옆으로 두 번째 집'이라고 가르쳐 주었습니다. 이 사람의 행동을 개념적인 형태의 쏙(SOC)으로 나타내시오.

◆find_home()

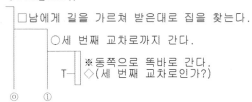

    □남에게 길을 가르쳐 받은대로 집을 찾는다.

        ○세 번째 교차로까지 간다.

           ※동쪽으로 똑바로 간다.

       T─◇(세 번째 교차로인가?)

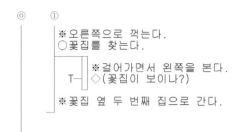

이제까지 앞끝되풀이(전판정 반복), 사이끝되풀이(중판정 반복), 뒤끝되풀이(후판정 반복) 제어 구조 부품을 각각 파악해 본 바와 같이, 쏙(SOC)은 이들을 되풀이(반복) 구조의 틀 속에 묶어서 단순히 구조를 빠져나가는 조건의 위치만을 변경시키는 식으로 단순화하여, 구조 파악시에 혼동이 전혀 없으며, 편안한 마음으로 일관성 있게 파악이 가능하도록 한 것이 특징입니다.

8.3.5 끝없는되풀이 제어 구조 부품의 조립 예

끝없는되풀이(무한 반복) 제어 구조 부품은 외부로부터의 고의적인 간섭(interrupt)이 없는 한, 구조를 끝없이 맴돌면서 처리를 반복하는 구조입니다.

일반적으로 이것은 앞끝되풀이(전판정 반복) 제어 구조 부품에서 되풀이 조건을 상수로 지정하거나, 끝아는되풀이(한정 반복) 제어 구조 부품에서 되풀이 조건의 지정을 생략하는 식으로 구조의 탈출구를 봉쇄하는 방법 등으로 일반 프로그래밍 언어(programming language)에서는 구현이 가능합니다.

순서도(flow chart)	SOC[끝없는되풀이 제어 구조 부품]
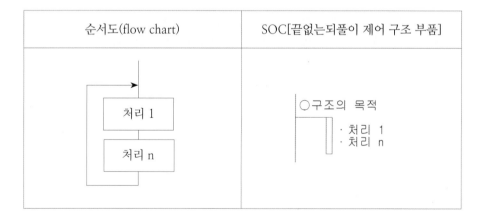	

〈 참고 〉

㉠ 끝없는되풀이 제어 구조에서는 구조를 빠져나갈 필요가 없으므로, 구조를 빠져나가 현
재의 계열보다 추상화한 계열의 흐름으로 건너뛰기 위한 '―'모양의 건너뛰기 기호를
생략해줍니다

예제 8.3.5.1

키보드(keyboard)에서 입력받은 문자(文字)를 그대로 모니터에 출력하는 일을
끝없이 반복하는 알고리즘(algorithm)을 쪽으로 나타내되, C언어의 특성에 맞도
록 조립한 후, C언어로도 나타내어 보시오.

```
#include <stdio.h>

◆void main(void)
 ┌ · int ch;
 │ ○입력받은 문자(文字)를 모니터에 출력한다.
 │  ┌ · ch = getch();      ※문자 하나를 키보드에서 입력받는다.
 │  │ · putch(ch);         ※문자 하나를 모니터에 출력한다.
 │  │
 └  └
```

● C프로그램으로 작성한 예

```
#include <stdio.h>
#include <conio.h>

void main(void) {
  int ch;

  //.입력받은 문자(文字)를 모니터에 출력한다.
  for (;;) {
    ch = _getch();     //문자 하나를 키보드에서 입력받는다.
    _putch(ch);        //문자 하나를 모니터에 출력한다.
  }
}
```

● 실행 화면

8.3.6 끝아는되풀이 제어 구조 부품의 조립 예

    끝아는되풀이(한정 반복) 제어 구조 부품은 구조로 들어갈 때, 제어 변수의 처음값, 반복 조건값, 증가값을 파악하여 미리 구조의 되풀이 횟수를 지정함으로써 구조의 되풀이를 끝 낼 시점을 미리 안 다음에, 구조로 들어가서 정한 만큼의 횟수를 반복하여 되풀이합니다. 1회 반복할 때마다 미리 정한 만큼 제어 변수의 값을 증가(또는 감소)시켜서 반복 조건을 충족할 때 되풀이를 마치고 빠져나가는 경우의 구조입니다.

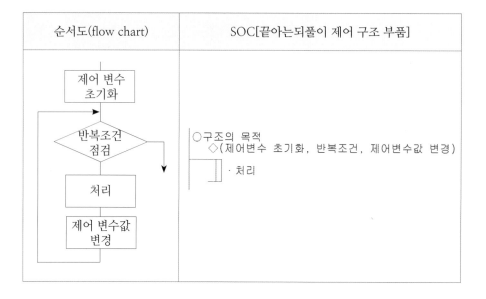

〈 참고 〉

㉠ 끝아는되풀이 제어 구조 부품에서 제어 변수의 증감값이 1씩 증가되는 경우에는 기입을 생략할 수 있습니다. 따라서 증감값의 기입을 생략한 경우에는 무조건 제어 변수의 값이 1씩 증가하는 것으로 간주할 수 있습니다. 그러나 제어 변수 첫 값과 반복 조건은 끝없는되풀이(endless loop) 등을 시도하는 등의 특수한 경우가 아닌 한 반드시 기입하는 것을 원칙으로 합니다.

㉡ 끝아는되풀이 제어 구조 부품의 경우에는 구조로 들어가기 전에 반복 횟수를 이미 결정하므로, 구조 밖으로 나와서 큰 계열로 건너뛰기 위한 건너뛰기 기본 부품 '―'을 결합한 블록 부품을 되풀이 제어 구조 부품의 맨 밑 바닥에 붙여서 되풀이 제어 구조 부품의 구성 요소로 만들어줍니다. 그 이유는 끝아는되풀이 제어 구조 부품은 다른 되풀이 제어 구조 부품과는 달리 구조내에서 도중에 탈출하는 것이 아니라, 구조를 일정한 횟수만큼 무조건 되풀이 한 후에, 횟수를 마감하면 자연스럽게 빠져나가는 구조이기 때문입니다.

다시 말해서 '앞끝', '사이끝', '뒤끝' 등의 '되풀이 제어 구조 부품'에서는 모두 미리 되풀이 횟수를 지정하지 않은채 구조 내로 일단 들어가서 탈출 조건이 성립할 때만 빠져나가는 방법을 사용하지만, '끝아는되풀이 제어 구조 부품'에서는 탈출이 아니라 미리 되풀이 횟수를 지정하여 반복 횟수를 미리 안 상태에서 구조내로 들어가 무조건 정한 횟수만큼만 되풀이하여 처리하고 횟수가 다 차면 자연스럽게 구조처리를 끝내고 빠져나가는 방법을 사용하고 있기 때문입니다.

예제 8.3.6.1

1인치는 2.54cm이다. 10~30까지 2인치씩 증가한다고 할 때, 각각의 cm를 출력하는 알고리즘을 쪽으로 나타내되, C언어의 특성에 맞도록 조립한 뒤, C언어로도 나타내어 보시오.

```
#include <stdio.h>

◆void main(void)
  │ · int inch;
  │ · float cm;
  │ ○인치를 센치로 바꾼다.
  │   ◇(inch = 1; inch <=30; inch = inch + 2)
  │   ┌── · cm = inch * 2.54;
  │   │    · printf("%d인치 = %.2fcm\n", inch, cm);
  │   └──
  └──
```

● C프로그램으로 작성한 예

```c
#include <stdio.h>

void main(void) {
  int inch;
  float cm;

  //.인치를 센치로 바꾼다.
  for (inch = 1; inch <=30; inch = inch + 2) {
    cm = inch * 2.54;
    printf("%dInch = %.2fcm\n", inch, cm);
  }
}
```

● 실행 화면

```
C:\Windows\system32\cmd.exe

1 Inch = 2.54cm
3 Inch = 7.62cm
5 Inch = 12.70cm
7 Inch = 17.78cm
9 Inch = 22.86cm
11 Inch = 27.94cm
13 Inch = 33.02cm
15 Inch = 38.10cm
17 Inch = 43.18cm
19 Inch = 48.26cm
21 Inch = 53.34cm
23 Inch = 58.42cm
25 Inch = 63.50cm
27 Inch = 68.58cm
29 Inch = 73.66cm
계속하려면 아무 키나 누르십시오 . . .
```

이제까지 되풀이 제어 구조 부품의 5가지 형태에 대해서 파악해 온 바와 같이, 되풀이 제어 구조 부품의 경우에는 다음의 3가지의 기호만 살펴본다면 그 상황에 따라서 즉시 제어 구조 파악이 가능합니다.

점검사항 구조형태	반복(O) ?	되풀이(▯)에 건너뛰기(–)가 붙은 상태는?
앞끝되풀이(전판정 반복)	있음	되풀이 기호의 윗부분에 붙어있다.
사이끝되풀이(중판정 반복)	있음	되풀이 기호의 중간부분에 붙어있다.
뒤끝되풀이(후판정 반복)	있음	되풀이 기호의 밑부분에 붙어있다.
끝없는되풀이(무한 반복)	있음	되풀이 기호에 붙어있지 않다.
끝아는되풀이(한정 반복)	있음	되풀이 기호의 밑바닥에 붙어있다.

응용 과제

- 과제 8.1   이음(순차, sequence) 제어 구조 부품만으로 알고리즘을 설계한 사례를 3개만 작성해 보세요.

- 과제 8.2   이음(순차, sequence) 제어 구조 부품과 갈래(선택, selection) 제어 구조 부품을 조합하여 알고리즘을 설계한 사례를 3개만 작성해 보세요.

- 과제 8.3   이음(순차, sequence) 제어 구조 부품과 되풀이(반복, iteration) 제어 구조 부품을 조합하여 알고리즘을 설계한 사례를 3개만 작성해 보세요.

- 과제 8.4   이음(순차, sequence) 제어 구조 부품, 갈래(선택, selection) 제어 구조 부품, 되풀이(반복, iteration) 제어 구조 부품을 모두 조합하여 알고리즘을 설계한 사례를 2개만 작성해 보세요.

- 과제 8.5   이음(순차, sequence) 제어 구조 부품, 갈래(선택, selection) 제어 구조 부품, 되풀이(반복, iteration) 제어 구조 부품을 모두 조합하여 알고리즘을 C언어 구조에 맞춰서 상세 설계하고는 C언어로 변환하여 컴파일 한 후 직접 실행시켜보세요.

9장

비정상계 제어 구조 부품의 조립 예

9.1 비상 제어 구조 부품의 조립 예

직렬 처리(serial processing)의 비정상계 제어 구조 부품에서 비상 제어 구조 부품은 비상 한 갈래 제어 구조 부품이라고도 불립니다.

정상계의 갈래 제어 구조 부품은 선택의 수에 따라서 한갈래, 두갈래, 여러갈래 제어 구조 부품으로 나뉘지만, 비정상계의 비상 제어 구조 부품에서는 기본적으로 한갈래 제어 구조 부품만 사용하는 것을 원칙으로 합니다.

그 이유는 정상계와는 달리 비상계에서는 비정상적인 상황이 발생하여 순간순간 판단할 때마다 신속히 계열간의 건너뛰기를 행해야 하기 때문입니다.

9.1.1 비상계의 구현 예

순서도(flow chart)	SOC[비상 제어 구조 부품]
표현 불가	□이음구조 목적 ▲비상 구조의 목적 ◇(비상 선택조건) T 처리 n

〈 참고 〉

비상 구조 패턴은 비정상적인 상황이 발생하여 정상적인 처리 절차의 일부를 생략하고 건너 뛰어서 처리해야 할 경우의 제어 구조에 대한 논리 구조 표기 방법을 제시한다. 건너뛰기로 n으로 표기한 부분은 건너뛰기 단수를 나타내는 숫자(number)를 의미한다. 예를 들어, 계열 간에 2단 건너뛰기가 있을 경우에는 n부분을 2로 표기한다.

예제 9.1.1.1

숫자를 입력 받아 소수(素數)인지 여부를 판정하는 일을 반복하다가, 숫자 0이 입력 되면 작업을 마치는 설계 처리를 C언어에 맞춰서 쪽으로 구현해 보시오.

```
#include <stdio.h>
#include <math.h>
```

◆void main(void)

· int i;
· int num;
· int limit;
· int remainder;
□소수를 구한다.

　　　○소수 구하기를 반복한다.
　　　　· printf("소수 여부를 판정할 숫자를 입력하세요. : ");
　　　　· scanf_s("%d", &num, sizeof(num));
　T─　◇(num == 0)　　　　※숫자 0이 입력되면 종료
　　　　△2 이상인 수에 대해서만 소수 여부를 판정한다.
　　　　　◇(num >= 2)

　　　　　T　· limit = (int)sqrt(num);
　　　　　　○소수여부를 판정한다.
　　　　　　　◇(i = limit; i >= 2; i--)

　　　　　　　· remainder = num % i;
　　　　　　　▲소수가 아닐 때의 조치
　　　　　　　　◇(remainder == 0)

　　　　　　　　T
　　　　　　　2─

　　　　　　△소수 판정결과를 출력한다.
　　　　　　　◇(i == 1)

　　　　　　T　· printf("%d는 소수입니다.\n", num);

　　　　　　◇

　　　　　　T　· printf("%d는 소수가 아닙니다.\n", num);

● C프로그램으로 작성한 예

```
#include <stdio.h>

#include <math.h>

void main(void) {
    int i;

    int num;

    int limit;
```

```c
    int remainder;

//.소수를 구한다.
    {

    //.소수 구하기를 반복한다.
    for (;;) {
        printf("소수 여부를 판정할 숫자를 입력하세요. : ");
        scanf_s("%d", &num, sizeof(num));
        if (num == 0)        break;//숫자 0이 입력되면 종료

        //.2 이상인 수에 대해서만 소수 여부를 판정한다.
        if (num >= 2) {
            limit = (int)sqrt(num);

            //.소수여부를 판정한다.
            for (i = limit; i >= 2; i--) {
                remainder = num % i;

                //.소수가 아닐 때의 조치
                if (remainder == 0) {
                    break;
                }
            }

            //.소수 판정결과를 출력한다.
            if (i == 1) {
                printf("%d는 소수입니다.\n", num);
            }
            else {
                printf("%d는 소수가 아닙니다.\n", num);
            }
        }
    }
    }
}
```

● 실행 화면

```
C:\Windows\system32\cmd.exe

소수 여부를 판정할 숫자를 입력하세요. : 32
32는 소수가 아닙니다.
소수 여부를 판정할 숫자를 입력하세요. : 7
7는 소수입니다.
소수 여부를 판정할 숫자를 입력하세요. : 0
계속하려면 아무 키나 누르십시오 . . .
```

9.1.2 비상계에서의 정상계 요소 추출 예

예제 9.1.2.1

다음의 C프로그램을 K-Method을 적용하여 쪽으로 문서화 하시오.

```c
#include <stdio.h>

void main(void) {
  int i;

  //.유한수의 자연수를 출력한다.
  {

    //.일정 범위의 자연수를 출력한다.
    for (i = 0; i <= 100; i++) {
      printf("NUM = %d\n", i);

      //.자연수의 값이 50을 넘을 때의 조치
      if (i >= 50) {
        break;
      }
    }

    //.마무리 작업을 한다.
    {
```

```
        printf("END!!!");
      }
    }
  }
```

```
#include <stdio.h>
```

◆void main(void)

```
· int i;
□유한수의 자연수를 출력한다.

        ○일정 범위의 자연수를 출력한다.
         ◇(i = 0; i <= 100; i++)

                · printf("NUM = %d\n", i);
                ▲자연수의 값이 50을 넘을 때의 조치
                  ◇(i >= 50)

                    T
                    2

        □마무리 작업을 한다.

                · printf("END!!!");
```

● 실행 화면

```
C:\Windows\system32\cmd.exe
NUM = 0
NUM = 1
NUM = 2
NUM = 3
NUM = 4
NUM = 5
NUM = 6
NUM = 7
NUM = 8
NUM = 9
NUM = 10
NUM = 11
NUM = 12
NUM = 13
NUM = 14
```

```
NUM = 15
NUM = 16
NUM = 17
NUM = 18
NUM = 19
NUM = 20
NUM = 21
NUM = 22
NUM = 23
NUM = 24
NUM = 25
NUM = 26
NUM = 27
NUM = 28
NUM = 29
NUM = 30
NUM = 31
NUM = 32
NUM = 33
NUM = 34
NUM = 35
NUM = 36
NUM = 37
NUM = 38
NUM = 39
NUM = 40
NUM = 41
NUM = 42
NUM = 43
NUM = 44
NUM = 45
NUM = 46
NUM = 47
NUM = 48
NUM = 49
NUM = 50
END!!! 계속하려면 아무 키나 누르십시오 . . .
```

위와 같이 문서화해 놓고 보면 프로그램 리스트(program list)에서 잘 보이지 않았던 문제점이 발견됩니다.

자연수가 50을 넘으면 언제나 되풀이로부터 빠져나온다는 사실입니다.

즉 언제나 50을 넘으면 빠져나온다는 것은 그것이 비상 상황(비상계)이 아니라 정상 상황(정상계)이라는 것입니다.

따라서 위의 문서화한 내용을 보고, 아래와 같이 비상계를 간단히 제거할 수 있습니다.

```
#include <stdio.h>

◆void main(void)
   · int i;
   □유한수의 자연수를 출력한다.

         ○일정 범위의 자연수를 출력한다.
            ◇(i = 0; i <= 50; i++)

                  · printf("NUM = %d\n", i);

         □마무리 작업을 한다.

                  · printf("END!!!");
```

● 실행 화면

```
C:\Windows\system32\cmd.exe
NUM = 0
NUM = 1
NUM = 2
NUM = 3
NUM = 4
NUM = 5
NUM = 6
NUM = 7
NUM = 8
NUM = 9
NUM = 10
NUM = 11
NUM = 12
NUM = 13
NUM = 14
NUM = 15
NUM = 16
NUM = 17
NUM = 18
NUM = 19
NUM = 20
NUM = 21
NUM = 22
NUM = 23
NUM = 24
NUM = 25
NUM = 26
NUM = 27
NUM = 28
```

```
NUM = 29
NUM = 30
NUM = 31
NUM = 32
NUM = 33
NUM = 34
NUM = 35
NUM = 36
NUM = 37
NUM = 38
NUM = 39
NUM = 40
NUM = 41
NUM = 42
NUM = 43
NUM = 44
NUM = 45
NUM = 46
NUM = 47
NUM = 48
NUM = 49
NUM = 50
END!!! 계속하려면 아무 키나 누르십시오 . . .
```

9.1.3 정상계에 비상계를 추가하는 예

이번에는 쏙으로 작성한 알고리즘을 경우에 따라 어떻게 수정하는가를 직접 예를 들어 표현해 보기로 하겠습니다.

알고리즘이란 필요에 따라 수시로 변경할 수 있다는 사실과 그럴 경우 쏙(SOC)의 실제 조립 시, K-Method를 어떻게 적용하는가를 (예제 9.1.3.1) ~ (예제 9.1.3.5)의 예제들을 통하여 쉽게 이해하실 수 있을 것입니다.

예제 9.1.3.1

자동판매기에서 다음과 같은 순서로 주스를 사는 알고리즘을 쏙으로 표현하되, 개념적인 설계법으로 문서화하시오.

　① 자동판매기의 앞에 선다.

　② 주머니에서 100원짜리 동전을 찾는다.

③ 100원짜리 동전을 넣는다.
④ 버튼을 누른다.
⑤ 주스를 꺼낸다.

◆buy_juice( )

　□자동판매기에서 주스를 산다.

　　※자동판매기 앞에 선다.
　　□주스를 산다.

　　　※주머니에서 100원짜리 동전을 찾는다.
　　　※100원짜리 동전을 넣는다.
　　　※버튼을 누른다.
　　　※주스를 꺼낸다.

예제 9.1.3.2

(예제 9.1.3.1)의 내용에 '주머니에 100원짜리 동전이 없으면 10원짜리 동전을 찾아서 넣는다'는 상황을 추가하여 쪽의 개념적인 설계 표현법으로 조립하여 나타내시오.

◆buy_juice( )

　□자동판매기에서 주스를 산다.

　　※자동판매기 앞에 선다.
　　△가진 동전을 투입구에 넣는다.
　　　◇(가진 동전이 100원짜리일 경우)

　　　│T│※100원짜리 동전을 넣는다.

　　　◇(가진 동전이 10원짜리일 경우)

　　　│T│※10원짜리 동전을 넣는다.

　　※버튼을 누른다.
　　※주스를 꺼낸다.

예제 9.1.3.3

(예제 9.1.3.2)의 내용에 '매절(賣切)의 빨간 램프에 불이 들어오면 단념한다'는 상황과 '500원짜리 동전, 100원짜리 동전, 10원짜리 동전이 모두 없을 때에도 단념한다'는 상황을 추가하여 쪽으로 조립하여 나타내시오.

```
◆buy_juice( )
  □자동판매기에서 주스를 산다.
        ※자동판매기 앞에 선다.
        ▲주스가 품절되었을 때의 조치
          ◇(품절 표시등이 켜져 있나?)
            ┌─┐
            │T│ ※구입을 단념한다.
            │2│
            └─┘
        ▲구입할 동전이 없을 때의 조치
          ◇(구입할 동전이 없나?)
            ┌─┐
            │T│ ※구입을 단념한다.
            │2│
            └─┘
        △가진 동전을 투입구에 넣는다.
          ◇(가진 동전이 500원짜리일 경우)
            ┌─┐
            │T│ ※500원짜리 동전을 넣는다.
            └─┘
          ◇(가진 동전이 100원짜리일 경우)
            ┌─┐
            │T│ ※100원짜리 동전을 넣는다.
            └─┘
          ◇(가진 동전이 10원짜리일 경우)
            ┌─┐
            │T│ ※10원짜리 동전을 넣는다.
            └─┘
        ※버튼을 누른다.
        ※주스를 꺼낸다.
```

예제 9.1.3.4

(예제 9.1.3.3)의 내용에 다음의 4가지 행동을 추가하여 쪽으로 표현하시오.
 ① 꺼낸 캔 주스의 마개를 딴다.
 ② 주스를 마신다.
 ③ 그것으로 만족했으면 끝낸다.
 ④ 아직 더 마시고 싶으면, 다시 1개 더 사서 마신다.
    (만족할 때까지 반복한다.)

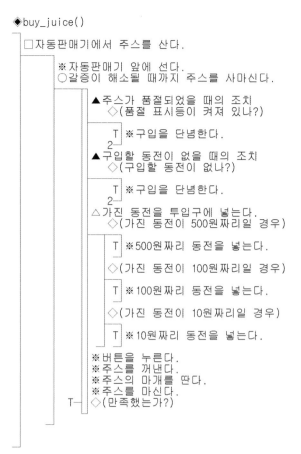

◆buy_juice( )

□자동판매기에서 주스를 산다.

※자동판매기 앞에 선다.
○갈증이 해소될 때까지 주스를 사마신다.

▲주스가 품절되었을 때의 조치
◇(품절 표시등이 켜져 있나?)

T2 ※구입을 단념한다.

▲구입할 동전이 없을 때의 조치
◇(구입할 동전이 없나?)

T2 ※구입을 단념한다.

△가진 동전을 투입구에 넣는다.
◇(가진 동전이 500원짜리일 경우)

T ※500원짜리 동전을 넣는다.

◇(가진 동전이 100원짜리일 경우)

T ※100원짜리 동전을 넣는다.

◇(가진 동전이 10원짜리일 경우)

T ※10원짜리 동전을 넣는다.

※버튼을 누른다.
※주스를 꺼낸다.
※주스의 마개를 딴다.
※주스를 마신다.
T ◇(만족했는가?)

예제 9.1.3.5

(예제 9.1.3.4)의 내용에 여러 가지의 동전을 가지고 있을 때의 상황을 감안한 행동을 추가하여 쪽으로 표현하시오.

◆buy_juice( )

□자동판매기에서 주스를 산다.

※자동판매기 앞에 선다.
○갈증이 해소될 때까지 주스를 사마신다.

▲주스가 품절되었을 때의 조치
◇(품절 표시등이 켜져 있나?)

T2 ※구입을 단념한다.

◎   ①   ②

```
⓪   ①   ②
             ▲구입할 동전이 없을 때의 조치
               ◇(구입할 동전이 없나?)
           ┌T┐ ※구입을 단념한다.
           └2┘
             ※판매금액을 확인한다.
             ○판매금액만큼 동전을 넣는다.
                 △가진 동전을 투입구에 넣는다.
                   ◇(가진 동전이 500원짜리일 경우)
                 ┌T┐ ※500원짜리 동전을 넣는다.
                 └─┘
                   ◇(가진 동전이 100원짜리일 경우)
                 ┌T┐ ※100원짜리 동전을 넣는다.
                 └─┘
                   ◇(가진 동전이 10원짜리일 경우)
                 ┌T┐ ※10원짜리 동전을 넣는다.
                 └─┘
           T─◇(판매금액 이상의 동전을 넣었나?)
             ※버튼을 누른다.
             ※주스를 꺼낸다.
             ※주스의 마개를 딴다.
             ※주스를 마신다.
       T─◇(만족했는가?)
```

9.1.4 비상계가 많은 알고리즘을 유지 보수하는 예

예제 9.1.4.1

동전을 사용하는 공중전화로 전화를 거는 알고리즘을 쏙으로 조립하되, 공중전화 통화 시에 생각할 수 있는 여러 가지 비상 상황에 대한 대책도 강구하여 표현하시오.

```
◆publicphone_call()
  □동전사용 공중전화로 전화를 한다.
      □원하는 상대에게 전화를 건다.
          ○전화를 건다.
              ○수화기를 들어 발신음이 들리는지 확인한다.
                  ※수화기를 든다.
  ⓪   ①   ②   ③   ④
```

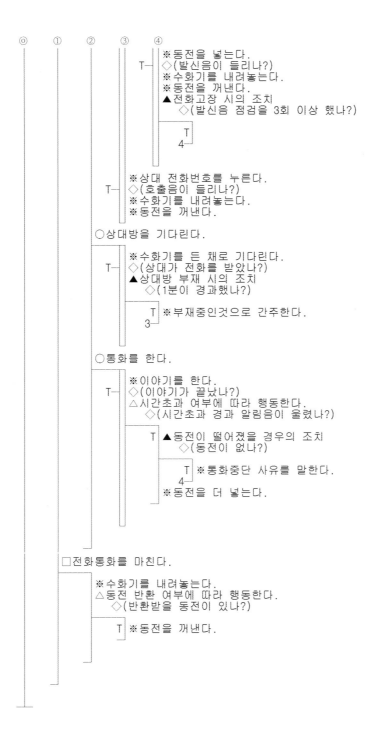

⓪ ① ② ③ ④

T— ※동전을 넣는다.
◇(발신음이 들리나?)
※수화기를 내려놓는다.
※동전을 꺼낸다.
▲전화고장 시의 조치
◇(발신음 점검을 3회 이상 했나?)
T
4

T— ※상대 전화번호를 누른다.
◇(호출음이 들리나?)
※수화기를 내려놓는다.
※동전을 꺼낸다.

○상대방을 기다린다.

T— ※수화기를 든 채로 기다린다.
◇(상대가 전화를 받았나?)
▲상대방 부재 시의 조치
◇(1분이 경과했나?)
T ※부재중인것으로 간주한다.
3

○통화를 한다.

T— ※이야기를 한다.
◇(이야기가 끝났나?)
△시간초과 여부에 따라 행동한다.
◇(시간초과 경과 알림음이 울렸나?)
T ▲동전이 떨어졌을 경우의 조치
◇(동전이 없나?)
T ※통화중단 사유를 말한다.
4
※동전을 더 넣는다.

□전화통화를 마친다.

※수화기를 내려놓는다.
△동전 반환 여부에 따라 행동한다.
◇(반환받을 동전이 있나?)
T ※동전을 꺼낸다.

예제 9.1.4.2

(예제 9.1.4.1)에서 카드를 사용하는 공중 전화를 사용할 경우도 포함하여 알고리즘을 나타낼 수 있도록 유지 보수하시오.

```
◆publicphone_call()
 □공중전화로 전화한다.
    □원하는 상대에게 전화를 건다.
       △전화카드 소지여부에 따라 행동한다.
         ◇(전화카드를 가지고 있나?)
       T ※카드 공중전화로 간다.
         ○전화를 건다.
            ○전화기를 들어 발심음이 들리나 확인한다.
               ※수화기를 든다.
               ※전화카드를 넣는다.
             T ◇(발신음이 들리나?)
               ※수화기를 내려놓는다.
               ※전화카드를 꺼낸다.
               ▲전화고장 시의 조치
                 ◇(발신음 점검을 3회 이상 했나?)
               T
               5
               ※상대 전화번호를 누른다.
             T ◇(호출음이 들리나?)
               ※수화기를 내려놓는다.
               ※전화카드를 꺼낸다.
      ◇
      T ※동전 공중전화로 간다.
        ○전화를 건다.
           ○수화기를 들어 발신음이 들리는지 확인한다.
              ※수화기를 든다.
              ※동전을 넣는다.
            T ◇(발신음이 들리나?)
              ※수화기를 내려놓는다.
              ※동전을 꺼낸다.
              ▲전화고장 시의 조치
                ◇(발신음 점검을 3회 이상 했나?)
              T
              5
              ※상대 전화번호를 누른다.
            T ◇(호출음이 들리나?)
 ⓪   ①   ②   ③   ④
```

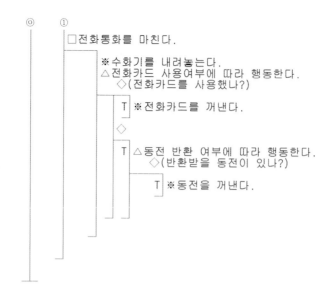

이상 제어 구조 부품의 조립 예

직렬 처리(serial processing)의 비정상계 제어 구조 부품에서 이상 제어 구조 부품은 이상 이음 제어 구조 부품이라고도 불립니다. 정상계의 이음 제어 구조 부품은 시간적인 흐름에 따른 전후 관계에 의해서, 앞 시간의 것을 이어받아서 처리를 행한 뒤에 잇따라 연결한 다음시간의 단계로 기능적으로 분할하여 넘겨주는 역할을 합니다.

그러나 비정상계의 이상 이음 제어 구조 부품은 일을 진행하다가 이상이 발생할 경우에 시간과 계층과 계열을 거슬러 4차원적인 분기를 통해 미리 정해진 이상 치료 병원(이상계)으로 갑니다. 이상 치료가 끝난 다음에는 정상계처럼 이어져 있는 다음 처리로 가는 것이 아니라, 이상이 발생한 시점의 장소에서 계속해서 처리를 진행하도록 하는 것이 특징입니다.

9.2.1 지역 이상계의 구현 예

순서도(flow chart)	SOC[이상 제어 구조 부품]
표현 불가	■이상 구조의 목적 · 처리

예제 9.2.1.1

정수형 배열을 선언하여, 값을 대입하는 프로그램을 Java로 설계하시오. 단, 배열의 요소수를 음수로 지정하는 등의 오류가 발생할 경우와 같은 이상 현상에 대한 처리도 감안하여 Java 언어에 맞춰서 쏙(SOC)을 조립하여 설계 처리하시오.

```
class ExceptionProg1 {
◆public static void main(String args[])
  ■배열의 요소수가 음수로 지정되는 예외대응 처리를 한다.
        □try
            · int num[] = new int[-5];
  ⓪     ①     ②
```

```
⓪    ①    ②
                  · num[3] = 10;

           △
              ◇catch(NegativeArraySizeException except)
              T ※배열의 요소수가 음수인 경우의 대응처리 절
                · System.out.println("ArraySize is negative!!!");
           □finally

                ※예외발생 유무에 관계없이 수행되는 처리 절
                · System.ot.println("Exception checking completion!!!");



}
```

● Java 프로그램의 예

```java
class ExceptionPorg1 {
  public static void main(String args[]) {
    //. 배열의 요소수가 음수로 지정되는 예외대응 처리를 한다
    {
      try
      {
        int num[] = new int[-5];
        num[3] = 10;
      }
      catch(NegativeArraySizeException except) {
        // 배열의 요소수가 음수인 경우의 대응처리 절
        System.out.println("ArraySize is negative!!!");
      }
      finally
      {
        // 예외발생 유무에 관계없이 수행되는 처리 절
        System.out.println("Exception checking completion!!!");
      }
    }
  }
}
```

종합 이상계의 예는 7.4절의 (그림 7.4.1)을 참조하시면 됩니다. K-Method에서는 인간 사회의 환경 변화에 따라 각 문제 해결의 장(정상계, 비상계, 이상계)에서의 적용 비율을 조절해 줄 수 있습니다.

옛날에는 교통 수단이 발달하지 않았기 때문에, 많은 문제들을 동네에서 지역적으로 해결할 수밖에 없는 경우가 많았고, 특히 동네 병원도 없어서 수술같은 것도 집에서 그냥 주먹구구식으로 받아야 하는 일도 많았습니다. 이처럼 프로그래밍도 스파게티 형태의 주먹구구식으로 하였던 것입니다.

그러다가, 점차 동네 의원(지역 이상계)과 종합 병원(종합 이상계)이 생깁니다. 특히, 급속한 발달로 화상 통신 등에 의한 원거리 진료 등이 가능해짐에 따라 이제는 이상 증상을 전문성을 고도로 발휘할 수 있는 종합 병원에 의뢰하는 비율이 커졌습니다. 이처럼 알고리즘에서의 이상계도 종합 이상계의 적용 비율이 높아집니다.

다시 말해서, 간단한 증상은 지역에서 지방 자치(地方自治, site autonomy)로 해결하면서 이들 지역들이 통신망을 통해 분산 환경에서 유기적으로 협력해 가다가, 아주 중요한 문제에 대해서는 중앙의 문제 해결기구의 도움을 받는 것과 같습니다.

이것은 지방 자치 시대에 중앙 정부가 환경의 변화에 따른 중요한 문제에 대해 조정 역할을 해주는 것과도 같습니다.

이처럼 알고리즘을 구성함에 있어서 환경의 변화에 따른 대처를 감안해주는 것은 아주 중요합니다. 긴급한 교통 사고 환자에 대한 이상 증상을 지역별 자치성을 고집하며 전문성이 떨어지는 동네 병원만을 찾다가 진료 거부를 당하는 사례는 아주 많습니다.

동네 병원(지역 이상계)에서는 환자가 스스로 병원을 찾아갈 수 있는 정도의 증상일 때에 진료를 받는 것이 좋으며, 이 정도라면 비상계로 대부분 대처(對處)해 주다가 환자(患者)가 스스로 거동할 수 없는 중증(프로그램 스스로가 해결할 수 없는 문제)에 대해서만 긴급 출동 119(인터럽트 핸들러 : interrupt handler)에 의해 고도의 전문성을 가진 병원(이상계)으로 옮겨서 치료를 한다면, 문제를 최적화한 방법으로 해결할 수 있습니다.

이상적으로는 그렇다는 말입니다. 하지만, 사람들이 종합 병원에만 가려고 하다보니 종합 병원이 만원을 초래하여 오래 대기해야 하는 상황이 발생하는 등 적절한 치료 시기 확보 측면에서 문제가 커집니다. 동네 병원(지역 이상계)에서 해결하자니 전문성이 약하고, 종합 병원(종합 이상계)에서 해결하자니 순발력 있는 적시 치료가 어려운 문제가 발생한 것입니다. 이것을 해결하기 위해 예제 9.2.1.1의 Java 언어와 같은 객체지향 언어에서는 미리 모든 예외 상황을 분석하여 클래스로 만들어서 종합 병원(종합 이상계) 수준의 레시피를 마련한 후 이것을 동네 병원(지역 이상계)에서 상속받아서 적용하는 방법을 사용합니다. 이렇게 함으로써 지역 이상계도 종합 이상계 수준의 서비스 능력을 확보한 것입니다.

응용 과제

- 과제 9.1 컴퓨팅 사고(computational thinking)에 기본적으로 필요한 4가지 요소를 조사한 후, 각각에 대해 세부적으로 분석해 보세요.

- 과제 9.2 컴퓨팅 사고(computational thinking) 증진을 위해서 조립식 설계 패턴을 사용하는 것이 필요한 이유를 조사하고 동료들과 토론해 보세요.

- 과제 9.3 여객기에 탑승하여 목적지로 가는 과정을 정상계만을 사용하여 쪽(SOC)으로 설계한 후, 정상계와 비상 제어 구조 부품을 추가하여 보다 안전하게 여행할 수 있도록 컴퓨팅 사고를 확장해 나가는 사례를 들어 보세요.

- 과제 9.4 가족 여행을 떠나기 위해 아파트를 나서기 직전에 집안의 안전을 보장하기 위해서 점검해야 할 사항들을 정상계만을 사용하여 쪽(SOC)으로 설계한 후, 정상계와 비상 제어 구조 부품을 추가하여 비상 상황에 대처할 수 있도록 컴퓨팅 사고를 확장해 나가는 사례를 들어 보세요.

- 과제 9.5 이성 친구와 만나서 남산 타워까지 걸어서 데이트하고 오는 과정을 정상계만을 사용하여 쪽(SOC)으로 설계한 후, 정상계와 비상 제어 구조 부품을 추가하여 비상 상황에 대처할 수 있도록 컴퓨팅 사고를 확장해 나가는 사례를 들어 보세요.

C언어에 맞춘 설계부품의 조립 예

기본 알고리즘의 조립 예

10.1.1 소수(素數) 구하기

> **예제 10.1.1.1**
>
> 2에서 100까지의 숫자 중에서 소수(素數)를 가려내어 출력하는 알고리즘
> (algorithm)의 설계 처리를 C언어에 맞춰서 쏙(SOC)으로 구현하시오.

```
#include <stdio.h>
#include <math.h>

#define N 50              ※소수 구하기 범위

◆void main(void)
  · int primeArr[N];      ※소수 배열 선언
  · int i;                ※소수 구하기 범위 인덱스
  · int j;                ※소수 계산 인덱스
  · int primeArrCnt = 0;  ※소수 배열 인덱스 선언 및 초기화
  · int start;            ※소수 계산 시작 인덱스
  · int remainder;        ※나머지 변수 선언
  □소수를 구한다.

          ○2~N 범위에서 소수를 구한다.
            ◇(i =2; i <= N; i++)

              · start = (int)sqrt((double)i);   ※소수 계산 시작점 확정
              ○소수여부를 판정한다.
                ◇(j = start; j >=2; j--)

                  · remainder = i % j;          ※나머지 계산
                  ▲소수가 아닐 때의 조치
                    ◇(remainder == 0)

                      ┌ T ※나머지가 0이면 소수가 아님
                      └ 2

              △소수로 판정한 수를 배열에 담는다.
                ◇(j == 1)

                  T · primeArr[primeArrCnt] = i; ※소수 배열에 소수 저장
                    · primeArrCnt++;             ※소수 배열 인덱스 증가

          □소수를 구한 결과를 출력한다.

              · printf("2~%d 범위의 소수: ", N);
              ○소수 리스트를 출력한다.
                ◇(j = 0; j < primeArrCnt; j++)

                  · printf("%d ", primeArr[j]);

              · printf("\n");
```

● C프로그램으로 작성한 예

```c
#include <stdio.h>
#include <math.h>

#define N 50            //소수 구하기 범위

void main(void) {
  int primeArr[N];      // 소수 배열 선언
  int i;                // 소수 구하기 범위 인덱스
  int j;                // 소수 계산 인덱스
  int primeArrCnt = 0;  // 소수 배열 인덱스 선언 및 초기화
  int start;            // 소수 계산 시작 인덱스
  int remainder;        // 나머지 변수 선언

  //.소수를 구한다.
  {

    //.2~N 범위에서 소수를 구한다.
    for (i =2; i <= N; i++) {
      start = (int)sqrt((double)i);    // 소수 계산 시작점 확정

      //.소수여부를 판정한다.
      for (j = start; j >=2; j--) {
        remainder = i % j;             // 나머지 계산

        //.소수가 아닐 때의 조치
        if (remainder == 0) {
          // 나머지가 0이면 소수가 아님
          break;
        }
      }

      //.소수로 판정한 수를 배열에 담는다.
      if (j == 1) {
        primeArr[primeArrCnt] = i;  // 소수 배열에 소수 저장
        primeArrCnt++;              // 소수 배열 인덱스 증가
```

```
            }
        }

        //.소수를 구한 결과를 출력한다.
        {
            printf("2~%d 범위의 소수: ", N);

            //.소수 리스트를 출력한다.
            for (j = 0; j < primeArrCnt; j++) {
                printf("%d ", primeArr[j]);
            }
            printf("\n");
        }
    }
}
```

● 실행 화면

10.1.2 소인수 분해(素因數分解)

예제 10.1.2.1

키보드(keyboard)에서 입력 받은 정(正)의 정수를 소인수 분해하여 출력하는 알고리즘(algorithm)의 설계 처리를 C언어에 맞춰서 쪽(SOC)으로 구현하시오.

```
#include <stdio.h>

◆void main(void)
   · int inputNum;           ※입력값 변수 선언
   · int cnt;                ※소인수 분해 인덱스 선언
   · int remain;             ※나머지 변수 선언
   ○소인수 분해 처리를 한다.
           · printf("소인수 분해할 수를 입력하세요=>");
           · scanf_s("%d", &inputNum, sizeof(inputNum));
    T─    ◇(inputNum == 0)   ※입력받은 수가 0이면 종료
           · cnt = 2;
           ○소인수 분해를 한다.
              T─   ◇(inputNum < cnt * cnt)
                    · remain = inputNum % cnt;
                    △소인수 분해 가능 여부에 따라 처리한다.
                        ◇(remain == 0)
                       T │※소인수 분해가 가능한 경우
                         │ · printf("%d*", cnt);
                         │ · inputNum = inputNum / cnt;

                         ◇

                       T │※소인수 분해가 가능하지 않은 경우
                         │ · cnt++;

           · printf("%d\n", inputNum);
```

● C프로그램으로 작성한 예

```
#include <stdio.h>

void main(void) {
    int inputNum;        // 입력값 변수 선언
    int cnt;             // 소인수 분해 인덱스 선언
    int remain;          // 나머지 변수 선언
```

```
//.소인수 분해 처리를 한다.
for (;;) {
    printf("소인수 분해할 수를 입력하세요=>");
    scanf_s("%d", &inputNum, sizeof(inputNum));
    if (inputNum == 0)    break;// 입력받은 수가 0이면 종료
    cnt = 2;

    //.소인수 분해를 한다.
    while (!(inputNum < cnt * cnt)) {
        remain = inputNum % cnt;

        //.소인수 분해 가능 여부에 따라 처리한다.
        if (remain == 0) {
            // 소인수 분해가 가능한 경우
            printf("%d*", cnt);
            inputNum = inputNum / cnt;
        }
        else {
            // 소인수 분해가 가능하지 않은 경우
            cnt++;
        }
    }
    printf("%d\n", inputNum);
}
}
```

● 실행 화면

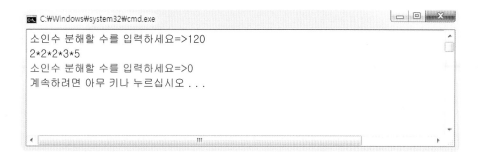

정렬 알고리즘의 조립 예

10.2.1 기본 선택 정렬

> **예제 10.2.1.1**
>
> 기본선택법에 의해 자료를 오름차순으로 정렬하는 선택 정렬 알고리즘(selection sort algorithm)의 설계 처리를 C언어에 맞춰서 쏙(SOC)으로 구현하시오.

```
#include <stdio.h>
#define N 5
int dat[] = { 30, 60, 25, 70, 15 };
◆void main(void)
  ·int buf;        ※버퍼 변수 선언
  ·int i;          ※선택 정렬 기준 지점 인덱스 선언
  ·int j;          ※선택 정렬 비교 지점 인덱스 선언
 □기본 선택 정렬을 수행한다.
         □기본 선택 정렬 전의 데이터를 출력한다.
                ·printf("기본 선택 정렬 전의 데이터 배열 상태: ");
                ○정렬 전 배열의 데이터를 출력한다.
                    ◇(i=0; i<N; i++)
                        ·printf("%d ", dat[i]);
                ·printf("\n");

         ○오름차순으로 기본 선택 정렬을 수행한다.
             ◇(i=0; i<N-1; i++)
                ○1회전 오름차순으로 선택 정렬을 수행한다.
                    ◇(j=i+1; j<N; j++)
                        △오름차순으로 데이터를 정렬한다.
                          ◇(dat[i] > dat[j])
                          T ·buf = dat[i];    ※i위치 데이터를 버퍼로
                            ·dat[i] = dat[j]; ※j위치 데이터를 i위치로
                            ·dat[j] = buf;    ※버퍼 데이터를 j위치로

         □기본 선택 정렬 결과를 출력한다.
                ·printf("기본 선택 정렬 후의 데이터 배열 상태: ");
                ○정렬 후 배열의 데이터를 출력한다.
                    ◇(i=0; i<N; i++)
                        ·printf("%d ", dat[i]);
                ·printf("\n");
```

● C프로그램으로 작성한 예

```c
#include <stdio.h>

#define N 5

int dat[] = { 30, 60, 25, 70, 15 };

void main(void) {
    int buf;        // 버퍼 변수 선언
    int i;          // 선택 정렬 기준 지점 인덱스 선언
    int j;          // 선택 정렬 비교 지점 인덱스 선언

    //.기본 선택 정렬을 수행한다.
    {

        //.기본 선택 정렬 전의 데이터를 출력한다.
        {
            printf("기본 선택 정렬 전의 데이터 배열 상태: ");

            //.정렬 전 배열의 데이터를 출력한다.
            for (i=0; i<N; i++) {
                printf("%d ", dat[i]);
            }
            printf("\n");
        }

        //.오름차순으로 기본 선택 정렬을 수행한다.
        for (i=0; i<N-1; i++) {

            //.1회전 오름차순으로 선택 정렬을 수행한다.
            for (j=i+1; j<N; j++) {

                //.오름차순으로 데이터를 정렬한다.
                if (dat[i] > dat[j])      {
                    buf = dat[i];     // i위치 데이터를 버퍼로
                    dat[i] = dat[j]; // j위치 데이터를 i위치로
```

```
            dat[j] = buf;    // 버퍼 데이터를 j위치로
        }
      }
    }

    //.기본 선택 정렬 결과를 출력한다.
    {
      printf("기본 선택 정렬 후의 데이터 배열 상태: ");

      //.정렬 후 배열의 데이터를 출력한다.
      for (i=0; i<N; i++) {
        printf("%d ", dat[i]);
      }
      printf("\n");
    }
  }
}
```

● 실행 화면

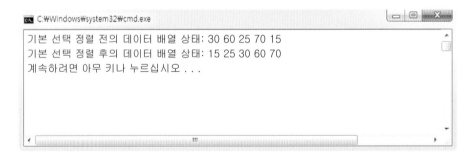

10.2.2 최솟값 선택 정렬

예제 10.2.2.1

최솟값 선택법에 의해 자료를 오름차순으로 정렬하는 선택 정렬 알고리즘 (selection sort algorithm)의 설계 처리를 C언어에 맞춰서 쏙(SOC)으로 구현해 보시오.

```
#include <stdio.h>
#define N 5
int dat[] = { 30, 60, 25, 70, 15 };
◆void main(void)
    ·int min;        ※최솟값 변수 선언
    ·int buf;        ※버퍼 변수 선언
    ·int s;          ※최솟값 지점 인덱스 선언
    ·int i;          ※선택 정렬 기준 지점 인덱스 선언
    ·int j;          ※선택 정렬 비교 지점 인덱스 선언
  □최솟값 선택 정렬을 수행한다.

        □최솟값 선택 정렬 전의 데이터를 출력한다.

            ·printf("최솟값 선택 정렬 전의 데이터 배열 상태: ");
            ○배열의 데이터를 출력한다.
                ◇(i=0; i<N; i++)

                    ·printf("%d ", dat[i]);

            ·printf("\n");

        ○오름차순으로 최소값 선택 정렬을 수행한다.
            ◇(i=0; i<N-1; i++)

                ·min = dat[i];              ※i위치 데이터를 min으로
                ·s = 1;                     ※s를 1로 초기화
                ○1회전 오름차순으로 선택 정렬을 수행한다.
                    ◇(j=i+1; j<N; j++)

                        △최솟값을 구한다.
                            ◇(min > dat[j])

                        T   ·min = dat[j]; ※j위치 데이터를 min으로
                            ·s = j;        ※j값을 s로

                ·buf = dat[i];    ※i위치 데이터를 버퍼로
                ·dat[i] = dat[s]; ※s위치 데이터를 i위치로
                ·dat[s] = buf;    ※버퍼 데이터를 s위치로

        □최솟값 선택 정렬 결과를 출력한다.

            ·printf("최솟값 선택 정렬 후의 데이터 배열 상태: ");
    ⓪      ①      ②
```

```
⓪    ①    ②
│    │    │  ○정렬이 끝난 데이터를 출력한다.
│    │    │   ◇(i=0; i<N; i++)
│    │    ├────┐
│    │    │    │ ·printf("%d ", dat[i]);
│    │    │    │
│    │    ├─────· printf("\n");
│    │    │
│    │    │
```

● C프로그램으로 작성한 예

```c
#include <stdio.h>

#define N 5

int dat[] = { 30, 60, 25, 70, 15 };

void main(void) {
  int min;      // 최솟값 변수 선언
  int buf;      // 버퍼 변수 선언
  int s;        // 최솟값 지점 인덱스 선언
  int i;        // 선택 정렬 기준 지점 인덱스 선언
  int j;        // 선택 정렬 비교 지점 인덱스 선언

  //.최솟값 선택 정렬을 수행한다.
  {

    //.최솟값 선택 정렬 전의 데이터를 출력한다.
    {
      printf("최솟값 선택 정렬 전의 데이터 배열 상태: ");

      //.배열의 데이터를 출력한다.
      for (i=0; i<N; i++) {
        printf("%d ", dat[i]);
      }
      printf("\n");
    }
```

```
//.오름차순으로 최소값 선택 정렬을 수행한다.
for (i=0; i<N-1; i++) {
    min = dat[i];            // i위치 데이터를 min으로
    s = 1;                   // s를 1로 초기화

    //.1회전 오름차순으로 선택 정렬을 수행한다.
    for (j=i+1; j<N; j++) {

        //.최솟값을 구한다.
        if (min > dat[j])    {
            min = dat[j];  // j위치 데이터를 min으로
            s = j;         // j값을 s로
        }
    }
    buf = dat[i];     // i위치 데이터를 버퍼로
    dat[i] = dat[s]; // s위치 데이터를 i위치로
    dat[s] = buf;     // 버퍼 데이터를 s위치로
}

//.최솟값 선택 정렬 결과를 출력한다.
{
    printf("최솟값 선택 정렬 후의 데이터 배열 상태: ");

    //.정렬이 끝난 데이터를 출력한다.
    for (i=0; i<N; i++) {
        printf("%d ", dat[i]);
    }
    printf("\n");
}
}
}
```

● 실행 화면

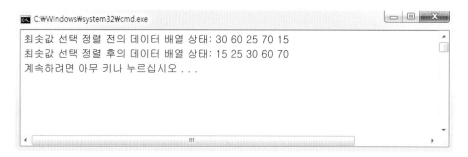

10.2.3 레코드형 자료의 선택 정렬

예제 10.2.3.1

레코드형 자료(record type data)를 오름차순으로 선택 정렬(selection sort)하는 알고리즘(algorithm)의 설계 처리를 C언어에 맞춰서 쏙(SOC)으로 구현하시오.

```c
#include <stdio.h>

#define N 6

struct Grade
{
    char *name;
    int score;
};

struct Grade *buf;

struct Grade *student[N];

struct Grade dat[] =
{
    "Choi", 90, "Kim", 95, "Jang" , 60,
    "Lee", 85, "Park", 100, "Min", 55
};
```

◆void main(void)
```
· int min;        ※성적 최솟값 변수 선언
· int s;          ※최솟값 지점 인덱스 선언
· int i;          ※선택 정렬 기준 지점 인덱스 선언
· int j;          ※선택 정렬 비교 지점 인덱스 선언
□레코드형 자료의 선택 정렬을 수행한다.

        ○레코드의 번지를 대입한다.
          ◇(i=0; i<N; i++)

              · student[i] = &dat[i];

 ⓞ      ①
```

◎   ①

□레코드형 자료의 선택 정렬 전의 데이터를 출력한다.

    · printf("<레코드형 자료의 선택 정렬 전의 데이터 배열 상태>\n");
    ○배열의 데이터를 출력한다.
      ◇(i=0; i<N; i++)

        · printf("%5s ", student[i] -> name);
        · printf("%4d \n", student[i] -> score);

    · printf("\n");

○포인터를 이용하여 오름차순으로 선택 정렬을 수행한다.
  ◇(i=0; i<N-1; i++)

    · min = student[i] -> score; ※i위치 데이터를 min으로
    · s = i;   ※s를 i로 초기화
    ○1회전 오름차순으로 선택 정렬을 수행한다.
      ◇(j=i+1; j<N; j++)

        △오름차순으로 데이터를 정렬한다.
          ◇(min > student[j] -> score)

          T · min = student[j] -> score; ※j위치데이터를 min으로
            · s = j;   ※j값을 s로

        · buf = student[i];   ※i위치 데이터를 버퍼로
        · student[i] = student[s]; ※s위치 데이터를 i위치로
        · student[s] = buf;   ※버퍼 데이터를 s위치로

□레코드형 자료의 선택 정렬 결과를 출력한다.

    · printf("<레코드형 자료의 선택 정렬 후의 데이터 배열 상태>\n");
    ○정렬이 끝난 데이터를 출력한다.
      ◇(i=0; i<N; i++)

        · printf("%5s ", student[i] -> name);
        · printf("%4d \n", student[i] -> score);

    · printf("\n");

● C프로그램으로 작성한 예

```c
#include <stdio.h>

#define N 6

struct Grade
{
  char *name;
  int score;
```

```c
};

struct Grade *buf;

struct Grade *student[N];

struct Grade dat[] =
{
  "Choi", 90, "Kim", 95, "Jang" , 60,
  "Lee", 85, "Park", 100, "Min", 55
};

void main(void) {
    int min;       // 성적 최솟값 변수 선언
    int s;         // 최솟값 지점 인덱스 선언
    int i;         // 선택 정렬 기준 지점 인덱스 선언
    int j;         // 선택 정렬 비교 지점 인덱스 선언

    //.레코드형 자료의 선택 정렬을 수행한다.
    {

       //.레코드의 번지를 대입한다.
       for (i=0; i<N; i++) {
          student[i] = &dat[i];
       }

       //.레코드형 자료의 선택 정렬 전의 데이터를 출력한다.
       {
          printf("<레코드형 자료의 선택 정렬 전의 데이터 배열 상태>\n");

          //.배열의 데이터를 출력한다.
          for (i=0; i<N; i++) {
             printf("%5s ", student[i] -> name);
             printf("%4d \n", student[i] -> score);
          }
          printf("\n");
       }
```

```
//.포인터를 이용하여 오름차순으로 선택 정렬을 수행한다.
for (i=0; i<N-1; i++) {
  min = student[i] -> score;  // i위치 데이터를 min으로
  s = i;                      // s를 i로 초기화

  //.1회전 오름차순으로 선택 정렬을 수행한다.
  for (j=i+1; j<N; j++) {

    //.오름차순으로 데이터를 정렬한다.
    if (min > student[j] -> score) {
      min = student[j] -> score;  // j위치 데이터를 min으로
      s = j;                      // j값을 s로
    }
    buf = student[i];         // i위치 데이터를 버퍼로
    student[i] = student[s];  // s위치 데이터를 i위치로
    student[s] = buf;         // 버퍼 데이터를 s위치로
  }
}

//.레코드형 자료의 선택 정렬 결과를 출력한다.
{
  printf("<레코드형 자료의 선택 정렬 후의 데이터 배열 상태>\n");

  //.정렬이 끝난 데이터를 출력한다.
  for (i=0; i<N; i++) {
    printf("%5s ", student[i] -> name);
    printf("%4d \n", student[i] -> score);
  }
  printf("\n");
}
}
```

● 실행 화면

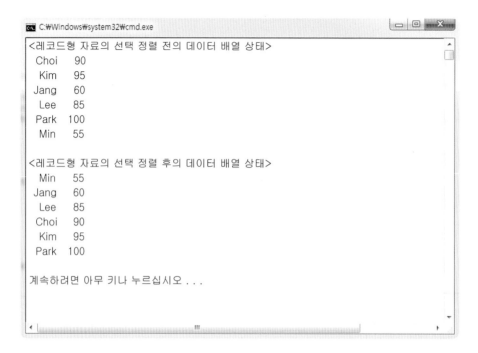

```
C:\Windows\system32\cmd.exe

<레코드형 자료의 선택 정렬 전의 데이터 배열 상태>
 Choi    90
 Kim     95
 Jang    60
 Lee     85
 Park   100
 Min     55

<레코드형 자료의 선택 정렬 후의 데이터 배열 상태>
 Min     55
 Jang    60
 Lee     85
 Choi    90
 Kim     95
 Park   100


계속하려면 아무 키나 누르십시오 . . .
```

10.2.4 기본 거품 정렬

예제 10.2.4.1

배열에 저장한 자료를 오름차순으로 정렬하는 기본적인 거품 정렬 알고리즘
(bubble sort algorithm)의 설계 처리를 C언어에 맞춰서 쏙(SOC)으로 구현하시오.

```
#include <stdio.h>

#define N 5

int dat[] = {75, 30, 90, 50, 37};

◆void main(void)

 · int buf;      ※버퍼 변수 선언
 · int i;        ※거품 정렬 범위 결정 인덱스 선언
 · int j;        ※거품 정렬 비교 인덱스 선언
 □기본 거품 정렬을 수행한다.

       □기본 거품 정렬 전의 데이터를 출력한다.
 ⓪     ①
```

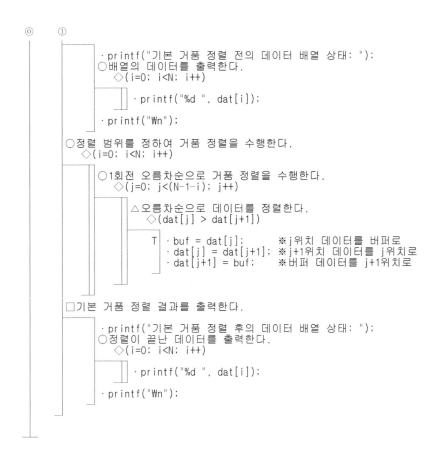

● C프로그램으로 작성한 예

```c
#include <stdio.h>

#define N 5

int dat[] = {75, 30, 90, 50, 37};

void main(void) {
    int buf;     // 버퍼 변수 선언
    int i;       // 거품 정렬 범위 결정 인덱스 선언
    int j;       // 거품 정렬 비교 인덱스 선언

    //.기본 거품 정렬을 수행한다.
```

```
{

    //.기본 거품 정렬 전의 데이터를 출력한다.
    {
        printf("기본 거품 정렬 전의 데이터 배열 상태: ");

        //.배열의 데이터를 출력한다.
        for (i=0; i<N; i++) {
            printf("%d ", dat[i]);
        }
        printf("\n");
    }

    //.정렬 범위를 정하여 거품 정렬을 수행한다.
    for (i=0; i<N; i++) {

        //.1회전 오름차순으로 거품 정렬을 수행한다.
        for (j=0; j<(N-1-i); j++) {

            //.오름차순으로 데이터를 정렬한다.
            if (dat[j] > dat[j+1])       {
                buf = dat[j];        // j위치 데이터를 버퍼로
                dat[j] = dat[j+1];   // j+1위치 데이터를 j위치로
                dat[j+1] = buf;      // 버퍼 데이터를 j+1위치로
            }
        }
    }

    //.기본 거품 정렬 결과를 출력한다.
    {
        printf("기본 거품 정렬 후의 데이터 배열 상태: ");

        //.정렬이 끝난 데이터를 출력한다.
        for (i=0; i<N; i++) {
            printf("%d ", dat[i]);
        }
        printf("\n");
```

```
        }
      }
    }
```

● 실행 화면

```
C:\Windows\system32\cmd.exe

기본 거품 정렬 전의 데이터 배열 상태: 75 30 90 50 37
기본 거품 정렬 후의 데이터 배열 상태: 30 37 50 75 90
계속하려면 아무 키나 누르십시오 . . .
```

10.2.5 개량 거품 정렬

예제 10.2.5.1

배열에 저장한 자료를 오름차순으로 정렬함에 있어서, 도중에 정렬이 완료되면
정렬을 완료하는 거품 정렬 알고리즘(bubble sort algorithm)의 설계 처리를 C
언어에 맞춰서 쏙(SOC)으로 구현하시오.

```
#include <stdio.h>
#define N 5
int dat[] = {75, 30, 90, 50, 37};
```

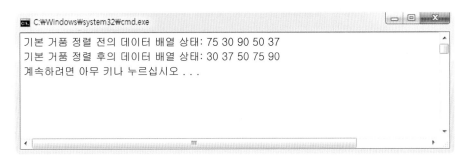

```
◆void main(void)
  ┌─ ·int buf;      ※버퍼 변수 선언
  │   ·int i;        ※거품 정렬 범위 결정 인덱스 선언
  │   ·int j;        ※거품 정렬 비교 인덱스 선언
  │   ·int flag;     ※정렬 완료 점검 플래그
  │   □개량 거품 정렬을 수행한다.
  │
  │        □개량 거품 정렬 전의 데이터를 출력한다.
  │
  ⓪      ①       ②
```

```
⓪  ①  ②
         ·printf("개량 거품 정렬 전의 데이터 배열 상태: ");
         ○배열의 데이터를 출력한다.
            ◇(i=0; i<N; i++)
                  ·printf("%d ", dat[i]);
         ·printf("\n");

      ○정렬 범위를 정하여 거품 정렬을 수행한다.
         ◇(i=0; i<N; i++)
            ·flag = 0;        ※정렬 완료 점검 플래그 초기화
            ○1회전 오름차순으로 거품 정렬을 수행한다.
               ◇(j=0; j<(N-1-i); j++)
                  △오름차순으로 데이터를 정렬한다.
                     ◇(dat[j] > dat[j+1])
                  T  ·buf = dat[j];        ※j위치 데이터를 버퍼로
                     ·dat[j] = dat[j+1];   ※j+1위치 데이터를 j위치로
                     ·dat[j+1] = buf;      ※버퍼 데이터를 j+1위치로
                     ·flag = 1;            ※flag를 정렬 미완료로 설정

            ▲거품 정렬 완료시의 조치
               ◇(flag == 0)
               T  ※flag가 0이면 정렬 완료로 인식하여 루프 탈출
               2

      □개량 거품 정렬 결과를 출력한다.
         ·printf("개량 거품 정렬 후의 데이터 배열 상태: ");
         ○정렬이 끝난 데이터를 출력한다.
            ◇(i=0; i<N; i++)
                  ·printf("%d ", dat[i]);
         ·printf("\n");
```

● C프로그램으로 작성한 예

```c
#include <stdio.h>

#define N 5

int dat[] = {75, 30, 90, 50, 37};

void main(void) {
    int buf;      // 버퍼 변수 선언
```

264

```c
    int i;          // 거품 정렬 범위 결정 인덱스 선언
    int j;          // 거품 정렬 비교 인덱스 선언
    int flag;       // 정렬 완료 점검 플래그

    //.개량 거품 정렬을 수행한다.
    {

        //.개량 거품 정렬 전의 데이터를 출력한다.
        {
            printf("개량 거품 정렬 전의 데이터 배열 상태: ");

            //.배열의 데이터를 출력한다.
            for (i=0; i<N; i++) {
                printf("%d ", dat[i]);
            }
            printf("₩n");
        }

        //.정렬 범위를 정하여 거품 정렬을 수행한다.
        for (i=0; i<N; i++) {
            flag = 0;       // 정렬 완료 점검 플래그 초기화

            //.1회전 오름차순으로 거품 정렬을 수행한다.
            for (j=0; j<(N-1-i); j++) {

                //.오름차순으로 데이터를 정렬한다.
                if (dat[j] > dat[j+1]) {
                    buf = dat[j];        // j위치 데이터를 버퍼로
                    dat[j] = dat[j+1];   // j+1위치 데이터를 j위치로
                    dat[j+1] = buf;      // 버퍼 데이터를 j+1위치로
                    flag = 1;            // flag를 정렬 미완료로 설정
                }
            }

            //.거품 정렬 완료시의 조치
            if (flag == 0) {
                // flag가 0이면 정렬 완료로 인식하여 루프 탈출
```

```
      break;
    }
  }

  //.개량 거품 정렬 결과를 출력한다.
  {
    printf("개량 거품 정렬 후의 데이터 배열 상태: ");

    //.정렬이 끝난 데이터를 출력한다.
    for (i=0; i<N; i++) {
      printf("%d ", dat[i]);
    }
    printf("\n");
  }
}
}
```

● 실행 화면

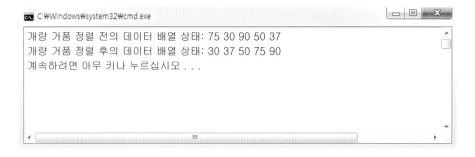

10.2.6 흔들 정렬(shaker sort)

예제 10.2.6.1

배열에 저장한 자료를 오름차순으로 정렬하는 거품 정렬(bubble sort) 기법을 응용한 흔들 정렬 알고리즘(shaker sort algorithm)의 설계 처리를 C언어에 맞춰서 쏙(SOC)으로 구현하시오.

```
#include <stdio.h>

#define N 10

int dat[] = {30, 8, 5, 25, 4, 78, 9, 2, 3, 1};

◆void main(void)
    · int buf;        ※버퍼 변수 선언
    · int i;          ※거품 정렬 범위 결정 인덱스 선언
    · int left;       ※좌측 정렬 범위 한계 인덱스 선언
    · int right;      ※우측 정렬 범위 한계 인덱스 선언
    · int shift;      ※정렬 범위 지정 인덱스 선언
    □흔들 거품 정렬을 수행한다.

        □흔들 거품 정렬 전의 데이터를 출력한다.

            · printf("흔들 거품 정렬 전의 데이터 배열 상태: ");
            ○배열의 데이터를 출력한다.
                ◇(i=0; i<N; i++)

                    · printf("%d ", dat[i]);

            · printf("\n");

        · left = 0;      ※좌측 정렬 범위 한계 인덱스 초기화
        · right = N-1;   ※우측 정렬 범위 한계 인덱스 초기화
        ○흔들 거품 정렬 기법으로 오름차순으로 정렬한다.

        T─ ◇(left >= right)
            ○왼쪽에서 오른쪽으로 1회전 정렬한다.
                ◇(i= left; i<right; i++)

                    △오름차순으로 정렬한다.
                        ◇(dat[i] > dat[i+1])

                    T · buf = dat[i];        ※i위치 데이터를 버퍼로
                        · dat[i] = dat[i+1];  ※i+1위치 데이터를 i위치로
                        · dat[i+1] = buf;     ※버퍼 데이터를 i+1위치로
                        · shift = i;          ※i위치를 shift로

                · right = shift;  ※shift값을 right로
                ○오른쪽에서 왼쪽으로 1회전 정렬한다.
                    ◇(i= right; i>left; i--)

                        △오름차순으로 정렬한다.
    ⓪      ①      ②      ③
```

```
⓪   ①   ②   ③
                    ◇(dat[i-1] > dat[i])
                  ┌ T ·buf = dat[i-1];      ※i-1위치 데이터를 버퍼로
                  │   ·dat[i-1] = dat[i];   ※i위치 데이터를 i-1위치로
                  │   ·dat[i] = buf;         ※버퍼 데이터를 i위치로
                  └   ·shift = i;            ※i위치를 shift로

              ·left = shift;  ※shift값을 left로
      □흔들 거품 정렬 결과를 출력한다.
          ·printf("흔들 거품 정렬 후의 데이터 배열 상태: ");
          ○정렬이 끝난 데이터를 출력한다.
            ◇(i=0; i<N; i++)
          ┌   ·printf("%d ", dat[i]);
          ·printf("\n");
```

● C프로그램으로 작성한 예

```c
#include <stdio.h>

#define N 10

int dat[] = {30, 8, 5, 25, 4, 78, 9, 2, 3, 1};

void main(void) {
    int buf;        // 버퍼 변수 선언
    int i;          // 거품 정렬 범위 결정 인덱스 선언
    int left;       // 좌측 정렬 범위 한계 인덱스 선언
    int right;      // 우측 정렬 범위 한계 인덱스 선언
    int shift;      // 정렬 범위 지정 인덱스 선언

    //.흔들 거품 정렬을 수행한다.
    {

        //.흔들 거품 정렬 전의 데이터를 출력한다.
        {
            printf("흔들 거품 정렬 전의 데이터 배열 상태: ");
```

```c
  //.배열의 데이터를 출력한다.
  for (i=0; i<N; i++) {
    printf("%d ", dat[i]);
  }
  printf("\n");
}
left = 0;        // 좌측 정렬 범위 한계 인덱스 초기화
right = N-1;  // 우측 정렬 범위 한계 인덱스 초기화

//.흔들 거품 정렬 기법으로 오름차순으로 정렬한다.
while (!(left >= right)) {

  //.왼쪽에서 오른쪽으로 1회전 정렬한다.
  for (i= left; i<right; i++) {

    //.오름차순으로 정렬한다.
    if (dat[i] > dat[i+1]) {
      buf = dat[i];        // i위치 데이터를 버퍼로
      dat[i] = dat[i+1];   // i+1위치 데이터를 i위치로
      dat[i+1] = buf;      // 버퍼 데이터를 i+1위치로
      shift = i;           // i위치를 shift로
    }
  }
  right = shift;   // shift값을 right로

  //.오른쪽에서 왼쪽으로 1회전 정렬한다.
  for (i= right; i>left; i--) {

    //.오름차순으로 정렬한다.
    if (dat[i-1] > dat[i]) {
      buf = dat[i-1];      // i-1위치 데이터를 버퍼로
      dat[i-1] = dat[i];   // i위치 데이터를 i-1위치로
      dat[i] = buf;        // 버퍼 데이터를 i위치로
      shift = i;           // i위치를 shift로
    }
  }
```

```
        left = shift;   // shift값을 left로
    }

    //.흔들 거품 정렬 결과를 출력한다.
    {
      printf("흔들 거품 정렬 후의 데이터 배열 상태: ");

      //.정렬이 끝난 데이터를 출력한다.
      for (i=0; i<N; i++) {
        printf("%d ", dat[i]);
      }
      printf("\n");
    }
  }
}
```

● 실행 화면

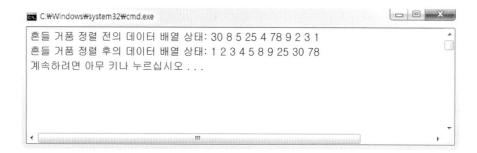

10.2.7 기본 삽입 정렬

예제 10.2.7.1

배열에 저장한 자료를 오름차순으로 삽입 정렬(insertion sort)하는 알고리즘 (algorithm)의 설계 처리를 C언어에 맞춰서 쏙(SOC)으로 구현하시오.

270

```
#include <stdio.h>
#include <stdlib.h>

#define N 5

int dat[N];
```

◆void main(void)

```
· int buf;        ※버퍼 변수 선언
· int i;          ※삽입 정렬 범위 인덱스 선언
· int j;          ※삽입 정렬 비교 인덱스 선언
```
□기본 삽입 정렬을 수행한다.

     □기본 삽입 정렬 전의 데이터를 생성하여 출력한다.

          · printf("기본 삽입 정렬 전의 데이터 배열 상태: ");
          ○난수를 발생시킨다.
           ◇(i=0; i<N; i++)

              · dat[i] = rand(); ※정렬 대상 데이터를 난수로 생성
              · printf("%d ", dat[i]);

          · printf("\n");

     ○오름차순으로 기본 삽입 정렬을 수행한다.
      ◇(i=1; i<N; i++)

          ○1회전 삽입 정렬을 수행한다.
           ◇(j=i-1; j>=0; j--)

              ▲비교 대상이 이미 정렬되어 있을 때의 조치
               ◇(dat[j] <= dat[j+1])

               T ※다음 데이터 정렬 처리로 진행
               2
              · buf = dat[j];   ※j위치 데이터를 버퍼로
              · dat[j] = dat[j+1];   ※j+1위치 데이터를 j위치로
              · dat[j+1] = buf;   ※버퍼 데이터를 j+1위치로

     □삽입 정렬 결과를 출력한다.

          · printf("기본 삽입 정렬 후의 데이터 배열 상태: ");
          ○정렬이 끝난 데이터를 출력한다.
           ◇(i=0; i<N; i++)

              · printf("%d ", dat[i]);

          · printf("\n");

● C프로그램으로 작성한 예

```
#include <stdio.h>

#include <stdlib.h>
```

```
#define N 5

int dat[N];

void main(void) {
  int buf;       // 버퍼 변수 선언
  int i;         // 삽입 정렬 범위 인덱스 선언
  int j;         // 삽입 정렬 비교 인덱스 선언

  //.기본 삽입 정렬을 수행한다.
  {

    //.기본 삽입 정렬 전의 데이터를 생성하여 출력한다.
    {
      printf("기본 삽입 정렬 전의 데이터 배열 상태: ");

      //.난수를 발생시킨다.
      for (i=0; i<N; i++) {
        dat[i] = rand();  // 정렬 대상 데이터를 난수로 생성
        printf("%d ", dat[i]);
      }
      printf("\n");
    }

    //.오름차순으로 기본 삽입 정렬을 수행한다.
    for (i=1; i<N; i++) {

      //.1회전 삽입 정렬을 수행한다.
      for (j=i-1; j>=0; j--) {

        //.비교 대상이 이미 정렬되어 있을 때의 조치
        if (dat[j] <= dat[j+1]) {
          // 다음 데이터 정렬 처리로 진행
          break;
        }
        buf = dat[j];         // j위치 데이터를 버퍼로
        dat[j] = dat[j+1];    // j+1위치 데이터를 j위치로
```

```
        dat[j+1] = buf;        // 버퍼 데이터를 j+1위치로
      }
    }


    //.삽입 정렬 결과를 출력한다.
    {
      printf("기본 삽입 정렬 후의 데이터 배열 상태: ");

      //.정렬이 끝난 데이터를 출력한다.
      for (i=0; i<N; i++) {
        printf("%d ", dat[i]);
      }
      printf("\n");
    }
  }
}
```

● 실행 화면

```
C:\Windows\system32\cmd.exe

기본 삽입 정렬 전의 데이터 배열 상태: 41 18467 6334 26500 19169
기본 삽입 정렬 후의 데이터 배열 상태: 41 6334 18467 19169 26500
계속하려면 아무 키나 누르십시오 . . .
```

10.2.8 개량 삽입 정렬

> **예제 10.2.8.1**
>
> 배열에 저장한 자료를 오름차순으로 정렬하는 개량형 삽입 정렬 알고리즘(shell sort algorithm)의 설계 처리를 C언어에 맞춰서 쏙(SOC)으로 구현하시오.

```
#include <stdio.h>
#include <stdlib.h>

#define N 5

int dat[N];

◆void main(void)
  · int buf;        ※버퍼 변수 선언
  · int i;          ※삽입 정렬 범위 인덱스 선언
  · int j;          ※삽입 정렬 비교 인덱스 선언
  · int k;
  · int jmp;
  □개량 삽입 정렬을 수행한다.
        □개량 삽입 정렬 전의 데이터를 생성하여 출력한다.
              · printf("개량 삽입 정렬 전의 데이터 배열 상태: ");
              ○난수를 발생시킨다.
                 ◇(i=0; i<N; i++)
                      · dat[i] = rand(); ※정렬 대상 데이터를 난수로 생성
                      · printf("%d ", dat[i]);
              · printf("\n");
        · jmp = N/2;  ※최초에 건너뛸 칸 수를 N/2로 지정
        ○오름차순으로 삽입 정렬을 수행한다.
      T─ ◇(jmp < 1)  ※더 이상 건너뛸 칸 수가 없으면 종료
         ○1회전 삽입 정렬을 수행한다.
            ◇(k=0; k<jmp; k++)
                 ○건너뛸 칸 수에 따른 부분 수열을 정렬한다.
                    ◇(i=k+jmp; i<N; i=i+jmp)
                         ○삽입 정렬을 수행한다.
                            ◇(j=i-jmp; j>=k; j=j-jmp)
                                 ▲비교 대상이 이미 정렬되어 있을 때의 조치
                                    ◇(dat[j] <= dat[j+jmp])
                                   T ※다음 데이터 정렬 처리로 진행
                                   2
                                 · buf = dat[j];       ※j위치 데이터를 버퍼로
                                 · dat[j] = dat[j+jmp]; ※j+jmp위치 데이터를 j위치로
                                 · dat[j+jmp] = buf;    ※버퍼 데이터를 j+jmp위치로
         · jmp = jmp/2; ※최초에 건너뛸 칸 수를 1/2로 줄임
  ⓪      ①
```

```
     ⓪        ①
              □삽입 정렬 결과를 출력한다.
                  ·printf("개량 삽입 정렬 후의 데이터 배열 상태: ");
                  ○정렬이 끝난 데이터를 출력한다.
                     ◇(i=0; i<N; i++)
                       ·printf("%d ", dat[i]);
                  ·printf("₩n");
```

● C프로그램으로 작성한 예

```c
#include <stdio.h>
#include <stdlib.h>

#define N 5

int dat[N];

void main(void) {
    int buf;    // 버퍼 변수 선언
    int i;      // 삽입 정렬 범위 인덱스 선언
    int j;      // 삽입 정렬 비교 인덱스 선언
    int k;
    int jmp;

    //.개량 삽입 정렬을 수행한다.
    {

        //.개량 삽입 정렬 전의 데이터를 생성하여 출력한다.
        {
            printf("개량 삽입 정렬 전의 데이터 배열 상태: ");

            //.난수를 발생시킨다.
            for (i=0; i<N; i++) {
                dat[i] = rand();  // 정렬 대상 데이터를 난수로 생성
                printf("%d ", dat[i]);
```

```
    }
    printf("\n");
  }
  jmp = N/2;   // 최초에 건너뛸 칸 수를 N/2로 지정

  //.오름차순으로 삽입 정렬을 수행한다.
  while (!(jmp < 1)) { //더 이상 건너뛸 칸 수가 없으면 종료


    //.1회전 삽입 정렬을 수행한다.
    for (k=0; k<jmp; k++) {

      //.건너뛸 칸 수에 따른 부분 수열을 정렬한다.
      for (i=k+jmp; i<N; i=i+jmp) {

        //.삽입 정렬을 수행한다.
        for (j=i-jmp; j>=k; j=j-jmp) {

          //.비교 대상이 이미 정렬되어 있을 때의 조치
          if (dat[j] <= dat[j+jmp]) {
            // 다음 데이터 정렬 처리로 진행
            break;
          }
          buf = dat[j];          // j위치 데이터를 버퍼로
          dat[j] = dat[j+jmp];   // j+jmp위치 데이터를 j위치로
          dat[j+jmp] = buf;      // 버퍼 데이터를 j+jmp위치로
        }
      }
    }
    jmp = jmp/2;   // 최초에 건너뛸 칸 수를 1/2로 줄임
  }

  //.삽입 정렬 결과를 출력한다.
  {
    printf("개량 삽입 정렬 후의 데이터 배열 상태: ");

    //.정렬이 끝난 데이터를 출력한다.
```

```
     for (i=0; i<N; i++) {
        printf("%d ", dat[i]);
     }
     printf("\n");
    }
  }
}
```

● 실행 화면

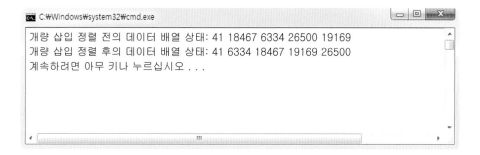

검색 알고리즘의 조립 예

10.3.1 기본 이진 검색

예제 10.3.1.1

배열에 저장한 자료를 분할·정복(divide and conquer)에 의해 이진 검색(binary search)하는 알고리즘의 설계 처리를 C언어에 맞춰서 쏙(SOC)으로 구현하시오.

```
#include <stdio.h>
#define N 10

int dat[] = { 9, 25, 33, 45, 51, 59, 62, 77, 81, 92 };

◆void main(void)
    ·int searchData;            ※검색 데이터 변수
    ·int low;                   ※low 인덱스 변수
    ·int high;                  ※high 인덱스 변수
    ·int mid;                   ※mid 인덱스 변수
    □기본 이진 검색을 수행한다.

        □검색할 데이터를 키보드에서 입력받는다.

            ·printf("검색하고자 하는 정수(1~99)를 입력하세요=>");
            ·scanf_s("%d", &searchData, sizeof(searchData));

        □입력받은 데이터가 배열에 있는지 이진 검색한다.

            ·low = 0;                   ※하위 검색 한계 지정자 초기화
            ·high = N - 1;              ※상위 검색 한계 지정자 초기화
            ○배열 데이터를 둘로 나누는 방식으로 이진 검색한다.

              T─  ◇(low > high)
                  ·mid = (low + high) / 2;    ※중간 검색 점검 지점 계산
                  ▲검색 성공시의 조치
                    ◇(searchData==dat[mid])

                      T  ·printf("\n입력하신 %d이(가) 배열에 있습니다.\n",
                       ·         searchData);
                      3

                  △2등분한 반쪽데이터를 버리는 형식으로 검색범위를 재조정한다.
                    ◇(searchData > dat[mid])

                      T  ※검색 데이터가 중간 검색 지점 데이터보다 클 경우
                         ·low = mid + 1;  ※하위 검색 한계 지정자 위치 재조정

                      ◇

                      T  ※검색 데이터가 중간 검색 지점 데이터보다 작을 경우
                         ·high = mid - 1;  ※상위 검색 한계 지정자 위치 재조정

            ·printf("\n입력하신 %d이(가) 배열에 없습니다.\n", searchData);
```

● C프로그램으로 작성한 예

```c
#include <stdio.h>

#define N 10

int dat[] = { 9, 25, 33, 45, 51, 59, 62, 77, 81, 92 };

void main(void) {
    int searchData;        // 검색 데이터 변수
    int low;               // low 인덱스 변수
    int high;              // high 인덱스 변수
    int mid;               // mid 인덱스 변수

    //.기본 이진 검색을 수행한다.
    {

        //.검색할 데이터를 키보드에서 입력받는다.
        {
            printf("검색하고자 하는 정수(1~99)를 입력하세요=>");
            scanf_s("%d", &searchData, sizeof(searchData));
        }

        //.입력받은 데이터가 배열에 있는지 이진 검색한다.
        {
            low = 0;               // 하위 검색 한계 지정자 초기화
            high = N - 1;          // 상위 검색 한계 지정자 초기화

            //.배열 데이터를 둘로 나누는 방식으로 이진 검색한다.
            while (!(low > high)) {
                mid = (low + high) / 2;    // 중간 검색 점검 지점 계산

                //.검색 성공시의 조치
                if (searchData==dat[mid]) {
                    printf("\n입력하신 %d이(가) 배열에 있습니다.\n",
                        searchData);
                    goto A_3_3;
```

```
        }

        //.2등분한 반쪽데이터를 버리는 형식으로 검색범위를 재조정한다.
        if (searchData > dat[mid]) {
            // 검색 데이터가 중간 검색 지점 데이터보다 클 경우
            low = mid + 1;  // 하위 검색 한계 지정자 위치 재조정
        }
        else {
            // 검색 데이터가 중간 검색 지점 데이터보다 작을 경우
            high = mid - 1;   // 상위 검색 한계 지정자 위치 재조정
        }
    }
    printf("\n입력하신 %d이(가) 배열에 없습니다.\n", searchData);
    }
    A_3_3:;
  }
}
```

● 실행 화면

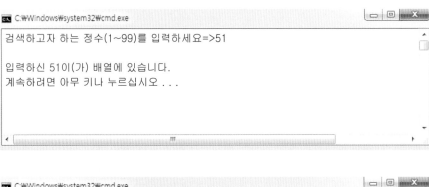

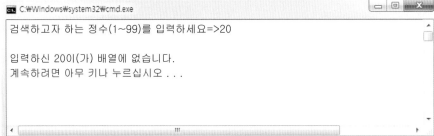

10.3.2 비상계 없는 이진 검색

> **예제 10.3.2.1**
>
> 배열에 저장한 자료를 분할·정복(divide and conquer)에 의해 비상계를 사용하지 않고 이진 검색(binary search)하는 알고리즘의 설계 처리를 C언어에 맞춰서 쏙(SOC)으로 구현하시오.

```
#include <stdio.h>
#define N 10
int dat[] = { 9, 25, 33, 45, 51, 59, 62, 77, 81, 92 };
```

◆void main(void)
- · int searchData;　　　　　※검색 데이터 변수
- · int low;　　　　　　　　※low 인덱스 변수
- · int high;　　　　　　　※high 인덱스 변수
- · int mid;　　　　　　　 ※mid 인덱스 변수
- · int flag;　　　　　　　※검색 성공 점검 플래그

□비상계 없는 이진 검색을 수행한다.

　　□검색할 데이터를 키보드에서 입력받는다.

　　　· printf("검색하고자 하는 정수(1~99)를 입력하세요=>");
　　　· scanf_s("%d", &searchData, sizeof(searchData));

　　□입력받은 데이터가 배열에 있는지 이진 검색한다.

　　　· flag = 0;　　　　　　　※검색 성공 점검 플래그 초기화
　　　· low = 0;　　　　　　 ※하위 검색 한계 지정자 초기화
　　　· high = N - 1;　　　　 ※상위 검색 한계 지정자 초기화

　　　○비상계를 사용하지 않고 이진 검색한다.

　　　T─ ◇(low > high)
　　　　· mid = (low + high) / 2;　※중간 검색 점검 지점 계산
　　　　△검색 성공여부 점검 및 재조정
　　　　　◇(searchData == dat[mid])

　　　　　T · flag = 1;　　　 ※플래그를 검색 성공으로 설정
　　　　　　· low = 1;　　　　※low > high 로 상태 설정
　　　　　　· high = 0;

　　　　　◇(searchData > dat[mid])

　　　　　T ※하위 검색 한계 지정자 위치 재조정
　　　　　　· low = mid + 1;

　　　　　◇

　　　　　T ※상위 검색 한계 지정자 위치 재조정
　　　　　　· high = mid - 1;

◎　　①　　②

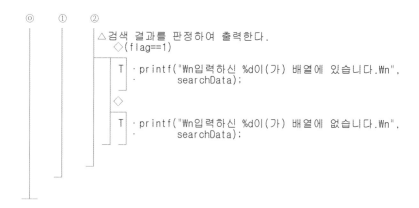

● C프로그램으로 작성한 예

```c
#include <stdio.h>

#define N 10

int dat[] = { 9, 25, 33, 45, 51, 59, 62, 77, 81, 92 };

void main(void) {
    int searchData;        // 검색 데이터 변수
    int low;               // low 인덱스 변수
    int high;              // high 인덱스 변수
    int mid;               // mid 인덱스 변수
    int flag;              // 검색 성공 점검 플래그

    //.비상계 없는 이진 검색을 수행한다.
    {

        //.검색할 데이터를 키보드에서 입력받는다.
        {
            printf("검색하고자 하는 정수(1~99)를 입력하세요=>");
            scanf_s("%d", &searchData, sizeof(searchData));
        }

        //.입력받은 데이터가 배열에 있는지 이진 검색한다.
```

```c
{
    flag = 0;                // 검색 성공 점검 플래그 초기화
    low = 0;                 // 하위 검색 한계 지정자 초기화
    high = N - 1;            // 상위 검색 한계 지정자 초기화

    //.비상계를 사용하지 않고 이진 검색한다.
    while (!(low > high)) {
        mid = (low + high) / 2;     // 중간 검색 점검 지점 계산

        //.검색 성공여부 점검 및 재조정
        if (searchData == dat[mid]) {
            flag = 1;            // 플래그를 검색 성공으로 설정
            low = 1;             // low > high 로 상태 설정
            high = 0;
        }
        else if (searchData > dat[mid]) {
            // 하위 검색 한계 지정자 위치 재조정
            low = mid + 1;
        }
        else {
            // 상위 검색 한계 지정자 위치 재조정
            high = mid - 1;
        }
    }

    //.검색 결과를 판정하여 출력한다.
    if (flag==1) {
        printf("\n입력하신 %d이(가) 배열에 있습니다.\n", searchData);
    }
    else {
        printf("\n입력하신 %d이(가) 배열에 없습니다.\n",searchData);
    }
}
}
}
```

● 실행 화면

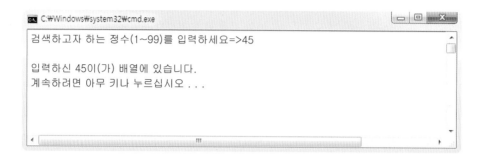

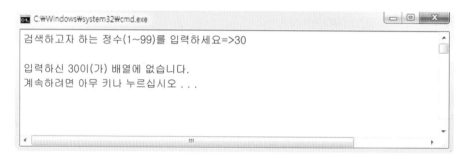

병합 알고리즘의 조립 예

10.4.1 기본 병합

> **예제 10.4.1.1**
>
> 오름차순으로 정렬(ascending sort)하여 각각 배열에 저장한 2개의 자료열(data stream)을 하나의 자료열로 병합(merge)하는 알고리즘의 설계 처리를 C언어에 맞춰서 쏙(SOC)으로 구현하시오

```
#include <stdio.h>
#define M 10
#define N 5

int om[] = {3, 5, 6, 7, 10, 12, 13, 17, 20, 50};
int tr[] = {4, 6, 11, 19, 22};
int nm[M+N];
```

◆void main(void)
· int i;   ※배열 인덱스 선언
· int op = 0; ※Old master Position 인덱스 선언 및 초기화
· int tp = 0; ※Transaction Position 인덱스 선언 및 초기화
· int np = 0; ※New master Position 인덱스 선언 및 초기화
□기본 병합을 수행한다.

　○오름차순으로 나열한 데이터를 병합한다.
　　T─◇(op >= M || tp >= N)
　　　△두 데이터를 비교 병합한다.
　　　　◇(om[op] < tr[tp])
　　　　T ※Old master 데이터 < Transaction 데이터
　　　　· nm[np] = om[op]; ※Old master 데이터를 New master로 병합
　　　　· op = op+1;   ※Old master Pointer 인덱스 1 증가
　　　　· np = np+1;   ※New master Pointer 인덱스 1 증가

　　　　◇(om[op] >= tr[tp])
　　　　T ※Old master 데이터 >= Transaction 데이터
　　　　· nm[np] = tr[tp]; ※Transaction 데이터를 New master로 병합
　　　　· tp = tp+1;   ※Transaction Pointer 인덱스 1 증가
　　　　· np = np+1;   ※New master Pointer 인덱스 1 증가

　○Old master에 남은 데이터가 있으면 New master로 옮긴다.
　　T─◇(op >= M)
　　· nm[np] = om[op]; ※Old master 데이터를 New master로 병합
　　· op = op+1;   ※Old master Pointer 인덱스 1 증가
　　· np = np+1;   ※New master Pointer 인덱스 1 증가

　◎　　①

◎ ①

○Transaction에 남은 데이터가 있으면 New master로 옮긴다.

T─ ◇(tr >= N)
· nm[np] = tr[tp];   ※Transaction 데이터를 New master로 병합
· tp = tp+1;   ※Transaction Pointer 인덱스 1 증가
· np = np+1;   ※New master Pointer 인덱스 1 증가

○병합 결과를 출력한다.
◇(i=0; i < M+N; i++)

· printf("%d ", nm[i]);

· printf("\n");

● C프로그램으로 작성한 예

```
#include <stdio.h>
#define M 10
#define N 5

int om[] = {3, 5, 6, 7, 10, 12, 13, 17, 20, 50};
int tr[] = {4, 6, 11, 19, 22};
int nm[M+N];

void main(void) {
    int i;   // 배열 인덱스 선언
    int op = 0;   // Old master Position 인덱스 선언 및 초기화
    int tp = 0;   // Transaction Position 인덱스 선언 및 초기화
    int np = 0;   // New master Position 인덱스 선언 및 초기화

    //.기본 병합을 수행한다.
    {

        //.오름차순으로 나열한 데이터를 병합한다.
        while (!(op >= M || tp >= N)) {

            //.두 데이터를 비교 병합한다.
            if (om[op] < tr[tp]) {
                // Old master 데이터 < Transaction 데이터
```

```
            nm[np] = om[op];  // Old master 데이터를 New master로 병합
            op = op+1;        // Old master Pointer 인덱스 1 증가
            np = np+1;        // New master Pointer 인덱스 1 증가
        }
        else if (om[op] >= tr[tp]) {
            // Old master 데이터 >= Transaction 데이터
            nm[np] = tr[tp];  // Transaction 데이터를 New master로 병합
            tp = tp+1;        // Transaction Pointer 인덱스 1 증가
            np = np+1;        // New master Pointer 인덱스 1 증가
        }
    }


    //.Old master에 남은 데이터가 있으면 New master로 옮긴다.
    while (!(op >= M)) {
        nm[np] = om[op];     // Old master 데이터를 New master로 병합
        op = op+1;           // Old master Pointer 인덱스 1 증가
        np = np+1;           // New master Pointer 인덱스 1 증가
    }


    //.Transaction에 남은 데이터가 있으면 New master로 옮긴다.
    while (!(tr >= N)) {
        nm[np] = tr[tp];     // Transaction 데이터를 New master로 병합
        tp = tp+1;           // Transaction Pointer 인덱스 1 증가
        np = np+1;           // New master Pointer 인덱스 1 증가
    }


    //.병합 결과를 출력한다.
    for (i=0; i < M+N; i++) {
        printf("%d ", nm[i]);
    }
    printf("\n");
    }
}
```

● 실행 화면

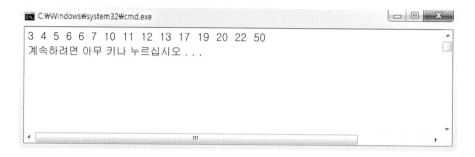

```
C:\Windows\system32\cmd.exe
3 4 5 6 6 7 10 11 12 13 17 19 20 22 50
계속하려면 아무 키나 누르십시오 . . .
```

10.4.2 끝점검 병합

예제 10.4.2.1

오름차순으로 정렬(ascending sort)하여 각각 배열에 저장한 2개의 자료열(data stream)을 하나의 자료열로 병합(merge)함에 있어서 병합끝 점검을 정해진 숫자로 행하는 알고리즘의 설계 처리를 C언어에 맞춰서 쏙(SOC)으로 구현하시오.

```
#include <stdio.h>
#define M 11
#define N 6

int om[] = {3, 5, 6, 7, 10, 12, 13, 17, 20, 50, 999};
int tr[] = {4, 6, 11, 19, 22, 999};
int nm[M+N];

◆void main(void)
    · int i;         ※배열 인덱스 선언
    · int op = 0;    ※Old master Position 인덱스 선언 및 초기화
    · int tp = 0;    ※Transaction Position 인덱스 선언 및 초기화
    · int np = 0;    ※New master Position 인덱스 선언 및 초기화
    □끝점검 병합을 수행한다.

        ○오름차순으로 나열한 데이터를 병합한다.

        T─◇(om[op] == 999 && tr[tp] == 999)
            △두 데이터를 비교 병합한다.
              ◇(om[op] < tr[tp])

            T  ※Old master 데이터 < Transaction 데이터
             · nm[np] = om[op];  ※Old master 데이터를 New master로 병합
             · op = op+1;        ※Old master Pointer 인덱스 1 증가
             · np = np+1;        ※New master Pointer 인덱스 1 증가
    ⓪     ①     ②
```

```
⓪   ①   ②
│   │   │     ◇(om[op] >= tr[tp])
│   │   │   T ※Old master 데이터 >= Transaction 데이터
│   │   │    ·nm[np] = tr[tp]; ※Transaction 데이터를 New master로 병합
│   │   │    ·tp = tp+1;      ※Transaction Pointer 인덱스 1 증가
│   │   │    ·np = np+1;      ※New master Pointer 인덱스 1 증가
│   │  ·nm[np] = 999; ※New master의 맨 마지막 부분에 999 저장
│   │  ·i = 0;
│   │  ○병합 결과를 출력한다.
│   │   T─│◇(nm[i] == 999)
│   │    │·printf("%d  ", nm[i]);
│   │    │·i = i+1;
│   ·printf("\n");
│
```

● C프로그램으로 작성한 예

```c
#include <stdio.h>
#define M 11
#define N 6

int om[] = {3, 5, 6, 7, 10, 12, 13, 17, 20, 50, 999};
int tr[] = {4, 6, 11, 19, 22, 999};
int nm[M+N];

void main(void) {
    int i;        // 배열 인덱스 선언
    int op = 0;   // Old master Position 인덱스 선언 및 초기화
    int tp = 0;   // Transaction Position 인덱스 선언 및 초기화
    int np = 0;   // New master Position 인덱스 선언 및 초기화

    //.끝점검 병합을 수행한다.
    {

        //.오름차순으로 나열한 데이터를 병합한다.
        while (!(om[op] == 999 && tr[tp] == 999)) {

            //.두 데이터를 비교 병합한다.
```

```c
        if (om[op] < tr[tp]) {
            // Old master 데이터 < Transaction 데이터
            nm[np] = om[op];  // Old master 데이터를 New master로 병합
            op = op+1;           // Old master Pointer 인덱스 1 증가
            np = np+1;           // New master Pointer 인덱스 1 증가
        }
        else if (om[op] >= tr[tp]) {
            // Old master 데이터 >= Transaction 데이터
            nm[np] = tr[tp];   // Transaction 데이터를 New master로 병합
            tp = tp+1;           // Transaction Pointer 인덱스 1 증가
            np = np+1;           // New master Pointer 인덱스 1 증가
        }
    }
    nm[np] = 999;  // New master의 맨 마지막 부분에 999 저장
    i = 0;

    //.병합 결과를 출력한다.
    while (!(nm[i] == 999)) {
        printf("%d  ", nm[i]);
        i = i+1;
    }
    printf("\n");
  }
}
```

● 실행 화면

10.4.3 같은수 제거 끝점검 병합

> **예제 10.4.3.1**
>
> 오름차순으로 정렬(ascending sort)하여 각각 배열에 저장한 2개의 자료열(data stream)을 하나의 자료열로 끝점검 병합법에 의해 병합(merge)함에 있어서 같은 수는 제거하는 알고리즘의 설계 처리를 C언어에 맞춰서 쏙(SOC)으로 구현하시오.

```
#include <stdio.h>
#define M 11
#define N 6

int om[] = {3, 5, 6, 7, 10, 12, 13, 17, 20, 50, 999};
int tr[] = {4, 6, 11, 19, 22, 999};
int nm[M+N];

◆void main(void)
  · int i;         ※배열 인덱스 선언
  · int op = 0;    ※Old master Position 인덱스 선언 및 초기화
  · int tp = 0;    ※Transaction Position 인덱스 선언 및 초기화
  · int np = 0;    ※New master Position 인덱스 선언 및 초기화
  □같은수 제거 끝점검 병합을 수행한다.

        ○오름차순으로 나열한 데이터를 병합한다.

     T─ ◇(om[op] == 999 && tr[tp] == 999)
        △두자료를 비교 병합한다.
          ◇(om[op] == tr[tp])

        T ※Old master 데이터 == Transaction 데이터
          · nm[np] = tr[tp];  ※Transaction 데이터를 New master로 병합
          · op = op+1;        ※Old master Pointer 인덱스 1 증가
          · tp = tp+1;        ※Transaction Pointer 인덱스 1 증가
          · np = np+1;        ※New master Pointer 인덱스 1 증가

          ◇ (om[op] < tr[tp])

        T ※Old master 데이터 < Transaction 데이터
          · nm[np] = om[op];  ※Old master 데이터를 New master로 병합
          · op = op+1;        ※Old master Pointer 인덱스 1 증가
          · np = np+1;        ※New master Pointer 인덱스 1 증가

          ◇(om[op] > tr[tp])

        T ※Old master 데이터 >= Transaction 데이터
          · nm[np] = tr[tp];  ※Transaction 데이터를 New master로 병합
          · tp = tp+1;        ※Transaction Pointer 인덱스 1 증가
          · np = np+1;        ※New master Pointer 인덱스 1 증가

     · nm[np] = 999; ※New master의 맨 마지막 부분에 999 저장
     · i = 0;
     ○병합 결과를 출력한다.

     T─ ◇(nm[i] == 999)
  ⓪     ①     ②
```

```
◎    ①      ②
│    │    │ │ · printf("%d  ", nm[i]);
│    │    │ │ · i = i+1;
│    │    · printf("\n");
│    │
│
```

● C프로그램으로 작성한 예

```c
#include <stdio.h>
#define M 11
#define N 6

int om[] = {3, 5, 6, 7, 10, 12, 13, 17, 20, 50, 999};
int tr[] = {4, 6, 11, 19, 22, 999};
int nm[M+N];

void main(void) {
    int i;        // 배열 인덱스 선언
    int op = 0;  // Old master Position 인덱스 선언 및 초기화
    int tp = 0;  // Transaction Position 인덱스 선언 및 초기화
    int np = 0;  // New master Position 인덱스 선언 및 초기화

    //.같은수 제거 끝점검 병합을 수행한다.
    {

        //.오름차순으로 나열한 데이터를 병합한다.
        while (!(om[op] == 999 && tr[tp] == 999)) {

            //.두자료를 비교 병합한다.
            if (om[op] == tr[tp]) {
                // Old master 데이터 == Transaction 데이터
                nm[np] = tr[tp]; // Transaction 데이터를 New master로 병합
                op = op+1;       // Old master Pointer 인덱스 1 증가
                tp = tp+1;       // Transaction Pointer 인덱스 1 증가
                np = np+1;       // New master Pointer 인덱스 1 증가
            }
```

```
       else if (om[op] 〈 tr[tp])    {
           // Old master 데이터 〈 Transaction 데이터
           nm[np] = om[op];  // Old master 데이터를 New master로 병합
           op = op+1;           // Old master Pointer 인덱스 1 증가
           np = np+1;           // New master Pointer 인덱스 1 증가
       }
       else if (om[op] 〉 tr[tp]) {
           // Old master 데이터 〉= Transaction 데이터
           nm[np] = tr[tp];  // Transaction 데이터를 New master로 병합
           tp = tp+1;           // Transaction Pointer 인덱스 1 증가
           np = np+1;           // New master Pointer 인덱스 1 증가
        }
     }
     nm[np] = 999;  // New master의 맨 마지막 부분에 999 저장
     i = 0;

     //.병합 결과를 출력한다.
     while (!(nm[i] == 999)) {
       printf("%d  ", nm[i]);
        i = i+1;
     }
     printf("₩n");
   }
}
```

● 실행 화면

10.5 문자열 처리 알고리즘의 조립 예

10.5.1 기본 문자열 비교

예제 10.5.1.1

왼쪽으로부터 1문자씩 진행하면서 문자열 비교(string pattern matching)를 행하는 알고리즘의 설계 처리를 C언어에 맞춰서 쏙(SOC)으로 구현하시오.

```
#include <stdio.h>
#include <string.h>

char *search_string(char *, char *);

◆void main(void)
  · char text[]="I love her. she loves me too."; ※문자 배열 선언 및 초기화
  · char *cmpkey;                                 ※비교 키 문자열 포인터 선언
  · char *skey = "love";                          ※검색 키 문자열 선언 및 초기화
  · size_t skey_len;                              ※검색 키 길이 선언
 □문자열 비교(string pattern matching)를 수행한다.

       ※문자 배열에서 비교 키 시작점 검색
       ■cmpkey = search_string(text, skey);
       ○문자 배열에서 검색 문자열과 패턴이 일치하는 것을 가려낸다.

     T─ ◇(cmpkey == NULL)
       · printf("%sWn", cmpkey);              ※비교 키 문자열 출력
       · skey_len = strlen(skey);             ※검색 키 길이 확인
       ※다음 비교 키 시작점 검색
       ■cmpkey = search_string(cmpkey+skey_len, skey);


◆char *search_string(char *text, char *skey)
  · int text_len;  ※문자열 길이 변수
  · int skey_len;  ※검색 키 길이 변수
  · int result;    ※결과 변수
  · char *cmpkey;  ※비교 키 선언
 □문장의 각부분과 검색문자열을 비교한다.

       · text_len = strlen(text);  ※문자열 길이 확인
       · skey_len = strlen(skey);  ※검색 키 길이 확인
       ○패턴 매칭되는 부분을 가려낸다.
         ◇(cmpkey = text; cmpkey <= text+text_len-skey_len; cmpkey++)

           ※비교 키와 검색 키 비교
           · result = strncmp(cmpkey, skey, skey_len);
  ⓪      ①      ②
```

```
⓪   ①   ②
│   │   │  ▲두 문자열이 동일할 때의 조치
│   │   │   ◇(result == 0)
│   │   │      ┌─ T ─ ·return(cmpkey);    ※패턴 매칭이 이루어질 때
│   │   │      └ 3
│   │   ·return(NULL);    ※패턴 매칭이 이루어지지 않을 때
│   │
```

● C프로그램으로 작성한 예

```c
#include <stdio.h>
#include <string.h>

char *search_string(char *, char *);

void main(void) {
    char text[]="I love her. she loves me too.";  // 문자 배열 선언 및 초기화
    char *cmpkey;                                  // 비교 키 문자열 포인터 선언
    char *skey = "love";                           // 검색 키 문자열 선언 및 초기화
    size_t skey_len;                               // 검색 키 길이 선언

    //.문자열 비교(string pattern matching)를 수행한다.
    {
        // 문자 배열에서 비교 키 시작점 검색
        cmpkey = search_string(text, skey);

        //.문자 배열에서 검색 문자열과 패턴이 일치하는 것을 가려낸다.
        while (!(cmpkey == NULL)) {
            printf("%s\n", cmpkey);                // 비교 키 문자열 출력
            skey_len = strlen(skey);               // 검색 키 길이 확인
            // 다음 비교 키 시작점 검색
            cmpkey = search_string(cmpkey+skey_len, skey);
        }
    }
}
```

```c
char *search_string(char *text, char *skey) {
  int text_len;      // 문자열 길이 변수
  int skey_len;      // 검색 키 길이 변수
  int result;        // 결과 변수
  char *cmpkey;  // 비교 키 선언

  //.문장의 각부분과 검색문자열을 비교한다.
  {
    text_len = strlen(text);    // 문자열 길이 확인
    skey_len = strlen(skey);  // 검색 키 길이 확인

    //.패턴 매칭되는 부분을 가려낸다.
    for (cmpkey = text; cmpkey <= text+text_len-skey_len; cmpkey++) {
      // 비교 키와 검색 키 비교
      result = strncmp(cmpkey, skey, skey_len);

      //.두 문자열이 동일할 때의 조치
      if (result == 0) {
        return(cmpkey);    // 패턴 매칭이 이루어질 때
        goto B_2_3;
      }
    }
    return(NULL);    // 패턴 매칭이 이루어지지 않을 때
  }
  B_2_3:;
}
```

● 실행 화면

10.5.2 개량 문자열 비교

예제 10.5.2.1

Boyer-Moore법에 의해 개량 문자열 비교(string pattern matching)를 행하는
알고리즘의 설계 처리를 C언어에 맞춰서 쏙(SOC)으로 구현해 보시오.

```
#include <stdio.h>
#include <string.h>

void make_skiptable(char *);
char *search_string(char *, char *);

int skiptbl[256];
```

◆void main(void)
```
· char text[] = "I love her. she loves me too.";  ※문자 배열 선언 및 초기화
· char *cmpkey;                        ※비교 키 문자열 포인터 선언
· char *skey = "love";                  ※검색 키 문자열 선언 및 초기화
· int sk_len;                          ※검색 키 길이 선언
□개량 문자열 비교(Boyer-Moore법 이용)를 수행한다.

     ■make_skiptable(skey);       ※진행값표 처리
     ※문자 배열에서 비교 키 시작점 검색
     ■cmpkey = search_string(text, skey);
     ○문자열 비교를 행한다.

  T─  ◇(cmpkey == NULL)
      · printf("%s\n", cmpkey);            ※비교 키 문자열 출력
      · sk_len = strlen(skey);             ※검색 키 길이 확인
      ※다음 비교 키 시작점 검색
      ■cmpkey = search_string(cmpkey+sk_len, skey);
```

◆void make_skiptable(char *skey)
```
· int i;      ※인덱스 선언
· int sk_len; ※검색 키 길이 선언
□넘김표를 작성한다.

    · sk_len = strlen(skey);       ※검색 키 길이 확인
    ○넘김표를 검색 키 길이값으로 초기화한다.
       ◇(i = 0; i <= 255; i++)

           · skiptbl[i] = sk_len; ※검색 키 길이를 넘김표에 저장

    ○검색 키 길이에 따라 넘김표를 작성한다.
       ◇(i = 0; i < sk_len-1; i++)

           · skiptbl[skey[i]] = sk_len-1-i; ※넘김표 작성
```

```
◆char *search_string(char *text, char *skey)
  · int txt_len;   ※문자열 길이 변수
  · int sk_len;    ※검색 키 길이 변수
  · int result;    ※결과 변수
  · char *cmpkey;  ※비교 키 선언
  □문장의 각 부분과 검색 문자열을 비교한다.
      · txt_len = strlen(text);   ※문자열 길이 확인
      · sk_len = strlen(skey);    ※검색 키 길이 확인
      · cmpkey = text+sk_len-1;   ※비교 키 시작점 지정
      ○패턴 매칭되는 부분을 가려낸다.
        T─ ◇(cmpkey >= text+txt_len)
           △비교 문자열 우측 끝의 한 문자만을 비교한다.
              ◇(*cmpkey == skey[sk_len-1])
               T ※비교 문자열 전체를 비교한다.
                 · result = strncmp(cmpkey-sk_len+1, skey, sk_len);
                 ▲두 문자열이 동일할 때의 조치
                    ◇(result == 0)
                     T ※패턴 매칭이 이루어질 때
                       · return(cmpkey-sk_len+1);
                     4
           ※비교 지점을 건너뛴다.
           · cmpkey = cmpkey + skiptbl[*cmpkey];
      · return(NULL);  ※패턴 매칭이 이루어지지 않을 때
```

- C프로그램으로 작성한 예

```
#include <stdio.h>
#include <string.h>

void make_skiptable(char *);
char *search_string(char *, char *);

int skiptbl[256];

void main(void) {
   char text[] = "I love her. she loves me too.";  // 문자 배열 선언 및 초기화
   char *cmpkey;                              // 비교 키 문자열 포인터 선언
   char *skey = "love";                       // 검색 키 문자열 선언 및 초기화
   int sk_len;                                // 검색 키 길이 선언

   //.개량 문자열 비교(Boyer-Moore법 이용)를 수행한다.
```

```c
    {
        make_skiptable(skey);       // 진행값표 처리
        // 문자 배열에서 비교 키 시작점 검색
        cmpkey = search_string(text, skey);

        //.문자열 비교를 행한다.
        while (!(cmpkey == NULL)) {
            printf("%s₩n", cmpkey);             // 비교 키 문자열 출력
            sk_len = strlen(skey);              // 검색 키 길이 확인
            // 다음 비교 키 시작점 검색
            cmpkey = search_string(cmpkey+sk_len, skey);
        }
    }
}

void make_skiptable(char *skey) {
    int i;          // 인덱스 선언
    int sk_len;  // 검색 키 길이 선언

    //.넘김표를 작성한다.
    {
        sk_len = strlen(skey);       // 검색 키 길이 확인

        //.넘김표를 검색 키 길이값으로 초기화한다.
        for (i = 0; i <= 255; i++) {
            skiptbl[i] = sk_len;  // 검색 키 길이를 넘김표에 저장
        }

        //.검색 키 길이에 따라 넘김표를 작성한다.
        for (i = 0; i < sk_len-1; i++) {
            skiptbl[skey[i]] = sk_len-1-i;  // 넘김표 작성
        }
    }
}

char *search_string(char *text, char *skey) {
    int txt_len;   // 문자열 길이 변수
```

```
    int sk_len;       // 검색 키 길이 변수
    int result;       // 결과 변수
    char *cmpkey;  // 비교 키 선언

    //.문장의 각 부분과 검색 문자열을 비교한다.
    {
      txt_len = strlen(text);        // 문자열 길이 확인
      sk_len = strlen(skey);         // 검색 키 길이 확인
      cmpkey = text+sk_len-1;  // 비교 키 시작점 지정

      //.패턴 매칭되는 부분을 가려낸다.
      while (!(cmpkey >= text+txt_len)) {

        //.비교 문자열 우측 끝의 한 문자만을 비교한다.
        if (*cmpkey == skey[sk_len-1]) {
          // 비교 문자열 전체를 비교한다.
          result = strncmp(cmpkey-sk_len+1, skey, sk_len);

          //.두 문자열이 동일할 때의 조치
          if (result == 0) {
            // 패턴 매칭이 이루어질 때
            return(cmpkey-sk_len+1);
            goto C_2_4;
          }
        }
        // 비교 지점을 건너뛴다.
        cmpkey = cmpkey + skiptbl[*cmpkey];
      }
      return(NULL);  // 패턴 매칭이 이루어지지 않을 때
    }
  C_2_4:;
}
```

● 실행 화면

10.6 선형 구조 알고리즘의 조립 예

10.6.1 스택(stack)

> **예제 10.6.1.1**
>
> 스택에 자료를 삽입(push)하거나 삭제(pop)하는 알고리즘의 설계 처리를 C언어에 맞춰서 쏙(SOC)으로 구현하시오.

```
#include <stdio.h>

#define MAXSIZE 5

int stack[MAXSIZE];        ※스택 배열 선언
int sp = 0;                ※스택 포인터 선언 및 초기화


int push(int num);         ※push함수 프로토타입 선언
int pop(int *num);         ※pop함수 프로토타입 선언

◆void main(void)
  │  · int option;          ※스택 처리 방법 선택 변수 선언
  │  · int num;             ※push 또는 pop 처리할 숫자 변수 선언
  │  · int result;          ※정상 처리 여부 확인 변수 선언
  │  · int i;               ※인덱스 선언
  │  □스택(stack)에 데이터를 처리한다.
  │      ○스택에 데이터를 삽입(push) 또는 삭제(pop)한다.
  │          □스택 처리 방법 선택 문자 하나를 입력받는다.
  │              · printf("Enter 'i'n or 'o'ut or 'e'nd==>");
  │              · option = getchar(); ※스택 처리 선택 문자 입력
  │              · rewind(stdin);      ※키보드 버퍼 클리어
  │       T─ ◇(option == 'e' || option == 'E')
  │          △스택에의 데이터 삽입(push) 또는 삭제(pop)를 수행한다.
  │              ◇(option == 'i' || option == 'I')
  │           T □스택에 삽입(push)할 숫자 데이터를 입력받는다.
  │                  · printf("Enter push number==>");
  │                  · scanf_s("%d", &num, sizeof(num));
  │                  · rewind(stdin); ※키보드 버퍼를 클리어
  │              ■result = push(num); ※삽입(push) 처리
  │              △스택이 꽉 차있는지 여부에 따라 처리한다.
  │                  ◇(result == -1)
  │               T · printf("stack overflow!!!Wn");
  │                  ◇
  │               T · printf("push data==>%dWn", num);
  │
  ⓞ      ①      ②
```

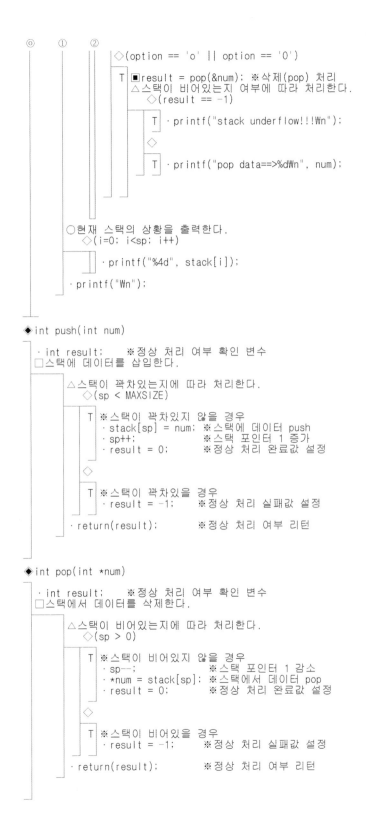

```
     ⓪    ①    ②
                        ◇(option == 'o' || option == 'O')
                        T  ■result = pop(&num);  ※삭제(pop) 처리
                           △스택이 비어있는지 여부에 따라 처리한다.
                               ◇(result == -1)
                               T  ·printf("stack underflow!!!\n");
                               ◇
                               T  ·printf("pop data==>%d\n", num);


          ○현재 스택의 상황을 출력한다.
              ◇(i=0; i<sp; i++)
                  ·printf("%4d", stack[i]);
           ·printf("\n");


◆int push(int num)
  ·int result;   ※정상 처리 여부 확인 변수
  □스택에 데이터를 삽입한다.
          △스택이 꽉차있는지에 따라 처리한다.
              ◇(sp < MAXSIZE)
              T  ※스택이 꽉차있지 않을 경우
                 ·stack[sp] = num;  ※스택에 데이터 push
                 ·sp++;            ※스택 포인터 1 증가
                 ·result = 0;      ※정상 처리 완료값 설정
              ◇
              T  ※스택이 꽉차있을 경우
                 ·result = -1;     ※정상 처리 실패값 설정
           ·return(result);        ※정상 처리 여부 리턴


◆int pop(int *num)
  ·int result;   ※정상 처리 여부 확인 변수
  □스택에서 데이터를 삭제한다.
          △스택이 비어있는지에 따라 처리한다.
              ◇(sp > 0)
              T  ※스택이 비어있지 않을 경우
                 ·sp--;            ※스택 포인터 1 감소
                 ·*num = stack[sp]; ※스택에서 데이터 pop
                 ·result = 0;      ※정상 처리 완료값 설정
              ◇
              T  ※스택이 비어있을 경우
                 ·result = -1;     ※정상 처리 실패값 설정
           ·return(result);        ※정상 처리 여부 리턴
```

● C프로그램으로 작성한 예

```
#include <stdio.h>

#define MAXSIZE 5

int stack[MAXSIZE];    //스택 배열 선언
int sp = 0;                 //스택 포인터 선언 및 초기화


int push(int num);      //push함수 프로토타입 선언
int pop(int *num);      //pop함수 프로토타입 선언

void main(void) {
  int option;        // 스택 처리 방법 선택 변수 선언
  int num;           // push 또는 pop 처리할 숫자 변수 선언
  int result;        // 정상 처리 여부 확인 변수 선언
  int i;             // 인덱스 선언

  //.스택(stack)에 데이터를 처리한다.
  {

    //.스택에 데이터를 삽입(push) 또는 삭제(pop)한다.
    for (;;) {

      //.스택 처리 방법 선택 문자 하나를 입력받는다.
      {
        printf("Enter 'i'n or 'o'ut or 'e'nd==>");
        option = getchar();  // 스택 처리 선택 문자 입력
        rewind(stdin);         // 키보드 버퍼 클리어
      }
      if (option == 'e' || option == 'E')    break;

      //.스택에의 데이터 삽입(push) 또는 삭제(pop)를 수행한다.
      if (option == 'i' || option == 'I') {

        //.스택에 삽입(push)할 숫자 데이터를 입력받는다.
```

```c
        {
            printf("Enter push number==>");
            scanf_s("%d", &num, sizeof(num));
            rewind(stdin);  // 키보드 버퍼를 클리어
        }
        result = push(num);  // 삽입(push) 처리

        //.스택이 꽉 차있는지 여부에 따라 처리한다.
        if (result == -1)     {
            printf("stack overflow!!!\n");
        }
        else {
            printf("push data==>%d\n", num);
        }
    }
    else if (option == 'o' || option == 'O') {
        result = pop(&num);  // 삭제(pop) 처리

        //.스택이 비어있는지 여부에 따라 처리한다.
        if (result == -1)     {
            printf("stack underflow!!!\n");
        }
        else {
            printf("pop data==>%d\n", num);
        }
    }
    }

    //.현재 스택의 상황을 출력한다.
    for (i=0; i<sp; i++) {
        printf("%4d", stack[i]);
    }
    printf("\n");
    }
}

int push(int num) {
```

```
    int result;    // 정상 처리 여부 확인 변수

    //.스택에 데이터를 삽입한다.
    {

        //.스택이 꽉차있는지에 따라 처리한다.
        if (sp < MAXSIZE)    {
            // 스택이 꽉차있지 않을 경우
            stack[sp] = num;  // 스택에 데이터 push
            sp++;              // 스택 포인터 1 증가
            result = 0;        // 정상 처리 완료값 설정
        }
        else {
            // 스택이 꽉차있을 경우
            result = -1;       // 정상 처리 실패값 설정
        }
        return(result);       // 정상 처리 여부 리턴
    }
}

int pop(int *num) {
    int result;    // 정상 처리 여부 확인 변수

    //.스택에서 데이터를 삭제한다.
    {

        //.스택이 비어있는지에 따라 처리한다.
        if (sp > 0)    {
            // 스택이 비어있지 않을 경우
            sp--;              // 스택 포인터 1 감소
            *num = stack[sp];  // 스택에서 데이터 pop
            result = 0;        // 정상 처리 완료값 설정
        }
        else {
            // 스택이 비어있을 경우
            result = -1;    // 정상 처리 실패값 설정
        }
```

306

```
    return(result);        // 정상 처리 여부 리턴
  }
}
```

● 실행 화면

10.6.2 큐(queue)

예제 10.6.2.1

환형 큐(circular queue)에 자료를 삽입(push)하거나 삭제(pop)하는 알고리즘의
설계 처리를 C언어에 맞춰서 쏙(SOC)으로 구현하시오.

```
#include <stdio.h>

#define MAXSIZE 5

int queue[MAXSIZE];        ※큐 배열 선언
int head = 0;              ※머리 포인터 선언 및 초기화
int tail = 0;              ※꼬리 포인터 선언 및 초기화

int addQueue(int num);           ※addQueue함수 프로토타입 선언
int deleteQueueOut(int *num);    ※deleteQueue함수 프로토타입 선언
```

◆void main(void)

　·int option;   ※스택 처리 방법 선택 변수 선언
　·int num;   ※add 또는 delete 처리할 숫자 변수 선언
　·int result;   ※정상 처리 여부 확인 변수 선언
　·int i;   ※인덱스 선언
　□환형 큐(circular queue) 처리를 한다.

　　　　○환형 큐에 데이터를 삽입(add) 또는 삭제(delete)한다.

　　　　　　□큐 처리 방법 선택 문자 하나를 입력받는다.

　　　　　　　　·printf("Enter 'i'n or 'o'ut or 'e'nd ==>");
　　　　　　　　·option = getchar(); ※큐 처리 선택 문자 입력
　　　　　　　　·rewind(stdin);   ※키보드 버퍼 클리어

　　　T─　◇(option == 'e' || option == 'E')
　　　　　△큐에의 데이터 삽입(add) 또는 삭제(delete)를 행한다.
　　　　　　◇(option == 'i' || option == 'I')

　　　　　　T □큐에 삽입(add)할 숫자 데이터를 입력받는다.

　　　　　　　　·printf("Enter insert number==>");
　　　　　　　　·scanf_s("%d", &num, sizeof(num));
　　　　　　　　·rewind(stdin); ※키보드 버퍼를 클리어

　　　　　　■result = addQueue(num);   ※삽입 처리
　　　　　　△큐가 꽉 차있는지 여부에 따라 처리한다.
　　　　　　　◇(result == -1)

　　　　　　　T ·printf("queue overflow!!!\n");
　　　　　　　◇
　　　　　　　T ·printf("add data==>%d\n", num);

　　　　　　◇(option=='o' || option=='O')

　　　　　　T ■result = deleteQueue(&num); ※삭제 처리
　　　　　　△큐가 비어있는지 여부에 따라 처리한다.
　　　　　　　◇(result == -1)

　　　　　　　T ·printf("queue underflow!!!\n");
　　　　　　　◇
　　　　　　　T ·printf("delete data==>%d\n", num);

ⓞ　　①

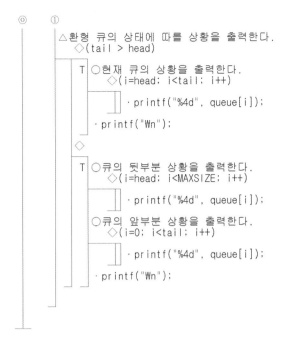

◎ ①
```
  △환형 큐의 상태에 따라 상황을 출력한다.
    ◇(tail > head)
  │ T │○현재 큐의 상황을 출력한다.
  │   │  ◇(i=head; i<tail; i++)
  │   │  │  ·printf("%4d", queue[i]);
  │   │  ·printf("\n");
  │   ◇
  │ T │○큐의 뒷부분 상황을 출력한다.
  │   │  ◇(i=head; i<MAXSIZE; i++)
  │   │  │  ·printf("%4d", queue[i]);
  │   │○큐의 앞부분 상황을 출력한다.
  │   │  ◇(i=0; i<tail; i++)
  │   │  │  ·printf("%4d", queue[i]);
  │   ·printf("\n");
```

◆int addQueue(int num)
```
  ·int result; ※정상 처리 여부 확인 변수
  □큐에 데이터를 삽입한다.
    △큐에 데이터의 삽입이 가능한지에 따라 처리한다.
      ◇((tail+1)%MAXSIZE != head)
    │ T │※큐에 데이터 삽입이 가능할 경우
    │   │·queue[tail] = num;      ※큐에 데이터 삽입
    │   │·tail++;                 ※꼬리 포인터 1 증가
    │   │·tail = tail%MAXSIZE;    ※꼬리 위치 조정
    │   │·result = 0;             ※정상 처리 완료값 설정
    │   ◇
    │ T │※큐에 데이터 삽입이 가능하지 않을 경우
    │   │·result = -1;            ※정상 처리 실패값 설정
    ·return(result);             ※정상 처리 여부 리턴
```

◆int deleteQueue(int *num)
```
  ·int result; ※정상 처리 여부 확인 변수
  □큐에 데이터를 삭제한다.
    △큐가 비어있는지에 따라 처리한다.
      ◇(tail != head)
    │ T │※큐가 비어있지 않을 경우
    │   │·*num = queue[head];  ※큐에서 데이터 삭제
```
◎ ① ②

```
⓪   ①   ②
                · head++;                    ※머리 포인터 1 증가
                · head = head%MAXSIZE;       ※머리 위치 조정
                · result = 0;               ※정상 처리 완료값 설정
                ◇
              T ※큐가 비어있을 경우
                · result = -1;             ※정상 처리 실패값 설정
           · return(result);               ※정상 처리 여부 리턴
```

● C프로그램으로 작성한 예

```c
#include <stdio.h>

#define MAXSIZE 5

int queue[MAXSIZE];     //큐 배열 선언
int head = 0;           //머리 포인터 선언 및 초기화
int tail = 0;           //꼬리 포인터 선언 및 초기화

int addQueue(int num);          //addQueue함수 프로토타입 선언
int deleteQueueOut(int *num);   //deleteQueue함수 프로토타입 선언

void main(void) {
  int option;       // 스택 처리 방법 선택 변수 선언
  int num;          // add 또는 delete 처리할 숫자 변수 선언
  int result;       // 정상 처리 여부 확인 변수 선언
  int i;            // 인덱스 선언

  //.환형 큐(circular queue) 처리를 한다.
  {

    //.환형 큐에 데이터를 삽입(add) 또는 삭제(delete)한다.
    for (;;) {

      //.큐 처리 방법 선택 문자 하나를 입력받는다.
      {
```

```
        printf("Enter 'i'n or 'o'ut or 'e'nd ==>");
        option = getchar();  // 큐 처리 선택 문자 입력
        rewind(stdin);       // 키보드 버퍼 클리어
    }
    if (option == 'e' || option == 'E') break;

    //.큐에의 데이터 삽입(add) 또는 삭제(delete)를 행한다.
    if (option == 'i' || option == 'I') {

        //.큐에 삽입(add)할 숫자 데이터를 입력받는다.
        {
            printf("Enter insert number==>");
            scanf_s("%d", &num, sizeof(num));
            rewind(stdin);  // 키보드 버퍼를 클리어
        }
        result = addQueue(num);     // 삽입 처리

        //.큐가 꽉 차있는지 여부에 따라 처리한다.
        if (result == -1)     {
            printf("queue overflow!!!\n");
        }
        else {
            printf("add data==>%d\n", num);
        }
    }
    else if (option=='o' || option=='O') {
        result = deleteQueue(&num); // 삭제 처리

        //.큐가 비어있는지 여부에 따라 처리한다.
        if (result == -1)     {
            printf("queue underflow!!!\n");
        }
        else {
            printf("delete data==>%d\n", num);
        }
    }
}
```

```
      //.환형 큐의 상태에 따를 상황을 출력한다.
      if (tail > head) {

         //.현재 큐의 상황을 출력한다.
         for (i=head; i<tail; i++) {
            printf("%4d", queue[i]);
         }
         printf("\n");
      }
      else {

         //.큐의 뒷부분 상황을 출력한다.
         for (i=head; i<MAXSIZE; i++) {
            printf("%4d", queue[i]);
         }

         //.큐의 앞부분 상황을 출력한다.
         for (i=0; i<tail; i++) {
            printf("%4d", queue[i]);
         }
         printf("\n");
      }
   }
}

int addQueue(int num) {
   int result;  // 정상 처리 여부 확인 변수

   //.큐에 데이터를 삽입한다.
   {

      //.큐에 데이터의 삽입이 가능한지에 따라 처리한다.
      if ((tail+1)%MAXSIZE != head)   {
         // 큐에 데이터 삽입이 가능할 경우
         queue[tail] = num;    // 큐에 데이터 삽입
         tail++;               // 꼬리 포인터 1 증가
```

```
        tail = tail%MAXSIZE;  // 꼬리 위치 조정
        result = 0;              // 정상 처리 완료값 설정
    }
    else {
        // 큐에 데이터 삽입이 가능하지 않을 경우
        result = -1;             // 정상 처리 실패값 설정
    }
    return(result);          // 정상 처리 여부 리턴
  }
}

int deleteQueue(int *num) {
  int result;  // 정상 처리 여부 확인 변수

  //.큐에 데이터를 삭제한다.
  {

    //.큐가 비어있는지에 따라 처리한다.
    if (tail != head)    {
      // 큐가 비어있지 않을 경우
      *num = queue[head];       // 큐에서 데이터 삭제
      head++;                   // 머리 포인터 1 증가
      head = head%MAXSIZE;  // 머리 위치 조정
      result = 0;               // 정상 처리 완료값 설정
    }
    else {
      // 큐가 비어있을 경우
      result = -1;            // 정상 처리 실패값 설정
    }
    return(result);           // 정상 처리 여부 리턴
  }
}
```

● 실행 화면

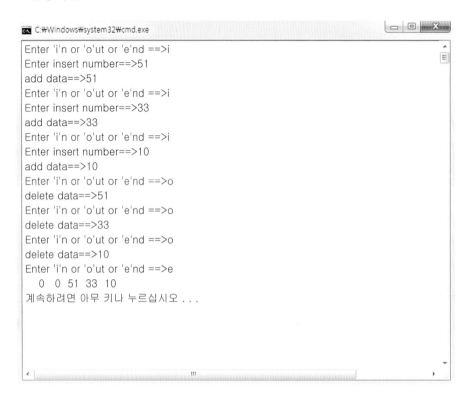

10.7   비선형 구조 알고리즘의 조립 예

10.7.1   이진 검색 트리에서의 검색

예제 10.7.1.1

배열(array) 형태로 작성된 이진 검색 트리(binary search tree)에서 자료를 검색하는 알고리즘(algorithm)의 설계 처리를 C언어에 맞춰서 쏙(SOC)으로 구현하시오.

```
#include <stdio.h>
#include <string.h>

#define NIL -1
#define MAXSIZE 100

struct tnode
{
    int left;
    char name[15];

    int right;
};

struct tnode name_tbl[MAXSIZE] =
{
    {  1, "Lee-Eunjung", 2},
    {  3, "Jung-Minhee", 4},
    {NIL, "Nam-Miyoung", 5},
    {NIL, "Ham-Songi", 6},
    {NIL, "Kim-Sunghyun", NIL},
    {7, "Yoo-Nari", NIL},
    {NIL, "Jo-Junyun", NIL},
};
```

```
◆void main(void)
 │
 │ ·char skey[15];    ※문자열 검색키 선언
 │ ·int node_pos;     ※노드 위치 인덱스 선언
 │ ·int result;       ※비교 결과 확인 변수 선언
 │ ·char ch;          ※키 입력 변수 선언
 │□이진 검색 트리(binary search tree) 방식으로 검색한다.
 │   │
 │   │□검색할 데이터를 입력받는다.
 │   │   │
 │   │   │ ·printf("Enter search name==>");
 │   │   │ ·scanf_s("%s", &skey, sizeof(skey));
 │   │   │ ·rewind(stdin);          ※키보드 버퍼를 클리어
 │   │
 │   │□입력받은 데이터를 검색한다.
 │   │   │
 │   │   │ ·node_pos = 0;                ※노드 위치 인덱스 초기화
 │   │   │○2진검색트리에서 문자열을 검색한다.
 │
 ⓪      ①      ②      ③
```

```
ⓞ    ①    ②    ③

                T─ ◇(node_pos == NIL)        ※단노드에 도착시
                   ·result = strcmp(skey, name_tbl[node_pos].name);
                   ▲검색 성공시의 조치
                      ◇(result == 0)

                         T─
                         3─
                   △검색키와 배열키의 비교에 따른 노드 이동
                      ◇(result < 0)

                         T ※검색키 < 배열키 일 때 좌측 자노드로 이동
                           ·node_pos = name_tbl[node_pos].left;

                         ◇

                         T ※검색키 > 배열키 일 때 우측 자노드로 이동
                           ·node_pos = name_tbl[node_pos].right;


             □검색 결과를 출력한다.

             △검색 성공여부를 나타낸다.
                ◇(result==0)

                T ·printf("search success!!!₩n");

                ◇

                T ·printf("search fail!!!₩n");
             ·ch = getchar(); ※키 입력을 하면 종료한다.
```

- C프로그램으로 작성한 예

```c
#include <stdio.h>
#include <string.h>

#define NIL -1
#define MAXSIZE 100

struct tnode
{
    int left;
    char name[15];
```

```c
    int right;
};

struct tnode name_tbl[MAXSIZE] =
{
    {  1, "Lee-Eunjung", 2},
    {  3, "Jung-Minhee", 4},
    {NIL, "Nam-Miyoung", 5},
    {NIL, "Ham-Songi", 6},
    {NIL, "Kim-Sunghyun", NIL},
    {7, "Yoo-Nari", NIL},
    {NIL, "Jo-Junyun", NIL},
    {NIL, "Park-Kyunghwa", NIL}
};

void main(void) {
    char skey[15];    //문자열 검색키 선언
    int node_pos;     //노드 위치 인덱스 선언
    int result;        //비교 결과 확인 변수 선언
    char ch;          //키 입력 변수 선언

    //.이진 검색 트리(binary search tree) 방식으로 검색한다.
    {

        //.검색할 데이터를 입력받는다.
        {
            printf("Enter search name==>");
            scanf_s("%s", &skey, sizeof(skey));
            rewind(stdin);        //키보드 버퍼를 클리어
        }

        //.입력받은 데이터를 검색한다.
        {
            node_pos = 0;                    //노드 위치 인덱스 초기화

            //.2진검색트리에서 문자열을 검색한다.
            while (!(node_pos == NIL)) {     //단노드에 도착시
```

```c
        result = strcmp(skey, name_tbl[node_pos].name);

        //.검색 성공시의 조치
        if (result == 0) {
           goto A_3_3;
        }

        //.검색키와 배열키의 비교에 따른 노드 이동
        if (result < 0) {
           //검색키 < 배열키 일 때 좌측 자노드로 이동
           node_pos = name_tbl[node_pos].left;
        }
        else {
           //검색키 > 배열키 일 때 우측 자노드로 이동
           node_pos = name_tbl[node_pos].right;
        }
     }
  }
  A_3_3:;

  //.검색 결과를 출력한다.
  {

     //.검색 성공여부를 나타낸다.
     if (result==0) {
        printf("search success!!!\n");
     }
     else {
        printf("search fail!!!\n");
     }
     ch = getchar(); //키 입력을 하면 종료한다.
  }
 }
}
```

● 실행 화면

10.7.2 이진 검색 트리에서의 자료 추가

예제 10.7.2.1

배열(array) 형태로 작성된 이진 검색 트리(binary search tree)에서 자료를 추가
하는 알고리즘(algorithm)의 설계 처리를 C언어에 맞춰서 쏙(SOC)으로 구현하
시오.

```c
#include <stdio.h>
#include <string.h>

#define NIL -1
#define MAXSIZE 100

struct tnode
{
    int left;
    char name[15];
    int right;
};

struct tnode name_tbl[MAXSIZE] =
{
    {  1, "Lee-Eunjung", 2},
    {  3, "Jung-Minhee", 4},
    {NIL, "Nam-Miyoung", 5},
    {NIL, "Ham-Songi", 6},
    {NIL, "Kim-Sunghyun", NIL},
    {7, "Yoo-Nari", NIL},
    {NIL, "Jo-Junyun", NIL},
    {NIL, "Park-Kyunghwa", NIL}
};
```

◆void main(void)

```
· char inskey[15];   ※문자열 삽입 키 선언
· int node_pos;      ※노드 위치 인덱스 선언
· int old_pos;       ※이전 노드 위치 인덱스 선언
· int i;             ※인덱스 선언
· int ins_pos = 8;   ※삽입 위치 인덱스 선언 및 현 위치 초기화
· int result;        ※비교 결과 확인 변수 선언
· char ch;           ※키 입력 변수 선언
```

□이진 검색 트리에서 데이터 추가 처리를 한다.

    □추가할 데이터를 입력받는다.

```
· printf("Enter insert name==>");
· scanf_s("%s", &inskey, sizeof(inskey));
· rewind(stdin);          ※키보드 버퍼를 클리어
```

    □입력받은 데이터를 추가한다.

```
· node_pos = 0;          ※노드 위치 인덱스 초기화
```

○입력받은 삽입키의 크기에 따라 추가 노드 위치를 설정한다.

T──◇(node_pos == NIL)   ※단노드에 도착시
    · old_pos = node_pos; ※노드 위치를 이전 노드 위치로
    □삽입키와 배열키를 비교하여 해당 노드 위치를 조정한다.

```
· result = strcmp(inskey, name_tbl[node_pos].name);
```

△키 비교 결과에 따라 해당 방향의 자노드로 이동한다.
    ◇(result <= 0)

    T ※삽입키 <= 비교키 일 때 좌측 자노드로 이동
      · node_pos = name_tbl[node_pos].left;

    ◇

    T ※삽입키 > 비교키 일 때 우측 자노드로 이동
      · node_pos = name_tbl[node_pos].right;

□추가 위치에 노드를 하나 만들어 삽입키를 추가한다.

```
· name_tbl[ins_pos].left = NIL;  ※좌측 링크 NIL로 설정
· name_tbl[ins_pos].right = NIL; ※우측 링크 NIL로 설정
※데이터 삽입
· strcpy_s(name_tbl[ins_pos].name, 15, inskey);
```

□삽입키와 배열키를 비교하여 삽입 위치를 조정한다.

```
· result = strcmp(inskey, name_tbl[old_pos].name);
```

△삽입키와 배열키의 비교에 따른 삽입 위치 조정
    ◇(result <= 0)

    T ※삽입키<=배열키 일 경우
      · name_tbl[old_pos].left = ins_pos;

    ◇

    T ※삽입키>배열키 일 경우
      · name_tbl[old_pos].right = ins_pos;

· ins_pos++; ※삽입 위치를 1증가

    □데이터 추가 결과를 출력한다.

⓪   ①   ②

```
 ⓪   ①    ②
 │   │    │   ○이진 검색 트리의 노드를 전부 출력한다.
 │   │    │     ◇(i=0; i<ins_pos; i++)
 │   │    │   │ ·printf("%4d",  name_tbl[i].left);
 │   │    │   │ ·printf("%12s", name_tbl[i].name);
 │   │    │   │ ·printf("%4dWn",name_tbl[i].right);
 │   │    │
 │   │    │   ·ch = getchar(); ※키 입력을 하면 종료한다.
 │   │
 │
```

● C프로그램으로 작성한 예

```c
#include <stdio.h>
#include <string.h>

#define NIL -1
#define MAXSIZE 100

struct tnode
{
    int left;
    char name[15];
    int right;
};

struct tnode name_tbl[MAXSIZE] =
{
    {  1, "Lee-Eunjung", 2},
    {  3, "Jung-Minhee", 4},
    {NIL, "Nam-Miyoung", 5},
    {NIL, "Ham-Songi", 6},
    {NIL, "Kim-Sunghyun", NIL},
    {7, "Yoo-Nari", NIL},
    {NIL, "Jo-Junyun", NIL},
    {NIL, "Park-Kyunghwa", NIL}
};
```

```
void main(void) {
   char inskey[15];   //문자열 삽입 키 선언
   int node_pos;       //노드 위치 인덱스 선언
   int old_pos;        //이전 노드 위치 인덱스 선언
   int i;              //인덱스 선언
   int ins_pos = 8;   //삽입 위치 인덱스 선언 및 현 위치 초기화
   int result;         //비교 결과 확인 변수 선언
   char ch;            //키 입력 변수 선언

   //.이진 검색 트리에서 데이터 추가 처리를 한다.
   {

      //.추가할 데이터를 입력받는다.
      {
         printf("Enter insert name==>");
         scanf_s("%s", &inskey, sizeof(inskey));
         rewind(stdin);        //키보드 버퍼를 클리어
      }

      //.입력받은 데이터를 추가한다.
      {
         node_pos = 0;       //노드 위치 인덱스 초기화

         //.입력받은 삽입키의 크기에 따라 추가 노드 위치를 설정한다.
         while (!(node_pos == NIL)) {   //단노드에 도착시

            old_pos = node_pos; //노드 위치를 이전 노드 위치로

            //.삽입키와 배열키를 비교하여 해당 노드 위치를 조정한다.
            {
               result = strcmp(inskey, name_tbl[node_pos].name);

               //.키 비교 결과에 따라 해당 방향의 자노드로 이동한다.
               if (result <= 0) {
                  //삽입키 <= 비교키 일 때 좌측 자노드로 이동
                  node_pos = name_tbl[node_pos].left;
               }
```

```
        else {
            //삽입키 > 비교키 일 때 우측 자노드로 이동
            node_pos = name_tbl[node_pos].right;
        }
    }
}

//.추가 위치에 노드를 하나 만들어 삽입키를 추가한다.
{
    name_tbl[ins_pos].left = NIL;   //좌측 링크 NIL로 설정
    name_tbl[ins_pos].right = NIL; //우측 링크 NIL로 설정
    //데이터 삽입
    strcpy_s(name_tbl[ins_pos].name, 15, inskey);
}

//.삽입키와 배열키를 비교하여 삽입 위치를 조정한다.
{
    result = strcmp(inskey, name_tbl[old_pos].name);

    //.삽입키와 배열키의 비교에 따른 삽입 위치 조정
    if (result <= 0) {
        //삽입키<=배열키 일 경우
        name_tbl[old_pos].left = ins_pos;
    }
    else {
        //삽입키>배열키 일 경우
        name_tbl[old_pos].right = ins_pos;
    }
    ins_pos++; //삽입 위치를 1증가
  }
}

//.데이터 추가 결과를 출력한다.
{

    //.이진 검색 트리의 노드를 전부 출력한다.
    for (i=0; i<ins_pos; i++) {
```

```
                printf("%4d",  name_tbl[i].left);
                printf("%12s", name_tbl[i].name);
                printf("%4d\n",name_tbl[i].right);
            }
         ch = getchar(); //키 입력을 하면 종료한다.
        }
      }
   }
```

● 실행 화면

```
C:\Windows\system32\cmd.exe

Enter insert name==>Han-nara
   1   Lee-Eunjung    2
   3   Jung-Minhee    4
  -1  Nam-Miyoung     5
  -1     Ham-Songi    6
  -1  Kim-Sunghyun   -1
   7      Yoo-Nari   -1
   8     Jo-Junyun   -1
  -1 Park-Kyunghwa   -1
  -1      Han-nara   -1
계속하려면 아무 키나 누르십시오 . . .
```

10.7.3 동적 이진 검색 트리의 작성

예제 10.7.3.1

동적(動的)으로 기억 장소(memory)를 확보하여 이진 검색 트리(binary search tree)를 작성하는 알고리즘의 설계 처리를 C언어에 맞춰서 쏙(SOC)으로 구현하시오.

```c
#include <malloc.h>
#include <stdio.h>
#include <string.h>

struct tNode
{
   struct tNode *left;
   char name[15];
   struct tNode *right;
};

struct tNode *nameAlloc(void);                ※nameAlloc함수 프로토타입 선언
void displaySearchTree(struct tNode *node);   ※노드 출력 함수 프로토타입 선언
```

◆void main(void)
  ·char nameDat[15];   ※이름 문자열선언
  ▤struct tNode *rootNode;   ※근노드 선언
  ▤struct tNode *presentNode; ※현노드 선언
  ▤struct tNode *oldNode;   ※전노드 선언
  ·char key = 0;   ※키 입력 변수 선언 및 초기화
  ☐동적 이진 검색 트리(dynamic binary search tree)를 작성한다.

      ☐근노드 영역을 확보하고 이름을 입력받는다.

          ·rootNode = nameAlloc(); ※근노드 영역 확보
          ·printf("근노드 이름을 빈 칸 없이 입력하세요==>");
          ·scanf_s("%s", &rootNode->name, sizeof(rootNode->name));
          ·rewind(stdin);   ※키보드 버퍼를 클리어
          ·rootNode->left = NULL; ※좌측 링크 NULL로 설정
          ·rootNode->right = NULL; ※우측 링크 NULL로 설정

      ○동적 이진 검색 트리를 구성한다.

          ☐새로운 노드 이름을 입력받는다.

              ·printf("새로운 노드 이름을 빈 칸 없이 입력하세요
              ·   (end를 입력하면 종료)==>");
              ·scanf_s("%s", &nameDat, sizeof(nameDat));
              ·rewind(stdin);   ※키보드 버퍼를 클리어

      T─ ◇(strcmp(nameDat, "end")==0) ※end 입력시
          ·presentNode = rootNode;   ※근노드 위치를 현노드 위치로 조정
          ○근노드에서부터 단노드까지 포인터를 조정해준다.

              T─ ◇(presentNode == NULL)
                  ·oldNode = presentNode; ※현노드 위치를 전노드 위치로 조정
                  △입력받은 이름과 현노드의 이름을 비교 처리한다.
                      ◇(strcmp(nameDat, presentNode->name) <= 0)

  ⓞ   ①   ②   ③   ④

ⓞ　①　②　③　④

```
                    T│※입력 이름 <= 현노드 이름일 때
                     │※현노드의 좌측 링크가 현노드를 가르키도록 조정
                     │ ·presentNode = presentNode->left;
                  ◇
                    T│※입력 이름 > 현노드 이름일 때
                     │※현노드의 우측 링크가 현노드를 가리키도록 조정
                     │ ·presentNode = presentNode->right;

          □입력받은 데이터를 현노드에 삽입

              ■presentNode = nameAlloc();        ※현노드 공간 동적 확보
              ※입력 이름 현노드로 복사
              ·strcpy_s(presentNode->name, sizeof(nameDat), nameDat);
              ·presentNode->left = NULL;   ※현노드 좌측 링크를 NULL로 설정
              ·presentNode->right = NULL;  ※현노드 우측 링크를 NULL로 설정
              △입력 이름과 전노드 이름을 비교 처리한다.
                 ◇(strcmp(nameDat, oldNode->name) <= 0)
                    T│※입력 이름 <= 전노드 이름일 때
                     │※현노드 위치를 전노드 좌측 링크에 설정
                     │ ·oldNode->left = presentNode;
                  ◇
                    T│※입력이름 > 전노드이름 일 때
                     │※현노드 위치를 전노드 우측 링크에 설정
                     │ ·oldNode->right = presentNode;

          □동적 이진 검색 트리 구성 작업을 완료한다.

              ■displaySearchTree(rootNode);    ※동적 이진 검색 트리 내용 출력
              ·printf("\n\n동적 이진 검색 트리 출력이 완료되었습니다.\n");
              ·scanf_s("%c", &key, sizeof(key)); ※키 입력
              ·fflush(stdin);                   ※키보드 입력 버퍼 클리어
```

◆struct tNode *nameAlloc(void)

```
 ·int nameNodeSize;  ※이름 노드의 크기 변수 선언
 □새로운 노드의 영역을 동적으로 확보한다.

      ·nameNodeSize = sizeof(struct tNode);              ※이름 노드 크기 확인
      ·return ( (struct tNode *) malloc(nameNodeSize) ); ※메모리 확보후 리턴
```

◆void displaySearchTree(struct tNode *node)

```
 □동적 이진 검색 트리 구성 내역을 출력한다.

   △재귀 방식으로 노드 전체를 출력한다.
      ◇(node != NULL)
         T │·printf("(");                          ※현 노드 좌측 경계 표시
           │■displaySearchTree(node->left);        ※좌측 서브 트리 출력
           │·printf(" %s ", node->name);           ※현 노드 내역 출력
           │■displaySearchTree(node->right);       ※우측 서브 트리 출력
           │·printf(")");                          ※현 노드 우측 경계 표시
```

● C프로그램으로 작성한 예

```c
#include <malloc.h>
#include <stdio.h>
#include <string.h>



struct tNode
{
  struct tNode *left;
  char name[15];
  struct tNode *right;
};

struct tNode *nameAlloc(void);              //nameAlloc함수 프로토타입 선언
void displaySearchTree(struct tNode *node); //노드 출력 함수 프로토타입 선언

void main(void) {
  char nameDat[15];           //이름 문자열선언
  struct tNode *rootNode;     //근노드 선언
  struct tNode *presentNode;  //현노드 선언
  struct tNode *oldNode;      //전노드 선언
  char key = 0;               //키 입력 변수 선언 및 초기화

  //.동적 이진 검색 트리(dynamic binary search tree)를 작성한다.
  {

    //.근노드 영역을 확보하고 이름을 입력받는다.
    {
      rootNode = nameAlloc(); //근노드 영역 확보
      printf("근노드 이름을 빈 칸 없이 입력하세요==>");
      scanf_s("%s", &rootNode->name, sizeof(rootNode->name));
      rewind(stdin);                //키보드 버퍼를 클리어
      rootNode->left = NULL;   //좌측 링크 NULL로 설정
      rootNode->right = NULL; //우측 링크 NULL로 설정
    }
```

```c
//.동적 이진 검색 트리를 구성한다.
for (;;) {

    //.새로운 노드 이름을 입력받는다.
    {
        printf("새로운 노드 이름을 빈 칸 없이 입력하세요(end를 입력하면 종
료)==>");
        scanf_s("%s", &nameDat, sizeof(nameDat));
        rewind(stdin);          //키보드 버퍼를 클리어
    }
    if (strcmp(nameDat, "end")==0)  break;//end 입력시
    presentNode = rootNode;     //근노드 위치를 현노드 위치로 조정

    //.근노드에서부터 단노드까지 포인터를 조정해준다.
    while (!(presentNode == NULL)) {
        oldNode = presentNode;   //현노드 위치를 전노드 위치로 조정

        //.입력받은 이름과 현노드의 이름을 비교 처리한다.
        if (strcmp(nameDat, presentNode->name) <= 0) {
            //입력 이름 <= 현노드 이름일 때
            //현노드의 좌측 링크가 현노드를 가르키도록 조정
            presentNode = presentNode->left;
        }
        else {
            //입력 이름 > 현노드 이름일 때
            //현노드의 우측 링크가 현노드를 가리키도록 조정
            presentNode = presentNode->right;
        }
    }

    //.입력받은 데이터를 현노드에 삽입
    {
        presentNode = nameAlloc();      //현노드 공간 동적 확보
        //입력 이름 현노드로 복사
        strcpy_s(presentNode->name, sizeof(nameDat), nameDat);
        presentNode->left = NULL;   //현노드 좌측 링크를 NULL로 설정
        presentNode->right = NULL; //현노드 우측 링크를 NULL로 설정
```

```
            //.입력 이름과 전노드 이름을 비교 처리한다.
            if (strcmp(nameDat, oldNode->name) <= 0)  {
               //입력 이름 <= 전노드 이름일 때
               //현노드 위치를 전노드 좌측 링크에 설정
               oldNode->left = presentNode;
            }
            else {
               //입력이름 > 전노드이름 일 때
               //현노드 위치를 전노드 우측 링크에 설정
               oldNode->right = presentNode;
            }
         }
      }

      //.동적 이진 검색 트리 구성 작업을 완료한다.
      {
         displaySearchTree(rootNode);     //동적 이진 검색 트리 내용 출력
         printf("\n\n동적 이진 검색 트리 출력이 완료되었습니다.\n");
         scanf_s("%c", &key, sizeof(key)); //키 입력
         fflush(stdin);                    //키보드 입력 버퍼 클리어
      }
   }
}


struct tNode *nameAlloc(void) {
   int nameNodeSize;  //이름 노드의 크기 변수 선언

   //.새로운 노드의 영역을 동적으로 확보한다.
   {
      nameNodeSize = sizeof(struct tNode);              //이름 노드 크기 확인
      return ( (struct tNode *) malloc(nameNodeSize) ); //메모리 확보후 리턴
   }
}

void displaySearchTree(struct tNode *node) {
```

```
//.동적 이진 검색 트리 구성 내역을 출력한다.
{

    //.재귀 방식으로 노드 전체를 출력한다.
    if (node != NULL) {
        printf("(");                        //현 노드 좌측 경계 표시
        displaySearchTree(node->left);      //좌측 서브 트리 출력
        printf(" %s ", node->name);         //현 노드 내역 출력
        displaySearchTree(node->right);     //우측 서브 트리 출력
        printf(")");                        //현 노드 우측 경계 표시
    }
}
}
```

● 실행 화면

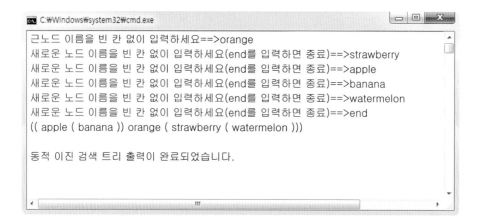

10.7.4 동적 이진 검색 트리의 검색

예제 10.7.4.1

동적(動的)으로 기억장소(memory)를 확보하여 이진 검색 트리(binary search tree)를 작성한 뒤 원하는 자료를 검색하는 알고리즘의 설계 처리를 C언어에 맞춰서 쏙(SOC)으로 구현하시오.

```
#include <stdio.h>
#include <string.h>
#include <malloc.h>

struct tNode
{
    struct tNode *left;
    char name[15];
    struct tNode *right;
};

struct tNode *nameAlloc(void);
struct tNode *genTree(struct tNode *, char *);
struct tNode *searchNode(struct tNode *, char *);
void displaySearchTree(struct tNode *node);
```

◆void main(void)
· char nameDat[15];　　　※문자열 변수 선언
· char skey[15];　　　　 ※문자열 검색키 선언
· struct tNode *rootNode;　※근노드 선언
· struct tNode presentNode;　※현노드 선언
□동적 재귀적 이진 검색 트리 검색을 수행한다.

· rootNode = NULL;
○동적 이진 검색 트리를 구성한다.

□이진 검색 트리를 구성할 데이터를 입력받는다.

· printf("구성할 노드 이름을 빈 칸 없이 입력하세요
·　　　(end를 입력하면 종료)==>");
· scanf_s("%s", &nameDat, sizeof(nameDat));
· rewind(stdin); ※키보드 버퍼를 클리어

T─◇(strcmp(nameDat, "end")==0) ※end 입력시
■rootNode = genTree(rootNode, nameDat);

□동적 이진 검색 트리 구성 내역을 확인한다.

· printf("구성한 이진 검색 트리 내역은 다음과 같습니다.\n");
· printf("==\n");
■displaySearchTree(rootNode); ※동적 이진 검색 트리 내용 출력
· printf("\n");

○동적 이진 검색 트리에서 검색을 수행한다.

□검색할 데이터를 입력받는다.

· printf("검색할 노드 이름을 입력하세요
·　　　(end를 입력하면 종료)==>");

⓪　　　①　　　②　　　③

  ⓪   ①   ②   ③

```
                          · scanf_s("%s", &skey, sizeof(skey));
                          · rewind(stdin); ※키보드 버퍼를 클리어
        T─  ◇(strcmp(skey, "end")==0) ※end 입력시
            △검색 결과에 따라 출력한다.
                ◇((searchNode(rootNode, skey)) == NULL)

                T  · printf("%s은(는) 검색 트리에 없습니다!!!\n", skey);

                ◇

                T  · printf("%s은(는) 검색 트리에 있습니다!!!\n", skey);
```

◆struct tNode *genTree(struct tNode *presentNode, char *nameDat)

```
· int result; ※비교 결과 확인 변수 선언
□동적 재귀적 이진 검색 트리를 구성한다.

    △단노드밑에 도달했는가에 따라 처리한다.
        ◇(presentNode == NULL)

        T  ■presentNode = nameAlloc();
           · strcpy_s(presentNode->name, sizeof(presentNode->name), nameDat);
           · presentNode->left = NULL;
           · presentNode->right = NULL;

        ◇

        T  · result = strcmp(nameDat, presentNode->name);
           △입력 이름과 현노드 이름의 비교에 따라 트리를 구성한다.
               ◇(result < 0)

               T  ※입력 이름 < 현노드 이름일 때
                  ■presentNode->left = genTree(presentNode->left, nameDat);

               ◇

               T  ※입력 이름 >= 현노드 이름일 때
                  ■presentNode->right = genTree(presentNode->right, nameDat);

· return(presentNode);
```

◆struct tNode *nameAlloc(void)

```
· int nameNodeSize; ※이름 노드 크기 변수 선언
□새로운 노드의 영역을 동적으로 확보한다.

    · nameNodeSize = sizeof(struct tNode); ※이름 노드 크기 확인
    · return ( (struct tNode *) malloc(nameNodeSize) );
```

◆struct tNode *searchNode(struct tNode *presentNode, char *skey)

```
· int result;  ※검색 결과 확인 변수 선언
□이진 검색 트리에서 데이터를 검색한다.

    ▲현노드가 NULL이면 검색을 마친다.
        ◇(presentNode==NULL)
```

  ⓪   ①   ②

⓪   ①   ②

```
        T│ ·return (presentNode);
        2┘
       ·result = strcmp(skey, presentNode->name);
      ▲검색키와 현노드 이름이 같으면 검색 성공으로 검색을 마친다.
        ◇(result==0)

        T│ ·return (presentNode);
        2┘
      △검색키와 현노드 이름의 크기 차이에 따라 검색을 계속한다.
        ◇(result < 0)

        T│ ※현노드의 좌측 링크쪽의 자노드를 검색
         │ ■searchNode(presentNode->left, skey);

        ◇

        T│ ※현노드의 우측 링크쪽의 자노드를 검색
         │ ■searchNode(presentNode->right, skey);
```

◆void displaySearchTree(struct tNode *node)

```
□동적 이진 검색 트리 구성 내역을 출력한다.

   △재귀 방식으로 노드 전체를 출력한다.
     ◇(node != NULL)

     T│ ·printf("(");                        ※현 노드 좌측 경계 표시
      │ ■displaySearchTree(node->left);      ※좌측 서브 트리 출력
      │ ·printf(" %s ", node->name);         ※현 노드 내역 출력
      │ ■displaySearchTree(node->right);     ※우측 서브 트리 출력
      │ ·printf(")");                        ※현 노드 우측 경계 표시
```

● C프로그램으로 작성한 예

```c
#include <stdio.h>
#include <string.h>
#include <malloc.h>

struct tNode
{
    struct tNode *left;
    char name[15];
    struct tNode *right;
};

struct tNode *nameAlloc(void);
```

```
struct tNode *genTree(struct tNode *, char *);
struct tNode *searchNode(struct tNode *, char *);
void displaySearchTree(struct tNode *node);

void main(void) {
  char nameDat[15];        //문자열 변수 선언
  char skey[15];           //문자열 검색키 선언
  struct tNode *rootNode;  //근노드 선언
  struct tNode presentNode; //현노드 선언

  //.동적 재귀적 이진 검색 트리 검색을 수행한다.
  {
    rootNode = NULL;

    //.동적 이진 검색 트리를 구성한다.
    for (;;) {

      //.이진 검색 트리를 구성할 데이터를 입력받는다.
      {
          printf("구성할 노드 이름을 빈 칸 없이 입력하세요(end를 입력하면 종
료)==>");
        scanf_s("%s", &nameDat, sizeof(nameDat));
        rewind(stdin); //키보드 버퍼를 클리어
      }
      if (strcmp(nameDat, "end")==0)  break;//end 입력시
      rootNode = genTree(rootNode, nameDat);
    }

    //.동적 이진 검색 트리 구성 내역을 확인한다.
    {
      printf("구성한 이진 검색 트리 내역은 다음과 같습니다.\n");
        printf("==========================================
\n");
      displaySearchTree(rootNode); //동적 이진 검색 트리 내용 출력
      printf("\n");
    }
```

```
    //.동적 이진 검색 트리에서 검색을 수행한다.
    for (;;) {

        //.검색할 데이터를 입력받는다.
        {
            printf("검색할 노드 이름을 입력하세요(end를 입력하면 종료)==>");
            scanf_s("%s", &skey, sizeof(skey));
            rewind(stdin); //키보드 버퍼를 클리어
        }
        if (strcmp(skey, "end")==0)  break;//end 입력시

        //.검색 결과에 따라 출력한다.
        if ((searchNode(rootNode, skey)) == NULL) {
            printf("%s은(는) 검색 트리에 없습니다!!!\n", skey);
        }
        else {
            printf("%s은(는) 검색 트리에 있습니다!!!\n", skey);
        }
    }
}
}

struct tNode *genTree(struct tNode *presentNode, char *nameDat) {
    int result; //비교 결과 확인 변수 선언

    //.동적 재귀적 이진 검색 트리를 구성한다.
    {

        //.단노드밑에 도달했는가에 따라 처리한다.
        if (presentNode == NULL) {
            presentNode = nameAlloc();
            strcpy_s(presentNode->name, sizeof(presentNode->name), nameDat);
            presentNode->left = NULL;
            presentNode->right = NULL;
        }
        else {
            result = strcmp(nameDat, presentNode->name);
```

```
        //.입력 이름과 현노드 이름의 비교에 따라 트리를 구성한다.
        if (result 〈 0) {
          //입력 이름 〈 현노드 이름일 때
          presentNode->left = genTree(presentNode->left, nameDat);
        }
        else {
          //입력 이름 >= 현노드 이름일 때
          presentNode->right = genTree(presentNode->right, nameDat);
        }
      }
      return(presentNode);
  }
}


struct tNode *nameAlloc(void) {
  int nameNodeSize;  //이름 노드 크기 변수 선언

  //.새로운 노드의 영역을 동적으로 확보한다.
  {
    nameNodeSize = sizeof(struct tNode); //이름 노드 크기 확인
    return ( (struct tNode *) malloc(nameNodeSize) );
  }
}


struct tNode *searchNode(struct tNode *presentNode, char *skey) {
  int result;   //검색 결과 확인 변수 선언

  //.이진 검색 트리에서 데이터를 검색한다.
  {

    //.현노드가 NULL이면 검색을 마친다.
    if (presentNode==NULL) {
      return (presentNode);
      goto D_2_5;
    }
    result = strcmp(skey, presentNode->name);
```

```c
      //.검색키와 현노드 이름이 같으면 검색 성공으로 검색을 마친다.
      if (result==0) {
        return (presentNode);
         goto D_2_5;
      }


      //.검색키와 현노드 이름의 크기 차이에 따라 검색을 계속한다.
      if (result < 0) {
        //현노드의 좌측 링크쪽의 자노드를 검색
        searchNode(presentNode->left, skey);
      }
      else {
        //현노드의 우측 링크쪽의 자노드를 검색
        searchNode(presentNode->right, skey);
      }
    }
  D_2_5::;
}


void displaySearchTree(struct tNode *node) {

  //.동적 이진 검색 트리 구성 내역을 출력한다.
  {

    //.재귀 방식으로 노드 전체를 출력한다.
    if (node != NULL) {
      printf("(");                        //현 노드 좌측 경계 표시
      displaySearchTree(node->left);   //좌측 서브 트리 출력
      printf(" %s ", node->name);       //현 노드 내역 출력
      displaySearchTree(node->right); //우측 서브 트리 출력
      printf(")");                        //현 노드 우측 경계 표시
    }
  }
}
```

● 실행 화면

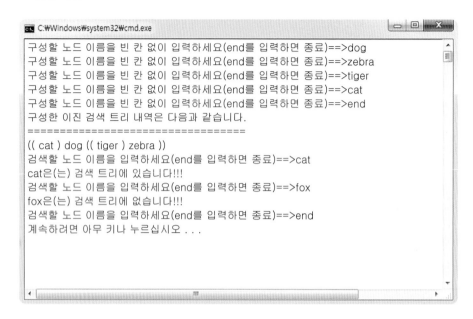

```
C:\Windows\system32\cmd.exe

구성할 노드 이름을 빈 칸 없이 입력하세요(end를 입력하면 종료)==>dog
구성할 노드 이름을 빈 칸 없이 입력하세요(end를 입력하면 종료)==>zebra
구성할 노드 이름을 빈 칸 없이 입력하세요(end를 입력하면 종료)==>tiger
구성할 노드 이름을 빈 칸 없이 입력하세요(end를 입력하면 종료)==>cat
구성할 노드 이름을 빈 칸 없이 입력하세요(end를 입력하면 종료)==>end
구성한 이진 검색 트리 내역은 다음과 같습니다.
================================
(( cat ) dog (( tiger ) zebra ))
검색할 노드 이름을 입력하세요(end를 입력하면 종료)==>cat
cat은(는) 검색 트리에 있습니다!!!
검색할 노드 이름을 입력하세요(end를 입력하면 종료)==>fox
fox은(는) 검색 트리에 없습니다!!!
검색할 노드 이름을 입력하세요(end를 입력하면 종료)==>end
계속하려면 아무 키나 누르십시오 . . .
```

10.8 ROBOTC 알고리즘의 조립 예

10.8.1 로봇이 장애물과 일정한 거리를 유지하는 알고리즘

> **예제 10.8.1.1**
>
> EV3로 제작한 로봇이 전방에 달린 초음파센서로 장애물과의 거리를 인식
> 하여 52cm보다 멀 경우에는 전진하고, 48cm보다 가까울 때에는 후진하고,
> 48cm~52cm 영역 범위 내에 있을 때는 정지하여 2초간 대기하다가, 터치센서
> 가 눌려지면 동작을 멈추는 알고리즘의 설계 처리를 ROBOTC언어에 맞춰서 쏙
> (SOC)으로 구현하시오.

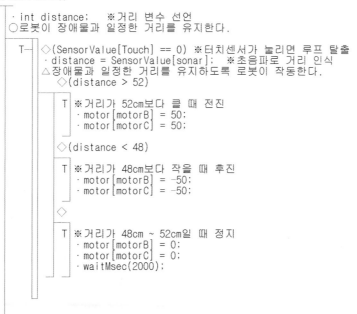

```
#pragma config(Sensor, S3, sonar, sensorEV3_Ultrasonic)
※!!Code automatically generated by 'ROBOTC' configuration wizard!!

◆task main()
   ·int distance;    ※거리 변수 선언
   ○로봇이 장애물과 일정한 거리를 유지한다.
   T─ ◇(SensorValue[Touch] == 0) ※터치센서가 눌리면 루프 탈출
      ·distance = SensorValue[sonar];  ※초음파로 거리 인식
      △장애물과 일정한 거리를 유지하도록 로봇이 작동한다.
         ◇(distance > 52)
         T ※거리가 52cm보다 클 때 전진
           ·motor[motorB] = 50;
           ·motor[motorC] = 50;
         ◇(distance < 48)
         T ※거리가 48cm보다 작을 때 후진
           ·motor[motorB] = -50;
           ·motor[motorC] = -50;
         ◇
         T ※거리가 48cm ~ 52cm일 때 정지
           ·motor[motorB] = 0;
           ·motor[motorC] = 0;
           ·waitMsec(2000);
```

10.8.2 로봇이 검정색 라인 영역을 추적하는 알고리즘

예제 10.8.2.1

EV3로 제작한 로봇이 하부에 달린 센서로 반사광을 인식하여 검정색 라인 영역과 흰색 영역 사이의 경계선을 파악한 다음, 경계선보다 흰색일 때는 오른쪽으로 회전하면서 전진하고, 경계선보다 검정색일 때는 왼쪽으로 회전하면서 전진하다가, 터치센서가 눌리면 진행을 멈추는 알고리즘의 설계 처리를 ROBOTC언어에 맞춰서 쏙(SOC)으로 구현하시오.

```
#pragma config(Sensor, S1, Touch, sensorEV3_Touch)
#pragma config(Sensor, S3, Colour, sensorEV3_Color)
※!!Code automatically generated by 'ROBOTC' configuration wizard!!
```

◆task main()
```
□로봇이 반사광을 받아 검정색 라인 영역을 추적한다.

        ○터치센서가 눌릴 때까지 검정색 라인을 따라 진행한다.

    T─  ◇(SensorValue[Touch] == 0) ※터치센서가 눌리면 루프 탈출
        △흰바탕과 검정색 라인의 경계선을 중심으로 진행한다.
            ◇(SensorValue[Colour] > 34)

        T   ※흰색 영역일 때 오른쪽으로 회전
            · motor[motorB] = 20;
            · motor[motorC] = 0;

            ◇(distance < 48)

        T   ※검은색 영역일 때 왼쪽으로 회전
            · motor[motorB] = 0;
            · motor[motorC] = 20;

        □로봇이 진행을 멈춘다.

            · motor[motorB] = 0;
            · motor[motorC] = 0;
```

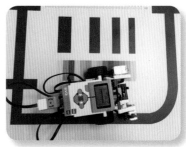

● 응용 과제

- 과제 10.1 컴퓨팅 사고(computational thinking)에 기본적으로 필요한 4가지 요소를 조사한 후, 각각에 대해 세부적으로 분석해 보세요.

- 과제 10.2 C언어로 작성한 프로그램을 새틀(SETL)을 사용하여 역공학(reverse engineering)을 통해 쏙(SOC)으로 재생하세요. 그런 후 각 제어 구조의 목적 부분을 포함하여 충실하게 주석(comment)을 다는 등 문서화 작업을 보강한 후 다시 C언어로 변환해 보세요.

- 과제 10.3 하나의 해결해야 할 주제를 생각하여, 가장 기초적인 C언어 프로그램부터 시작하여 조금씩 진화하는 과정을 순공학(forward engineering) 및 역공학(reverse engineering) 기술을 적용하여 새틀(SETL)로 실습해 보세요.

- 과제 10.4 1000라인 이상인 C언어 프로그램을 구하여 새틀(SETL)을 가지고 재공학 기술(reengineering technology)을 적용하여 설계 문서화 작업을 수행해 보세요.

- 과제 10.5 자신이 임의로 선택한 5개의 알고리즘이 각각 어떠한 제어 구조 패턴을 가지고 있는지 조사한 후 동료들과 패턴 인식(pattern recognition)에 대해 토론해 보세요.

앞으로를 위하여

독자님과 더불어 소프트웨어 설계 자동화(software design automation)의 세계에서 자동화 원리를 살펴오는 가운데 어느덧 이 책의 끝에 도달하였습니다.

이 책에서는 소프트웨어(software)를 설계 단계에서 하드웨어(hardware)처럼 부품화하는 방법과 그것들을 어떻게 조립 · 분해 · 추상화하여 소프트웨어 공장 자동화(SFA : Software Factory Automation)를 구현할 것인가에 대해 원리적인 면에서 자세하게 다뤘습니다.

참고로 쏙(SOC)을 지원하는 새틀(SETL)을 이용한다면 설계도를 조립식으로 자동화하여 조립 · 분해할 수 있으며, 소스 코드로 작성한 프로그램을 즉각 설계도로 재생할 수 있는 역공학 기능과 설계도로 작성한 내역을 즉각 소스 코드로 변환할 수 있는 순공학 기능을 볼 수 있을 것입니다.

제 10장에서는 C언어에 맞춘 설계 부품 조립 예를 실제의 쏙(SOC : Structured Object Component)이라는 소프트웨어 구조화 객체 부품을 사용하여 조립하여 나타내었습니다.

그 밖에도 Java언어의 경우에는 소스 코드에서 각종 모델을 역공학으로 재생해 내어 시각화 하는 새틀 자바 버전을 사용하면, 그동안 소프트웨어의 특징 중의 하나로 여겨졌던 비가시성(invisibility)이 더 이상 유효하지 않으며, 어둠 속에 있었던 소프트웨어의 속성에 빛을 비춰 소프트웨어의 가시적(visible)인 속성을 경험할 수 있을 것입니다.

즉 분석, 설계, 구현을 병렬적으로 수행할 수 있는 병렬 개발(PD : Parallel Development)의 시대가 펼쳐지는 것입니다.

앞으로를 위하여

이 책에서는 설계 방법론를 중심으로 다루었습니다. 소프트웨어 설계 자동화 도구인 새틀 (SETL : Structured Efficiency TooL)의 사용법에 대해 자세히 알고 싶으신 분은 (주)소프트 웨어품질기술원 홈페이지(www.softqt.com)에서 지속적으로 업데이트되는 내용을 참고하시기 바랍니다. 그렇게 하신다면, 새틀(SETL)을 쉽게 사용하실 수 있을 것입니다.

이제 정보화 사회의 핵심인 소프트웨어(software)의 개발 및 유지 보수 환경은 코딩(coding) 중심에서 분석(analysis)과 설계(design)를 병행하여 진행할 수 있는 대통합의 단계로 옮아갈 것입니다. 새로운 시대가 열리는 것입니다.

감사합니다.

부 록

1. Visual Studio Community 2015 설치 및 개발 환경 만들기

❖ 1.1 Visual Studio Community 2015 설치하기

C언어 프로그램을 쉽게 작성하고 실행 결과를 확인할 수 있는 "비주얼 스튜디오 (Visual Studio)" 개발 도구를 내려 받기 하려면 먼저 마이크로소프트 사에 계정을 등록해 두어야 합니다. 본 서에서는 "Visual Studio Community 2015" 버전을 기준으로 설명하겠습니다.

[1단계] Visual Studio Community 2015 설치 파일 다운로드

브라우저를 열고 "https://www.visualstudio.com/products/visual-studio-community-vs" 주소로 이동합니다. 이동한 다운로드 화면에서 "Community 2015 다운로드"를 선택하고 설치 파일을 내려받습니다.

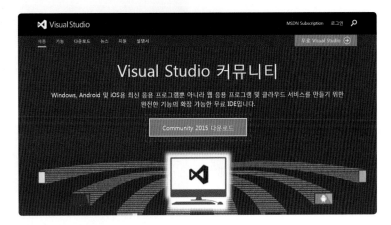

[2단계] 내려받은 파일 실행

내려받은 폴더로 이동하여 "vs_community.exe" 파일을 더블 클릭(double click)하고, 팝업창이 뜨면 "실행" 버튼을 클릭합니다.

[3단계] 설치 버튼 클릭

"표준 설치"를 선택하고, 화면 하단
의 설치버튼을 누릅니다. 설치를 완
료할 때까지 30분 이상 걸립니다.

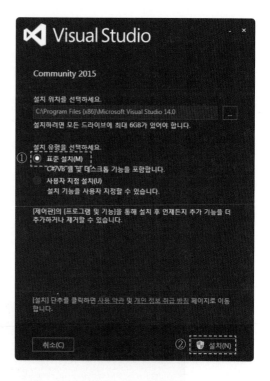

[4단계] 설치 완료

설치를 완료하면, 설치 완료 화면이
뜹니다. 하단의 "지금 다시 시작"을
눌러 컴퓨터를 재부팅시킵니다.

[5단계] Visual Studio Community 2015 설치 후 로그인

윈도우즈 메뉴에서 Visual Studio Community 2015 프로그램을 실행시키면, 아래와 같은 화면이 나타납니다. 그러면 로그인을 클릭하여 Microsoft 계정으로 로그인합니다.

[6단계] Visual Studio Community 2015 로그인 후 Windows 데스크톱용 Visual C++ 2015 도구 및 라이브러리 추가 설치

Microsoft 계정으로 로그인한 후 화면 좌측에 있는 "새 프로젝트"를 선택합니다.

좌측의 언어별 항목에서 Visual C++을 선택하고 "Windows 데스크톱용 Visual C++"
을 선택 후 확인 버튼을 클릭합니다.

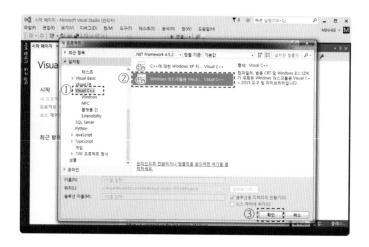

[7단계] "Windows 데스크톱용 Visual C++ 2015 도구 설치" 기능 설치

누락된 기능 설치 창이 뜨면 설치버튼을 눌러 설치를 시작합니다.

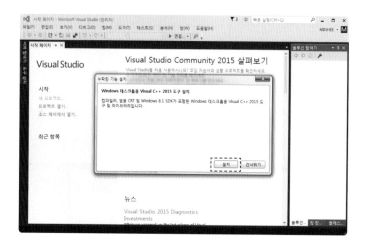

[8단계] 기능 선택

설치할 기능을 선택한 후 "다음" 버튼을
클릭합니다.

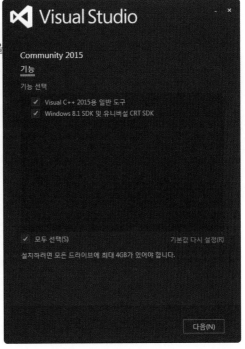

[9단계] "업데이트" 클릭

"업데이트" 버튼을 클릭하고
업데이트를 시작합니다. 완료하는데
수 분이상 걸립니다.

[10단계] 설치 완료

　설치 완료 메시지가 나타나면, C언어 프로그램을 작성하는데 필요한 설치를 완료한 것입니다.

❖ 1.2 C 프로그램 개발 환경 만들기

　Visual Studio Community 2015 개발 도구로 C언어 프로그램을 만들기 위한 개발 환경을 만들어 보겠습니다.

[1단계] 새 프로젝트 선택

　Visual Studio Community 2015 개발 도구를 열고 좌측 중앙에 있는 "새 프로젝트"를 선택합니다.

[2 단계] "Win32 콘솔 응용 프로그램" 선택 후, "이름" 항목 입력

새 프로젝트 창에서 "Win32 콘솔 응용 프로그램"을 선택합니다. 그리고 하단의 "이름" 항목에 "프로젝트명"을 입력하고 "확인" 버튼을 클릭합니다.

[3단계] Win32 응용 프로그램 마법사 화면에서 "다음" 선택

Win32 응용 프로그램 마법사 창에서 "다음" 버튼을 선택합니다.

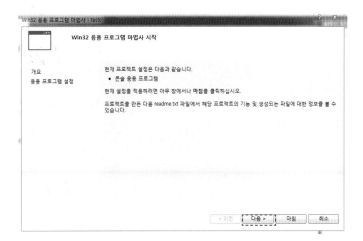

[4 단계] "빈 프로젝트" 선택 후 "마침" 선택

Win32 응용 프로그램 마법사 창의 추가 옵션 항목에서 "빈 프로젝트"를 체크하고 하단의 "마침" 버튼을 선택합니다.

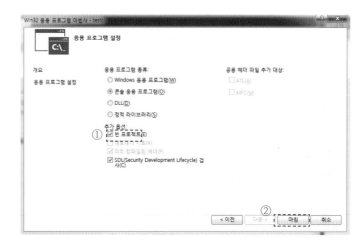

[5단계] "소스 파일"에서 "추가" – "새 항목" 추가

솔루션 탐색기에서 "소스 파일" 오른쪽 마우스 클릭 후 추가→새 항목을 선택합니다.

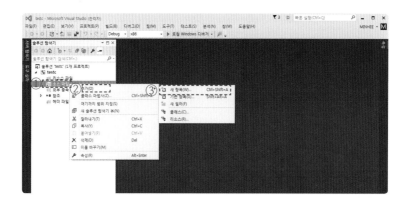

[6 단계] "C++ 파일(.cpp)"을 선택하고 이름을 입력한 후 "추가" 선택

새 항목 추가 창에서 "C++ 파일(.cpp)" 항목을 선택하고 하단의 "이름" 항목에 "파일
명.C"를 입력한 후 "추가" 버튼을 선택합니다.

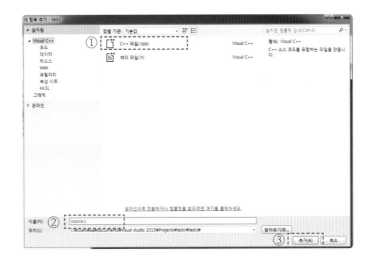

이제 Visual Studio Community 2015 도구로 C 프로그램을 작성할 수 있도록 기본 작
업을 마쳤습니다. Visual Studio 개발 도구는 C 프로그램을 작성하고, 작성을 완료한 프
로그램을 컴파일 한 후에 실행이 가능한 파일로 만들어 줍니다. 아울러 개발자에게 프
로그램 결과를 보여주고 프로그램을 쉽게 수정할 수 있도록 도와줍니다.

❖ 1.3 C 프로그램 실행시켜 보기

Visual Studio Community 2015 개발 도구를 이용하여 간단한 프로그램을 실행시켜
보겠습니다.

[1단계] 프로그램 편집 창에 프로그램을 입력 및 저장

프로그램 편집 창에 프로그램을 작성하고, 메뉴에서 "File" - "Save"를 선택하거나, Ctrl
키와 s키를 동시에 눌러서 프로그램을 저장합니다.

[2단계] 프로그램 빌드

Ctrl키와 F5키를 동시에 눌러서 프로그램을 빌드(build)합니다. 빌드란 소스 코드를 컴파일 및 링크하여 실행 파일을 생성하여 실행시키는 과정입니다. 즉 빌드를 하면 작성한 프로그램을 컴파일(Compile) - 링크(Link) - 실행(Execute)까지 통합적으로 수행할 수 있습니다. 빌드 결과는 개발 도구 하단의 출력 영역에서 확인할 수 있습니다.

프로그램의 실행이 정상적으로 이루어지면 명령 모드(Command Mode)의 도스 창에서 프로그램 실행 결과를 확인할 수 있습니다.

2. 쏙을 지원하는 새틀 설치 및 사용 방법

구조화 객체 부품인 '쏙(SOC)'을 기반으로 하는 소프트웨어 설계 자동화 지원 도구인 '새틀(SETL)'을 설치하여 활용하면, 설계도를 시각적으로 나타내어 알고리즘을 형성하는 프로그램의 제어 구조를 파악하는데 매우 용이합니다.

본서에서는 C언어 프로그램을 익히는데 쏙(SOC)을 이용해 시각적으로 이해할 수 있도록 설명하고 있습니다.

그럼, 먼저 쏙(SOC)을 지원하는 새틀(SETL)의 설치 방법과 기본적인 사용 방법을 익혀 보겠습니다.

(참고 : 새틀(SETL)은 사용자의 편의성을 위해 지속적으로 기능을 개선하고 있습니다.
버전을 업그레이드하면서 아이콘이나 변환 과정이 부분적으로 달라질 수 있지만
기본 개념은 동일하므로, 여기서 설명하는 과정만 이해하시면 새로운 버전이더라도
아주 쉽게 적응하여 사용하실 수 있을 것입니다.)

❖ 2.1 새틀(SETL) 설치 및 초기화

새틀(SETL)에서 기본적으로 제공하는 파일은 SETL_C.zip입니다.

[1단계] 압축 파일로 제공하는 "SETL_C.zip" 파일을 내컴퓨터의 적정한 폴더에서 압축 풀기를 합니다. 그러면 "SETL_C" 폴더가 만들어집니다.

[2단계] 생성한 "SETL_C" 폴더에서 setlc.exe 파일을 실행시킵니다.
그러면 새틀(SETL)의 초기 화면이 나타날 것입니다.
새틀의 초기 화면의 팝업 다이얼로그에서 확인 버튼을 누르면 이제부터
새틀을 사용하실 수 있는 편집 모드로 들어갑니다.

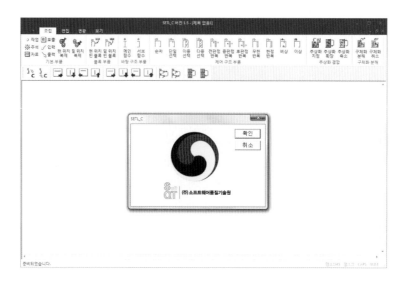

[3단계] SETL_C프로그램을 처음 실행할 때, "보기" 메뉴에서 "편집 글꼴" 을 선택하여
글꼴을 '굴림체'로 설정하였는지 확인합니다. 굴림체는 고정 폭을 가진 글자체
이므로 새틀을 가지고 설계를 할 때 선과 선의 연결이 어긋나지 않게 합니다.

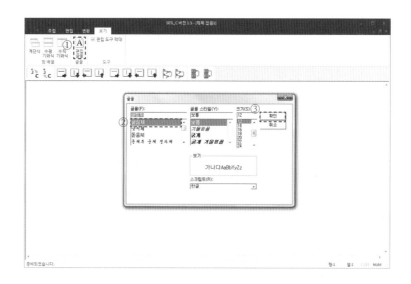

❖ 2.2 새틀(SETL)의 화면구성

새틀(SETL)의 메인 화면은 크게 메뉴, 편집 도구 막대, 작업 화면으로 나뉩니다.

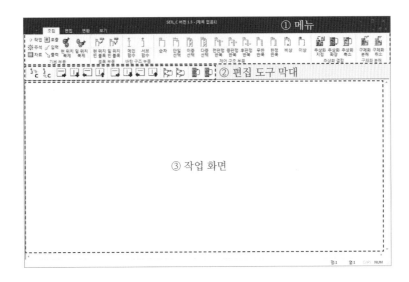

가. 메뉴

메뉴는 조립, 편집, 변환, 보기로 구성되어 있습니다.

다른 기능들은 일반 문서 작성 프로그램과 유사하므로, 새틀(SETL)만의 특별한 기능을 중심으로 설명하겠습니다.

새틀(SETL)의 중요 기능은 설계 처리 작업과 순공학/역공학 기능입니다.

설계 처리 작업을 위해서는 메뉴에서 "조립" 기능을 선택하면, '기본 부품', '블록 부품', '바탕 구조 부품', '제어 구조 부품', '추상화 결합', '추상화 분해' 기능을 사용할 수 있습니다.

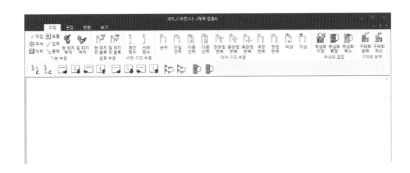

설계 처리 작업을 위한 "조립" 기능은 다음과 같습니다.

[1] 기본 부품

[2] 블록 부품

[3] 바탕 구조 부품

메인 함수	서브 함수
주 바탕(메인 함수) 구조 부품 조립	부 바탕(서브 함수) 구조 부품 조립

[4] 제어 구조 부품

순차	단일 선택
이음(순차) 제어 구조 부품 조립	한갈래(단일 선택) 제어 구조 부품 조립

이중 선택	다중 선택
두갈래(이중 선택) 제어 구조 부품 조립	여러갈래(다중 선택) 제어 구조 부품 조립

전판정 반복	중판정 반복
앞끝되풀이(전판정 반복) 제어 구조 부품 조립	사이끝되풀이(중판정 반복) 제어 구조 부품 조립

후판정 반복	무한 반복
뒤끝되풀이(후판정 반복) 제어 구조 부품 조립	끝없는되풀이(무한 반복) 제어 구조 부품 조립

한정 반복	비상
끝아는되풀이(한정 반복) 제어 구조 부품 조립	비상 제어 구조 부품 조립
	건너뛸 단수를 입력 후 "확인" 버튼 클릭

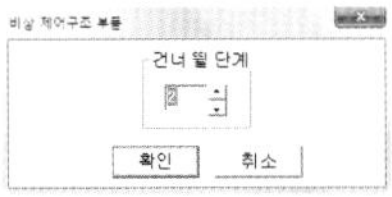

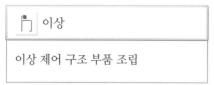

이상
이상 제어 구조 부품 조립

[5] 추상화 결합

추상화 지정	추상화 확장
인접한 부품들을 모아서 새로운 제어 구조 부품으로 추상화시켜 조립	추상화 범위를 아래로 확장

추상화 축소
추상화 범위를 위로 축소

[6] 구체화 분해

구체화 분해	구체화 취소
원하는 부품만을 구체화 분해 제거	구체화 분해 제거를 행하기 이전의 상태로 되돌림

메뉴에서 "편집" 기능을 선택하면, '편집하기', '선 그리기', '선 지우기', '낱말 검색', '바탕 검색', '호출 검색' 기능을 사용할 수 있습니다.

'편집하기'와 '낱말 검색' 기능은 일반 문서 작성 프로그램과 같은 기능이므로, 나머지 기능을 중심으로 설명하겠습니다.

[1] 선 그리기

설계 처리된 내용을 편집하는 과정에서 선의 연결이 끊어져 다시 그려야 할 경우 한 칸씩 선을 그려 넣을 때 사용합니다.

[2] 선 지우기

설계 처리된 내용을 편집하는 과정에서 필요 없는 선이 생길 경우 한 칸씩 선을 지울 때 사용합니다.

[3] 바탕 검색

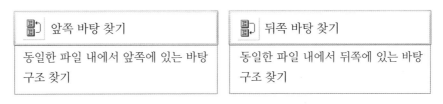

[4] 호출 검색

순공학(설계도를 C 소스 코드로 자동 변환)/역공학(C 소스 코드를 설계도로 자동 변환) 작업을 위해서는 "변환" 메뉴를 선택하면, 'SOC↔C 변환' 기능을 사용할 수 있습니다. 자세한 순공학/역공학 작업은 "2.4 새틀(SETL)을 이용한 설계와 코드의 변환"에서 다루겠습니다. 실시간 순공학/역공학 작업을 통해 새틀은 설계와 코딩을 융합하여 병렬적으로 작업하는 것을 가능하게 합니다.

메뉴에서 "보기" 기능을 선택하면, '창 배열', '글꼴', '도구' 기능을 사용할 수 있습니다. '창 배열'기능은 사용자의 필요에 따라 창의 배열방법을 선택하여 사용 할 수 있도록 합니다. '글꼴' 기능은 새틀 편집기에서 사용하는 화면 표시용 글꼴과 크기를 선택할 수 있고, '도구'는 편집 도구 막대를 표시하거나 감추는 기능을 가지고 있습니다.

나. 편집 도구 막대

편집 도구 막대는 소프트웨어의 조립·분해·추상화 작업을 수행 할 때, 메뉴가 '조립'으로 선택된 상태에서 편집을 편리하게 하기 위해 '편집', '변환'의 주요 기능들을 모아 툴바 형식으로 나타낸 것입니다.

편집 도구 막대는 보기 메뉴의 '도구'에서 표시하거나 감추는 것을 선택할 수 있습니다.

다. 작업 화면

작업 화면은 새틀에서 실제 소프트웨어의 조립·분해·추상화 작업 등을 비롯한 설계처리 작업을 행하는 영역입니다.

작업 화면은 실제 작업을 수행하는 작업 영역, 현재 작업 중에 있는 파일의 스크롤 상태를 제어하는 스크롤 상태 제어 영역, 작업을 진행함에 따라 변하는 상태를 나타내 주는 작업 상태 표시 영역으로 구성되어 있습니다.

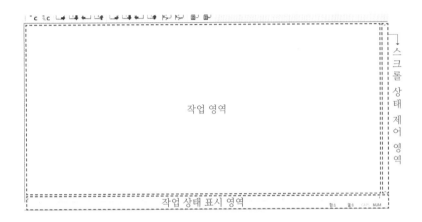

새틀(SETL)을 사용하는데 필요한 화면 구성과 기본적인 사용법에 대해 알아보았습니다. 새틀(SETL)의 상세한 사용법은 소프트웨어품질기술원 홈페이지(www.softqt.com)에서 지속적으로 업데이트되는 내용을 참고하시기 바랍니다. 저희도 새틀(SETL)을 사용하시는데 많은 도움이 되어드릴 수 있도록 최선을 다하겠습니다.

❖ 2.3 새틀(SETL)을 이용한 설계

　새틀(SETL)을 이용하여 쏙(SOC : Structured Object Component)이라는 구조화 객체 부품을 조립해 설계를 하려면, 가장 먼저 프로그램이라는 건물을 세우기 위한 터를 마련하여야 합니다. 그것이 바탕 구조 부품입니다.
　따라서 설계를 위해서는 기본 부품이나 제어 구조 부품과 같은 다른 부품을 조립하기 전에 가장 먼저 바탕 구조(함수 구조) 부품을 조립해야 합니다.
　바탕 구조 부품은 '주 바탕(메인 함수) 구조 부품'과 '부 바탕(서브 함수) 구조 부품'으로 나뉘어지는데, 메인 함수를 조립할 때 '주 바탕 구조 부품'을 사용하고, 서브 함수를 조립할 때 '부 바탕 구조 부품'을 사용합니다. '주 바탕 구조 부품'과 '부 바탕 구조 부품'을 조립하는 방법은 동일하므로, '주 바탕 구조 부품'을 기준으로 설명하겠습니다.

　'주 바탕 구조 부품'을 조립하는 방법은 메뉴의 '조립' 부분에서 '바탕 구조 부품'의 메인 함수 아이콘인 　ǐ 버튼을 클릭하면, 화면에 주 바탕 구조 부품의 조립 결과가 나타납니다.

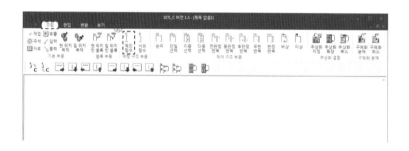

　조립한 주 바탕 구조 부품의 각 부분의 구성요소는 다음과 같습니다.

　설계 처리를 함에 있어서, 주 바탕 구조 부품의 몸통 부분은 확장·축소가 가능합니다.
　주 바탕(메인 함수) 구조 부품을 조립한 상태에서 다른 부품을 조립해나갈 때, 주 바탕 구조 부품의 몸통 부분의 범위 내에서만 조립해야 하며 몸통 부분 이외의 지점에서는 조립할 수 없습니다.

아래의 등차수열 알고리즘을 예로 들어 제어 구조 부품을 조립하는 방법을 단계별로 익혀보겠습니다.

```
#include <stdio.h>

◆void main(void)

  ※등차 수열: 제 1항부터 일정한 수를 더한 항을 누적하여 구성한 수열
  · int i;
  · int ariSeqSum = 0;
  □연속 증가하는 등차 수열의 전체의 합을 구한다.

        ○1부터 10까지 연속 증가하는 수 전체의 합을 구한다.
          ◇(i = 1; i <= 10; i++)

              · ariSeqSum = ariSeqSum + i;    ※증가하는 수 누적
              · printf("%d ",i);              ※증가하는 수 출력

        □전체의 합을 출력한다.

              · printf("\n1~10범위의 수의 전체의 합은 %d입니다.\n", ariSeqSum);
```

[1단계] include시킬 라이브러리를 먼저 쓰고, '조립' 메뉴의 '바탕 구조 부품'에서 '메인 함수' 아이콘인 ↑ 버튼을 클릭하여, 주 바탕 구조 부품을 조립합니다.

[2단계] '조립' 메뉴의 '기본 부품'에서 조립하려고 하는 부품을 클릭하여 조립합니다. '·' 부품은 처리를 나타내며, '※' 부품은 주석을 나타냅니다.

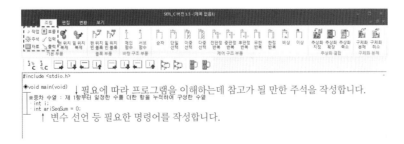

[3단계] '조립' 메뉴의 '블록 부품'에서 '밑 위치 빈 블록' 아이콘인 버튼을 클릭하여, 빈 블록을 조립하고, '제어 구조 부품'에서 '순차' 아이콘인 버튼을 클릭하여 이음 구조 제어 부품을 조립합니다.

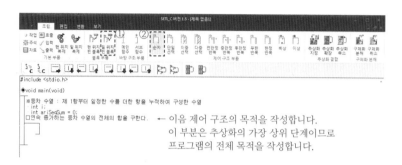

[4단계] '조립' 메뉴의 '제어 구조 부품'에서 '한정 반복' 아이콘인 버튼을 클릭하여, 이음 제어 구조의 몸통 부분에 끝아는 되풀이 제어 구조 부품을 조립합니다.

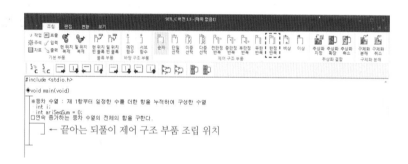

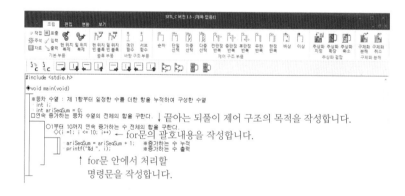

[5단계] 처음에 조립했던 이음 제어 구조의 몸통 부분에 조립하려고 하는 기본 부품이나 제어 구조 부품을 조립하여 설계를 완성해나갑니다. 한 번 조립한 제어 구조 부품의 몸통 부분은 자동으로 확장 및 축소가 이루어지므로 원하는대로 자유롭게 작성이 가능합니다.

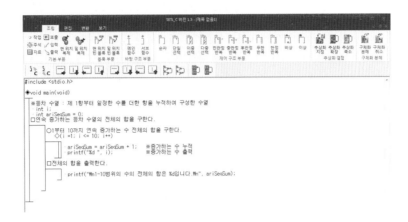

369

❖ 2.4 새틀(SETL)을 이용한 설계와 코드의 변환

새틀(SETL)은 쏙(SOC)으로 설계한 파일을 C언어 프로그램 소스 파일로 바꿔주는 순공학 기능과 C언어 프로그램 소스 파일을 쏙(SOC) 설계 파일로 바꿔주는 역공학 기능을 가지고 있습니다. 프로그램을 작성하고 유지 보수하는데 새틀을 이용하면, 설계와 코딩을 손쉽게 오가며 작성이 가능합니다. 변환하는 방법은 매우 간단하고, 변환하는데 걸리는 시간도 약 1000라인의 프로그램의 경우 평균 1초 이내로 거의 대기 시간을 느끼지 못할 정도로 순식간에 이루어집니다.

가. 쏙(SOC) 파일을 코드로 변환하는 순공학 방법

새틀(SETL)에서 쏙(SOC)으로 설계한 파일을 코드로 변환하여 실행하는 방법에 대해 알아보겠습니다.

[1단계] 쏙(SOC)으로 설계한 파일을 확장자 '.csoc'으로 저장합니다.
　　　　저장 할 때, Visual C++ Community 2015에서 생성한 Project 폴더에 소스파일과 같은 이름으로 저장하면 SETL과 Visual C++ Community 2015에서 각각 수정한 내용이 자동으로 반영되므로 작업이 편리합니다.

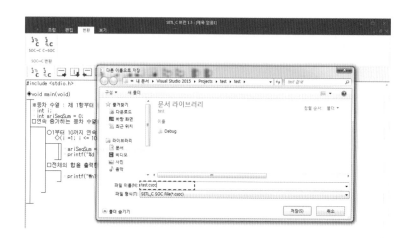

[2단계] '변환' 메뉴에서 순공학 작업을 수행하는 'SOC→C' 아이콘인 　버튼을 클릭
합니다. "SOC → C 순공학 작업 대화상자" 팝업 창이 뜨면, SOC 파일 부분의
"선택" 버튼을 클릭합니다.

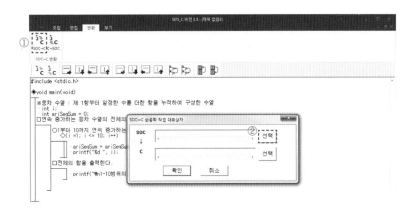

[3단계] "열기" 팝업창이 뜨면, 프로그램 파일로 변환하고자 하는 SOC 파일을 선택하고
"열기" 버튼을 클릭합니다.

[4단계] 다시 "SOC → C 순공학 작업 대화상자" 팝업창이 뜨면, 프로그램 파일의
이름이 자동으로 입력된 것을 확인할 수 있습니다. "확인" 버튼을 클릭합니다.

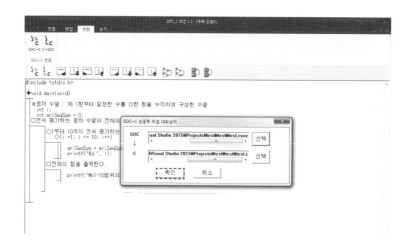

[5단계] SOC 파일과 코드로 변환한 파일이 동시에 열려서 비교할 수 있도록 합니다.

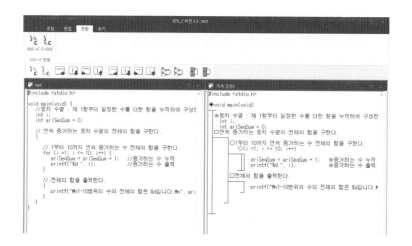

[6단계] Visual C++ Community 2015 개발 도구에서 파일을 열면, 해당 파일이 외부
에서 변경되었음을 알리는 창이 뜹니다. "예" 버튼을 클릭하고 컴파일 및 실행
하면, 프로그램의 실행 결과를 볼 수 있습니다.

나. 코드 파일을 쏙(SOC) 파일로 변환하는 역공학 방법

프로그램 개발 도구에서 작성 및 수정한 C언어 소스 코드 파일을 쏙(SOC) 파일로 변환하는 방법에 대해 알아보겠습니다.

[1단계] 프로그램 작성 도구에서 프로그램 소스 코드를 수정하거나 작성 후 저장합니다.

[2단계] 프로그램 작성 도구에서 수정한 파일을 새틀(SETL)에서 열고, '변환' 메뉴에서 역공학 작업을 수행하는 'C→SOC' 아이콘인 ![] 버튼을 클릭합니다.

[3단계] "C → SOC 역공학 작업 대화상자" 팝업 창이 뜨면, C 파일 부분의 "선택" 버튼을 클릭합니다.

[4단계] "열기" 팝업 창이 뜨면, SOC 파일로 변환하고자 하는 프로그램 파일을 선택하고 "열기" 버튼을 클릭합니다.

374

[5단계] 다시 "C → SOC 역공학 대화상자" 팝업창이 뜨면, SOC 파일의 이름이 자동으로 입력된 것을 확인할 수 있습니다. "확인" 버튼을 클릭합니다.

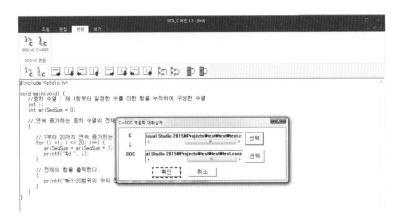

[6단계] 소스 코드 파일과 SOC 파일로 변환이 이루어진 파일이 동시에 열립니다.

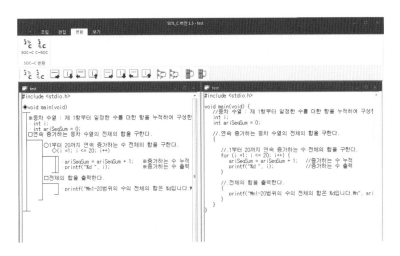

○ 3. 참고 문헌

1. Challenges in Software Engineering in Japan, Mikio Aoyama, ICSE, 2004

2. Addressing the hidden embedded software crisis in the industry, Mark Underseth, EE Times-Asia, 2007

3. Flow Diagrams, Turing Machines And Languages With Only Two Formation Rules, CORRADO BÔHM AND GIUSEPPE JACOPINI, Communications of the ACM, Volume 9/ Number 5/ May, 1966, page 366~371

4. Letters to the Editor(Go To Statement Considered Harmful), EDSGER W. DIJKSTRA, Communications of the ACM, Volume 11/ Number 3/ March, 1968, page 147~148

5. Structured Programming with go to Statements, DONALD E. KNUTH, Computing Surveys, Vol. 6, No. 4, December 1974, page 261~301

6. Gary B. Shelly, http://www.amazon.com/Gary-B.-Shelly/e/B000AP9Q9G, 2014

7. John von Neumann, http://en.wikipedia.org/wiki/John_von_Neumann, 2014

8. Generating test cases from UML activity diagram based on Gray-box method, Valdis Vitolins, Audris Kalnins, Software Engineering Conference, 2004. 11th Asia-Pacific, 2004

9. Extending UML Activity Diagram for Workflow Modeling in Production Systems, Ricardo M. Bastos, Duncan Dubugras A. Ruiz, System Sciences, 2002. HICSS. Proceedings of the 35th Annual Hawaii International Conference on, 2002

10. Extending the UML 2 Activity Diagram with Business Process Goals and Performance Measures and the Mapping to BPEL, Birgit Korherr and Beate List, Advances in Conceptual Modeling - Theory and Practice Lecture Notes in Computer Science Volume 4231, 2006, pp 7-18

11. MODERN STRUCTURED ANALYSIS, EDWARD YOURDON, Prentice-Hall, Inc., 1989

12. PRACTICAL GUIDE TO STRUCTURED SYSTEMS DESIGN, MEILIR PAGE-JONES, Prentice-Hall, Inc., 1988

13. PADプログラミング入門, 服部雄一 著, 啓學出版, 1991

14. PAD入門, 金敷準一 著, サイエンス社, 1990

15. プログラミングの方法(A METHOD OF PROGRAMMING), Edsger W. Dijkstra and W.H.J. Feijen, 玉井 浩 譯, サイエンス社, 1991

16. 構造的プログラム設計の原理(PRINCIPLES OF PROGRAM DESIGN), M.A. JACKSON, 日本コンピュータ協會, 1980

17. ダイアグラム法による ソフトウェア構造化技法(Diagramming Techniques for Analysts and Programmers), James Martin & Carma McClure, 國友義久・渡邊純一 譯, 近代科學社, 1991

18. TSチャート入門 思考構造化技法, 大原茂之, オーム社, 1990

19. Foundations for MDA-based Forward Engineering, Liliana Favre, JOURNAL OF OBJECT TECHNOLOGY, 2005

20. 問題解決型 業務改善の考え方・進め方, 森谷宜暉・山下福夫 共著, 産能大學出版部, 1990

21. 自動システム設計のための標準ダイアグラム作成技法(RECOMMENDED DIAGRAMMING STANDARDS for ANALYSTS and PROGRAMMERS - A BASIS for AUTOMATION, James Martin, 松山一郎 譯, 近代科學社, 1991

22. 演習 SPDを 利用した プログラム作成, NEC日本電氣株式會社,1989

23. Computational Thinking and CS@CMU, Jeannette M. Wing, Computer Science Department Carnegie Mellon University, 2006

24. Computational thinking and thinking about computing, JEANNETTE M. WING, Computer Science Department, Carnegie Mellon University, 2008

25. プログラム スライシング技術と應用, 下村隆夫 著, 共立出版株式會社, 1995

26. The profession of IT: Beyond computational thinking, Peter J. Denning, Naval Postgraduate School in Monterey CA, 2010

27. Bringing Computational Thinking to K-12: What is Involved and What is the Role of the Computer Science Education Community?, VALERIE BARR, ACM Inroads archive Volume 2 Issue 1, March 2011 Pages 48-54, 2011

28. THE THREE Rs OF SOFTWARE AUTOMATION, CARMA McCLURE, Prentice Hall, 1992

29. 創造性の開發, 龜崎ヤスナオ 著, 産能大學, 1996

30. Computational Thinking for Youth in Practice, Irene Lee, ACM Inroads, 2011

31. 現代と能率, 森谷 ヨシテル 著, 産能大學, 1996

32. CODE COMPLETE, Steve McCONNEL 著, Microsoft Corporation, 1995

33. Object-Oriented Systems Analysis, David W. Embley 外 共著, Prentice-Hall, 1992

34. Algorithms in nature: the convergence of systems biology and computational thinking, Saket Navlakha andZiv Bar-Joseph, Molecular Systems Biology Volume 7, Issue 1, 2011

35. 構造エディタ, 原田賢一 編, 共立出版株式會社, 1988

36. MODELLING STRATEGIC RELATIONSHIPS FOR PROCESS REENGINEERING, Eric SiuKwong Yu, University of Toronto, 2011

37. 其他 專門雜誌, 學術誌, 特許情報, 세미나資料, 辭典 等 參考資料

4. 저자 소개

유 홍 준

- ㈜소프트웨어품질기술원 원장
- ㈔한국정보통신기술사협회 부회장
- 국가기술자격정책심의위원회 세부 직무 분야 전문위원회 위원(정보처리)
- 한국산업인력공단 직종별전문위원회 전문위원 (정보처리)

- 한국정보통신기술협회(TTA) 정보통신표준화 위원회 위원
- 법원행정처 IT분야 전문 심리위원

- 학력저서: 성균관대학교 일반대학원 정보통신공학부 박사과정 수료, JAVA プログラミング入門(日本 技術評論社), MINDMAP을 이용한 JAVA 코딩 가이드라인, 소프트웨어 품질 매트릭 용어집, 소프트웨어 설계 자동화 방법론 등 다수

- 주요경력: 한국산업인력공단 근로자 직업능력개발훈련 적합훈련과정 심사 위원, 한국국제협력단(KOICA) 해외 정보화사업 평가 위원, 서울특별시 정보화사업 총괄 평가 위원, 건국대학교 정보통신대학원 정보통신학과(정보시스템 감리 전공) 겸임교수, 국제대학교 IT계열 컴퓨터정보전공 외래교수, 한국산업인력공단 IT분야 국가기술자격체계 설계, 한국산업인력공단 IT자격 국가간 상호인증 연구, 법원 IT관련 감정 평가, ICT분야 NCS 개발, 검토, 평가 및 심의 위원 등 다수

- 감리경력: 약 15년간 기획재정부, 외교부, 통일부, 행정자치부, 법무부, 고용노동부, 산림청, 국토교통부, 여성가족부, 미래창조과학부, 중소기업청, 보건복지부, 대법원, 문화재청, 문화체육관광부, 국회사무처, 서울대학교, 한국해양대학교, 통계청, 방위사업청, 한국정보화진흥원, 한국은행, 해인사, 국회입법조사처, 서울시, 경기도청 등 정부부처 및 각종 공공기관에서 400건 이상의 정보시스템 감리 수행 및 350건 이상의 총괄감리원 업무 수행

- 보유자격: 정보관리기술사, 국제기술사(IE: APEC, EMF-IRPE), 수석감리원, 정보시스템감리사, 소프트웨어보안약점진단원, GIS감리원, 기술지도사(정보처리), 기술거래사, 정보통신특급감리원, 정보보호관리체계심사원보, 무선설비기사, 정보화경영체제(IMS) 심사원, 전파통신기사, GIS컨설턴트

378

5. NCS 기반 평가 지침 사례

● 평가 방법

- 평가자는 능력단위 시각화 SW 설계 자동화 방법론의 수행 준거에 제시되어 있는 내용을 평가하기 위해 이론과 실기를 나누어 평가하거나 종합적인 결과물의 평가 등 다양한 평가 방법을 사용할 수 있다.
- 피 평가자의 과정 평가 및 결과 평가 방법

평가 방법	평가 유형	
	과정 평가	결과 평가
A. 포트폴리오		∨
B. 문제 해결 시나리오		∨
C. 서술형 시험		
D. 논술형 시험		
E. 사례 연구		∨
F. 평가자 질문		
G. 평가자 체크리스트		
H. 피 평가자 체크리스트		
I. 일지/저널		
J. 역할 연기		
K. 구두 발표		∨
L. 작업장 평가	∨	
M. 기타		

6. NCS 기반 강의 계획서 사례

<table>
<tr><td colspan="6" align="center">강의 계획서</td></tr>
<tr><td colspan="2" align="center">직무</td><td colspan="3" align="center">능력단위/책무(duty)</td><td align="center">능력단위 코드</td></tr>
<tr><td colspan="2" rowspan="4">시각화 프로그래밍 논리
(visualized programming logic)</td><td colspan="3">SW 설계 및 구현 원리 이해하기</td><td></td></tr>
<tr><td colspan="3">시각화 프로그래밍 논리 습득하기</td><td></td></tr>
<tr><td colspan="3">컴퓨팅 사고기반 논리 확장하기</td><td></td></tr>
<tr><td colspan="3">알고리즘에 시각화 논리 적용하기</td><td></td></tr>
</table>

<table>
<tr><td>교과목 명</td><td>프로그래밍 논리</td><td>이수 구분</td><td>전공선택</td><td>담당 교수</td><td>홍길동</td></tr>
<tr><td>학년-학기</td><td>0학년-0학기</td><td>학 점</td><td>3</td><td>시수
(이론/실습)</td><td>3(1/2)</td></tr>
</table>

<table>
<tr><td>교과 목표
(학습 목표)</td><td>소프트웨어 자동화 설계 방법론에 기반을 둔 소프트웨어 재공학(software reengineering) 기술을 이용하여 설계·코딩을 병렬적으로 수행하는 프로그래밍 논리 구현 방법을 습득함으로써, 실제 프로젝트 실무에서 개발 생산성 및 유지 보수성을 극대화 할 수 있는 논리적 전문성을 기르도록 하는데 있다.</td></tr>
</table>

<table>
<tr><td rowspan="2">교수 학습 방법</td><td>이론 강의</td><td>실습</td><td>발표</td><td>토론</td><td>팀프로젝트</td><td>캡스톤 디자인</td><td>프트폴리오</td><td>기타</td></tr>
<tr><td>○</td><td>○</td><td>○</td><td></td><td>○</td><td></td><td>○</td><td></td></tr>
</table>

<table>
<tr><td rowspan="2">교육 장소
(시 설)</td><td>일반 강의실</td><td>전용 실습실</td><td>컴퓨터 실습실</td><td>…</td><td>외부교육 시설</td><td>기타</td></tr>
<tr><td></td><td>○</td><td>○</td><td></td><td></td><td></td></tr>
</table>

<table>
<tr><td rowspan="3">교재
(NCS
학습 모듈)</td><td>주교재</td><td>새틀(SETL)을 이용한 시각화 SW 설계 자동화 방법론</td></tr>
<tr><td>부교재</td><td>새틀(SETL)을 이용한 시각화 C언어 기초 익히기</td></tr>
<tr><td>참고 교재</td><td>새틀(SETL)을 이용한 시각화 C언어 기초 알고리즘
새틀(SETL)을 이용한 시각화 컴퓨팅 사고 연습</td></tr>
</table>

<table>
<tr><td rowspan="3">평가 방법</td><td>A</td><td>B</td><td>C</td><td>D</td><td>E</td><td>F</td><td>G</td><td>H</td><td>I</td><td>J</td><td>K</td><td>L</td><td>M</td></tr>
<tr><td>○</td><td>○</td><td></td><td></td><td>○</td><td></td><td></td><td></td><td></td><td></td><td>○</td><td>○</td><td></td></tr>
<tr><td colspan="13">A. 포트폴리오 B. 문제 해결시나리오 C. 서술형 시험 D. 논술형 시험 E. 사례 연구 F. 평가자질문 G. 평가자 체크리스트 H. 피평가자 체크리스트 I. 일지/저널 J. 역할 연기 K. 구두 발표 L. 작업장평가 M. 기타
※세부내용은 평가 계획서에 기술됨</td></tr>
</table>

관련 능력 단위 요소/작업(task)	수행 준거	지식·기술·태도
SW 설계 및 구현 원리 이해하기	1.1 SW 위기의 실체를 이해할 수 있다. 1.2 SW 설계 및 구현 방법의 진화과정을 이해할 수 있다. 1.3 프로그래밍 논리 자동화 기술의 기본 원리를 이해할 수 있다. 1.4 프로그래밍 논리 시각화 자동화 도구를 사용할 수 있다.	[지식] ○ 개발방법론 ○ 설계모델링 ○ 프로그래밍 논리 자동화 방법 ○ 조립·분해식 설계 방법 [기술] ○ 논리의 순서화 및 구조화 기술 ○ 개발 및 유지 보수 기술 ○ 시각화 SW 설계 자동화 기술 [태도] ○ 기술 습득을 위한 적극적인 자세 ○ 원리 이해를 지향한 집중적인 탐구 자세 ○ 신기술 습득을 위해 끈기 있게 노력하는 자세
시각화 프로그래밍 논리 습득하기	2.1 소프트웨어 공장 자동화의 기본 원리를 이해할 수 있다. 2.2 SW 부품을 만들어 프로그래밍 논리에 적용할 수 있다. 2.3 설계, 코딩의 병렬적 시각화 프로그래밍을 할 수 있다. 2.4 문제 해결 원리를 시각화 프로그래밍 논리에 적용할 수 있다.	[지식] ○ 소프트웨어 공장 자동화 방법 ○ 설계·코딩 병렬 구현 방법 ○ 문제 해결 원리 [기술] ○ SW 설계 부품 제작 기술 ○ 병렬 개발 기술 ○ 시각화 SW 공학 기술 [태도] ○ 학습 참여 구성원들과의 원활한 의사 소통 자세 ○ 문제 해결을 위한 긍정적인 태도 ○ 창의적인 사고 자세
컴퓨팅 사고기반 논리 확장 하기	3.1 컴퓨팅 사고(computational thinking)의 필요성을 이해할 수 있다. 3.2 컴퓨팅 사고의 기본 원리를 이해할 수 있다. 3.3 시각화 논리 방법을 컴퓨팅 사고 계발에 적용할 수 있다. 3.4 컴퓨팅 사고기반의 논리 능력을 확장 증진할 수 있다.	[지식] ○ 논리적 사고 방법 ○ 컴퓨팅 사고 원리 [기술] ○ 추상화·분해 기술 ○ 프로그래밍 논리 구조화 기술 ○ 논리 확장 진화 기술 [태도] ○ 문제에 대한 객관적인 인식 태도 ○ 타인의 의견을 경청하는 자세 ○ 협업을 통한 문제 해결 능력 극대화 자세 ○ 자신이 정립한 논리의 유연한 전달 자세

관련 능력 단위 요소/ 작업(task)	수행 준거	지식·기술·태도
알고리즘에 시각화 논리 적용하기	4.1 실사회에 적용되는 알고리즘의 중요성을 이해할 수 있다. 4.2 SW 알고리즘 구현의 기본적인 원리를 이해할 수 있다. 4.3 SW 알고리즘 패턴의 조립·분해 방법을 응용할 수 있다. 4.4 시각화 프로그램 논리를 알고리즘에 패턴화 적용할 수 있다.	[지식] ○ 자료 구조 이론 ○ 알고리즘 구현 원리 ○ 알고리즘 패턴화 방법 [기술] ○ 시각화 프로그래밍 논리 알고리즘 패턴화 기술 ○ 프로그래밍 논리 시각화 응용 능력 ○ 알고리즘 패턴 진화 기술 [태도] ○ 알고리즘 습득에 대한 적극적인 자세 ○ 목표 알고리즘을 이해가 용이하도록 정리하는 자세 ○ 알고리즘이 쉽게 공유되도록 팀원간 협업하는 태도

주차별 학습내용			
주차	관련 능력단위 요소 /작업(task)	수업내용	비고
1	SW 설계 및 구현 원리 이해하기	- SW 위기의 실체와 해결 방안	
2	SW 설계 및 구현 원리 이해하기	- SW 설계 및 구현방법의 진화과정 - 프로그래밍 논리 자동화 기술의 기본 원리	
3	SW 설계 및 구현 원리 이해하기	- 프로그래밍 논리 시각화 자동화 도구 사용 방법	
4	시각화 프로그래밍 논리 습득하기	- 소프트웨어 공장 자동화의 기본 원리	
5	시각화 프로그래밍 논리 습득하기	- SW 설계 부품의 제작 방법 - SW 부품의 프로그래밍 논리에의 적용 방법	
6	시각화 프로그래밍 논리 습득하기	- 설계와 코딩을 병렬적으로 수행하는 방법 - 병렬 개발(parallel development) 방법에 의한 프로그래밍 논리 실습	
7	시각화 프로그래밍 논리 습득하기	- 문제의 실체와 문제 해결 원리 - 문제 해결 원리의 시각화 프로그래밍 논리에의 적용 방법	

주차	관련 능력단위 요소 /작업(task)	수업내용	비고
8	컴퓨터 사고 기반 논리 확장하기	- 컴퓨팅 사고(computational thinking)의 출현 배경 - 컴퓨팅 사고의 필요성	
9	컴퓨터 사고 기반 논리 확장하기	- 컴퓨팅 사고의 기본 원리	
10	컴퓨터 사고 기반 논리 확장하기	- 시각화 프로그래밍 논리 방법의 컴퓨팅 사고 계발에의 적용 방법	
11	컴퓨터 사고 기반 논리 확장하기	- 시각화 SW 설계 자동화 도구를 사용한 컴퓨팅 사고기반의 논리 능력 확장 방법	
12	알고리즘에 시각화 논리 적용하기	- 실사회에서의 알고리즘 활용 사례 - 학습 및 실무에서의 알고리즘 적용의 중요성	
13	알고리즘에 시각화 논리 적용하기	- SW 알고리즘 구현의 기본적인 원리	
14	알고리즘에 시각화 논리 적용하기	- SW 알고리즘 패턴 조립·분해 방법의 응용 실습	
15	알고리즘에 시각화 논리 적용하기	- 시각화 프로그래밍 논리의 알고리즘 패턴화 적용 방법	

7. NCS 기반 평가 계획서 사례

평가 계획서			
교과목 명	프로그래밍 논리	담당 교수	홍길동
관련 직무명	프로그래밍 논리	능력단위명 (능력단위 코드)	시각화 프로그래밍 논리

	구분	배점	평가 개요
평가 개요	진단 평가	–	• 프로그래밍 논리 교과의 학습성과를 달성하는데 필요한 사전 지식을 평가한다.
	출석평가	20%	• 매주 수업의 출결을 확인한다.
	직무능력평가 1	20%	• SW 설계 및 개발 방법론의 발전 과정 이해 • 시각화 프로그래밍 논리 자동화 방법 기본 원리
	직무능력평가 2	20%	• 문제 해결 원리에 기반한 컴퓨팅 사고 방법 • 컴퓨팅 사고기반의 프로그래밍 논리 확장 방법
	직무능력평가 3	20%	• 문제 해결 원리에 기반한 컴퓨팅 사고 방법 • 컴퓨팅 사고기반의 프로그래밍 논리 확장 방법
	직무능력평가 4	20%	• 시각화 프로그램 논리 알고리즘 패턴 팀별 평가 • 시각화 프로그램 논리 알고리즘 패턴 개별 평가

평가 항목	평가 내용 및 방법
진단 평가	· 평가 내용: 프로그래밍 논리 교과의 학습 성과를 달성하는데 필요한 사전지식을 평가한다. · 평가시기: 1주차 · 영역별 평가 내용

평가 영역	문항	자가 진단		
		우수	보통	미흡
공통 기초	1. 일상 생활에서 논리적인 사고를 한다.			
	2. 프로그램을 작성할 때 설계에 중점을 둔다.			
SW 설계 및 구현 원리 이해 하기	3. SW위기가 왜 일어났는지 이해하고 있다.			
	4. 프로그램 작성 시 순서도를 사용하고 있다.			
	5. 구조화 프로그래밍을 이해하고 있다.			
	6. 객체지향 개발 방법을 이해하고 있다.			

평가 항목	평가 내용 및 방법				
진단 평가	평가 영역	문항	자가 진단		
			우수	보통	미흡
	시각화 프로그래밍 논리 습득 하기	7. 시각화 소프트웨어 공학(VSE: Visualized Software Engineering)이란 용어를 알고 있다.			
		8. SW 개발에 분석 및 설계 모델링 방법을 사용하고 있다.			
		9. 작성하는 프로그램을 수정할 때 논리의 흐름을 시각화 하여 파악하는 습관이 있다.			
		10. 문제 해결 원리를 체계적으로 이해하여 적용하고 있다.			
	컴퓨팅 사고기반 논리 확장 하기	11. 컴퓨팅 사고(computational thinking)의 개념을 이해하고 있다.			
		12. 컴퓨팅 사고의 기본 원리를 이해하고 있다.			
		13. 프로그램을 작성할 때 전체적인 논리구조를 시각화 하는 습관이 있다.			
		14. 프로그램 작성 및 수정 시 모델링 자동화 도구를 사용하고 있다.			
	알고리즘에 시각화 논리 적용 하기	15. 자료 구조(data structure)의 개념을 이해하고 있다.			
		16. 알고리즘을 프로그래밍을 통해 습득하고 있다.			
		17. 알고리즘을 변형하여 파악한 적이 있다.			
		18. 알고리즘 패턴을 시각화 하여 이해하려고 시도하고 있다.			

· 평가 방법: 자가 진단 체크리스트
· 평가시 고려사항:
 – 진단 평가 결과는 성적에 포함하는 것이 아니므로 솔직하게 응답하도록 한다.
· 평가 결과 활용 계획: 평가결과에 따라 교수 학습계획을 수정·보완한다.

출석 평가	· 학교의 출석관련 규정 및 지침에 따름

평가 항목	평가 내용 및 방법
직무 능력 평가 1	· 관련 능력단위 요소: SW 설계 및 구현 원리 이해하기 · 평가 내용: SW 설계 및 구현 원리에 대한 폭넓은 이해와 시각화 프로그래밍 　　　　　논리 자동화 방법의 기본 원리 습득 능력을 평가한다. · 평가시기: 3주차 · 세부평가 내용 | 평가 내용 | 예 | 아니오 | | 1. SW 위기의 실체를 이해할 수 있다. | | | | 2. SW 설계 및 구현방법의 진화과정을 이해할 수 있다. | | | | 3. 프로그래밍 논리 자동화 기술의 기본 원리를 이해할 수 있다. | | | | 4. 프로그래밍 논리 시각화 자동화 도구를 사용할 수 있다. | | | · 평가 방법: 과제(과정 평가: 사례 연구) · 평가 시 고려사항: 　- SW 설계 및 구현 방법을 폭넓게 검색하여 습득하는 능력을 평가한다. 　- SW 프로그래밍을 논리적으로 수행할 때에는 집중력이 중요하므로 시각화 　　된 방법의 논리 자동화를 통해 집중력을 효율적으로 강화할 수 있는지 평가 　　한다.
직무 능력 평가 2	· 관련 능력단위 요소: 시각화 프로그래밍 논리 습득하기 · 평가 내용: 설계와 코딩을 융합하여 병렬적으로 시각화 프로그래밍 하고 문제 　　　　　해결 원리를 체계적으로 적용할 수 있는 능력의 정도를 평가한다. · 평가시기: 6주차 · 세부평가 내용 | 평가 내용 | 예 | 아니오 | | 1. 소프트웨어 공장 자동화의 기본 원리를 이해할 수 있다. | | | | 2. SW 부품을 만들어 프로그래밍 논리에 적용할 수 있다. | | | | 3. 설계,코딩의 병렬적 시각화 프로그래밍을 할 수 있다. | | | | 4. 문제 해결 원리를 시각화 프로그래밍 논리에 적용할 수 있다. | | |

평가 항목	평가 내용 및 방법

직무 능력 평가 2	· 평가 방법: 과제(과정 평가: 문제 해결 시나리오, 결과 평가: 구두 발표, 중간고사)
	· 평가 시 고려사항:
	  – 실제 C언어를 사용하여 설계와 코딩을 병렬적 시각화 프로그래밍을 적절히 수행하는지 평가한다.
	  – 실사회에서의 행동 절차에서 예외사항을 고려한 문제 해결 시나리오를 논리적으로 작성하는지 평가한다.

직무 능력 평가 3	· 관련 능력단위 요소: 컴퓨팅 사고 기반 논리 확장하기 · 평가 내용: 컴퓨팅 사고의 개념 이해를 바탕으로 실제 프로그래밍 논리 능력 확장 개발에 적용할 수 있는 능력을 평가한다. · 평가시기: 9주차 · 세부평가 내용 표
직무 능력 평가 4	· 관련 능력단위 요소: 알고리즘에 시각화 논리 적용하기 · 평가 내용: 컴퓨팅 사고 기반으로 알고리즘에 시각화 논리를 적용하여 논리를 확장 개발할 수 있는 능력을 평가한다. · 평가시기: 14주차 · 세부평가 내용

(직무 능력 평가 3 세부평가 내용 표)

평가 내용	평가	
	예	아니오
1. 컴퓨팅 사고의 필요성을 이해할 수 있다.		
2. 컴퓨팅 사고의 기본 원리를 이해할 수 있다.		
3. 시각화 논리 방법을 컴퓨팅 사고 계발에 적용할 수 있다.		
4. 컴퓨팅 사고기반의 논리 능력을 확장 증진할 수 있다.		

· 평가 방법: 과제(과정 평가: 작업장 평가, 결과 평가: 사례 연구)
· 평가 시 고려사항:
  – 컴퓨팅 사고(computational thinking)의 기본 요소에 대한 원리에 대해 충분한 이해를 하고 있는 정도를 평가한다.
  – 컴퓨팅 사고 기반의 논리 능력을 지속적으로 확장 개발해 나갈 수 있는 사례 연구 성과 축적 능력의 함양 정도를 평가한다.

평가 항목	평가 내용 및 방법

직무
능력
평가 4
	<table><tr><td rowspan="2">평가 내용</td><td colspan="2">평가</td></tr><tr><td>예</td><td>아니오</td></tr><tr><td>1. 실사회에 적용되는 알고리즘의 중요성을 이해할 수
	있다.</td><td></td><td></td></tr><tr><td>2. SW 알고리즘 구현의 기본적인 원리를 이해할 수 있다.</td><td></td><td></td></tr><tr><td>3. SW 알고리즘 패턴의 조립,분해 방법을 응용할 수 있
	다.</td><td></td><td></td></tr><tr><td>4. 시각화 프로그램 논리를 알고리즘에 패턴화 적용할
	수 있다.</td><td></td><td></td></tr></table>
	· 평가 방법: 과제(결과 평가: 포트폴리오(팀별, 개별), 기말고사)
	· 평가 시 고려사항:
	  – 팀단위 협업에 의해 복잡한 프로그래밍 논리를 쉽게 정복할 수 있는 능력의
	    확보 정도를 평가한다.
	  – 개인별로 프로그램 논리 알고리즘 패턴화 능력의 함양 정도를 평가한다.

향상/ 심화 계획	· 평가 점수가 70점 미만 성취 수준 미달자는 향상 교육을 실시한 후 재평가한 다. · 평가 점수가 90점 이상인 성취 수준 달성자는 심화 교육을 실시한다.

8. 찾아보기

PAD(Problem Analysis Diagram)	22,42,44
패턴 인식(pattern recognition)	64,135,147
패턴 부품(pattern components)	19,20,21
폭포수형 모델(waterfall model)	68
프로그래밍 언어(programming language)	34,63,214
프로그램 코드	20
프로토타이핑(prototyping)	69
TS Chart	42,43
Ferstl chart	22,42,44
FI chart(Function Information chart)	42,43

하드웨어 칩(hardware chip)	9,77
하행성신경(descending nerve)	133
하향식(top-down method)	68
한갈래 제어 구조 부품	193,194
한갈래 구조 부품	93
한이음 제어 구조 부품	181
한이음 구조 부품	93
행위(behavior)	67
형태적 문제	143,144,151
회원(member)	24,65
HIPO(Hierarchy plus Input/Process/Output)	42

새틀(SETL)을 이용한

시각화 SW 설계 자동화 방법론

개정판 1쇄 발행   2015년 10월 01일

저　　자　유홍준

편　　집　IoT 융합 서적 편집팀

발 행 자　(주)소프트웨어품질기술원
주　　소　경기도 고양시 일산동구 호수로 358-39, 101-614
전　　화　031-819-2900
팩　　스　031-819-2910
등　　록　2015년 2월 23일 제015-000042호

정가   20,000 원
ISBN 979-11-954829-0-0

안 내

  본서에서 다루는 쏙(SOC)을 지원하는 새틀(SETL) 프로그램은 설계도로부터 C
언어 소스 코드 생성(순공학) 기능 및 C언어 소스 코드로부터 설계도 재생(역공
학) 기능을 모두 갖춘 SW 재공학 버전입니다.
  SETL_C 프로그램은 http://www.softqt.com의 연구-소프트웨어 게시판에서
최신 버전을 다운로드 받으실 수 있습니다.
  독자 여러분의 소중한 의견과 혹시 발견되는 오탈자 또는 편집, 디자인 및 인쇄,
제본 등에 대하여 연락주시면 저자와 협의하여 즉시 수정·보완하여 더 좋은 책으
로 보답하겠습니다.
  최선을 다하겠습니다. 감사합니다.

(주)소프트웨어품질기술원